2019中国年度散文

王剑冰 选编

漓江出版社

图书在版编目（CIP）数据

2019中国年度散文 / 王剑冰选编 .-- 桂林：漓江出版社，2020.1

ISBN 978-7-5407-8800-1

Ⅰ. ① 2… Ⅱ. ①王… Ⅲ. ①散文集－中国－当代
Ⅳ. ① I267

中国版本图书馆 CIP 数据核字（2019）第 279533 号

2019 ZHONGGUO NIANDU SANWEN

2019 中国年度散文

王剑冰　选编

出版人：刘迪才
责任编辑：孙精精
书籍设计：石绍康
责任监印：张璐

出版发行：漓江出版社有限公司
社址：广西桂林市南环路 22 号　邮编：541002
发行电话：010-85893190　0773-2583322
传真：010-85890870-814　0773-2582200
邮购热线：0773-2583322
电子信箱：ljcbs@163.com
微信公众号：lijiangpress
印制：香河县闻泰印刷包装有限公司
　　［河北省廊坊市香河县安平镇二街　邮编：065402］
开本：690 mm × 1000 mm　1/16
印张：20　字数：277 千字
版次：2020 年 1 月第 1 版
印次：2020 年 1 月第 1 次印刷
书号：ISBN 978-7-5407-8800-1
定价：45.00 元

目录

contents

将军几死却永生

梁　衡

今年是新中国成立 70 周年，共和国的由来有多块奠基石，其中之一就是抗日战争的胜利。诚如天安门广场上人民英雄纪念碑的碑文所说："三年以来，在人民解放战争和人民革命中牺牲的人民英雄们永垂不朽！三十年以来，在人民解放战争和人民革命中牺牲的人民英雄们永垂不朽！由此上溯到一千八百四十年，从那时起，为了反对内外敌人争取民族独立和人民自由幸福，在历次斗争中牺牲的人民英雄们永垂不朽！"抗日战争中，国共两党团结御敌，同仇敌忾。国军方面牺牲之最高将领为张自忠将军，八路军方面为代参谋长左权将军。他们所代表的无数先烈用热血凝铸了共和国的基石。

但是，张自忠将军受国人的尊重和纪念还有更深的一层背景。他是一个人格受辱，曾被误为汉奸，几乎被舆论的唾沫星子淹没的人。然而他决然以死洗身，来证明自己的清白。

我第一次知道张自忠将军这个名字，是 56 年前考入北京的中国人民大学，学校就坐落在张自忠路上。想不到 50 多年后我有事经过湖北宜城，这里竟是他 1940 年的战死之地。2015 年 9 月，世界反法西斯战争胜利 70 周年，宜城在当年的旧战场处修建了巨大纪念碑，从山脚至山顶铺 1200 余级步道。步道中段留出一段原始地貌，约 30 平方米，为将军牺牲之地。内有 7 块竖石，一片绿草，一丛怒放之杜鹃花。激战之后在这里发现了他的遗体。时将军身受 8 处伤，有枪伤、炮弹炸伤、刺刀伤，可见搏斗之惨烈。一上将级战地最高指挥官这样慷慨赴死于刀丛弹雨之中，实为现代战争中所罕见。将军的热血浸透了身下的土地。后来这个地方就名“血窝”，作特别保留。现在每一个从血窝旁走过的人都会驻足致敬，流下热泪。

将军出身行伍，其成名是1933年长城抗战，以大刀杀敌。其时中日之国力、军力甚为悬殊。我军还使用冷兵器，每人背大刀一把，只能靠夜战、近战，摸入敌营。一曲《大刀进行曲》响彻长城内外。1937年“七七事变”后，在和战两难、进退维谷的状态下，上面命他留在北平，任北平市市长与敌虚与委蛇。他明知这是一件要背黑锅的事，为挽大局只好委曲受命。送行时，他对南撤的战友说，以后诸君是民族英雄，我怕要被骂为汉奸了。果然民情汹汹，一片喊骂。后日寇野心膨胀，残局已无法维持，他逃出北平，过济南，群众在站台上围攻喊骂，高呼打倒汉奸，他都无法下车。后转道青岛，到南京述职，反接到蒋介石的一纸处分令，这更坐实了他应对平津败局负责。其实，抗战初期我方研判失误，一不战而失东北；二稍战即退出平津热河，国土沦丧。这本是应由最高当局负责的，而骂名却不公正地落在了他的头上。敌犯土失，官责民斥，有口莫辩，其内心之煎熬可想而知。他明白，如不能洗污，将成秦桧。誓以死明志。

将军以民族大义为重，团结抗敌，处事有节。国共合作，常有摩擦，张部却从未有此事。1939年1月上面下达的“限制异党活动办法”，时两名红色名记者安娥、史沫特莱正在他的防区。将军毫不刁难，立派人牵马将她们送至新四军李先念防区。他的干训团有进步教员讲社会发展史，团长说是通共，将人捆绑，他立令释放。西北军另一悍将庞炳勋与张同是冯玉祥的部下，兄弟多年，但中原大战庞叛冯投蒋，并突袭张的师部，欲置其死，张逃得一命。从此两人结下怨仇。抗战中，冤家路窄，张、庞又同在五战区。临沂战事，庞被日军围困，危在旦夕。李宗仁时帐下无人，急召张自忠说：“我知你们有旧怨，但那是打内战时的私仇。今庞在前方浴血，是为国难。望你受点委屈，捐弃前嫌，急救之。”张二话没说，带队驰援。出生入死，如赵子龙七进七出，两救庞于临沂，击败号称铁军的日板垣师团，板垣羞极，几欲自杀。张部也因此损失 5000 多人。蒋介石大受感动，亲致电嘉勉，并撤销了对他因“七七事变”失守北平的处分。

将军一向治军极严。临沂之战最激烈时，一营长逃阵，立即枪毙；一旅长进攻不力，阵前撤职。他有这样一个绰号：“扒皮将军。”他经常训诫部下要遵守军纪，爱护百姓。常挂在嘴边的一句话是：“看我不扒了你的皮！”这让我想起 30 多年前看到的一则旧事。张带军驻扎某地，借宿民房。一军官强奸民女，第二天被指认出来，立判枪毙。此人是一员猛将，战功无数，对此事也供认不讳，只求暂留一命，让他明天死在杀敌的战场上。众将也为之求情。张不许，只是吩咐去买一副好棺材。事有蹊跷，这个跟随他多年的老部下被枪决入棺，因未至要害，人醒过来后又翻棺而出，不但没有逃走反回来向他报到，并要求杀敌而后死。张仍不许，二次枪毙。在襄阳我还听到另一故事，20 世纪 70 年代有一跟随张的抗日老兵退伍在襄。一日，被驻军请去干活，正遇上新兵训练。此老兵不由得梦回沙场，上前接枪示范，白发皓眉，雄姿勃发，吼声震天。全场为之震惊。可见张将军的治军之风。

将军待民以亲，待下以慈，持己则严。虽是战时，他仍不忘民生。襄阳著名的秦代水利工程白起渠年久失修，他就向当时已流亡到恩施的湖北省政府打报告，倡议修复，并亲率士兵挖渠。他常说军队离不开老百姓，抗战胜利全赖民资助，每驻一地，即筹划生产，公平贸易。这一点很像左宗棠，虽在行伍，却有政经胸怀。他的部队开饭前先唱《吃饭歌》，歌词大意是：“这些饭食人民给，救国救民我天职。”逢节日时常有座谈联欢，对 60 岁以上的老人亲送礼品一件。一次宿劫后山村，见百姓极苦，就吩咐军需官每户发洋 10 元。一老妪感激下跪，他急搀起说：“是该我们当兵的给您下跪，我们没有保护好老百姓。”

他爱兵如子。每宿营，兵无食，他必不食。伤员出院归队，必亲自一一验伤，凡子弹从身前穿入者，即大声点名，让其站前排，彰其英勇。伤者无不感无上光荣，人人争先恐后。临沂战役，跟随他多年的冉营长负重伤，自知难保，留下遗言。一是望司令见其遗体一面，二是勿告家属，三是墓上立一小碑。张抱尸痛哭，亲写碑文，后将遗属接到部队说：“冉营长为国牺牲，死得有价值。今天我张自忠还在，说不定哪一天也会死在抗日战场上。这是一个军人在国难当头时的责任。今后，有我张自忠的一天，就有你们母子的一天。两个孩子的教育费由我负责。以后我的家属在哪里，就送你们去哪里，与我的家眷在一块儿。”而他严于律己，为当时高官所罕见。一次指挥部转移新地，荒村破舍。副官调几名战士打扫卫生，他批评说：“士兵是国家的士兵，不是我张自忠的奴仆。他们保卫国家，战死沙场是本分，但没有给我打扫卫生的义务。弟兄们行军已走得很累，你让他们累上加累，很不应该。”

他历充要职，却持身极俭。他的参谋长张克侠（共产党员）回忆他：“如偶有过人享受，辄有不安之意……公殁后，余回部，过其所居，见报纸糊壁，敝席悬门，其刻苦奉公之状如在目前，不禁泣下。”1940 年 3 月文人梁实秋到前线慰问，遍访 9 个战区，张的司令部最为简陋。他留下这样一段文字：“张将军司令部固然简单，张将军本人却更简单。穿普通的灰布棉军服，没有任何官阶标识。他不健谈，更不善应酬。他见了我们只是闲道家常，对于政治军事一字不提。他招待我们一餐永不能忘的饭食。四碗菜，一只火锅。菜以青菜豆腐为主，火锅是豆腐青菜为主……我看得出来，这是他在司令部里最大的排场……大概高级将领能刻苦自律如张自忠将军者实不多见。”长官如师如父，可见一支军队之炼成，首先是长官人格意志之造就。张自忠将军带出来的这支军队，后来在淮海战场上由张克侠、何基沣两将军带领起义，投向人民的怀抱。

自从大刀抗战之后，将军又有几次痛快的杀敌。1937 年底他辗转回到自己的部队，失声痛哭，言今日回来乃为杀敌报国，共寻死所，部下皆泣不成声，誓死赴难。他重新出山后一战淝水，二战临沂，皆建奇功。不到一年，除撤销处分外，连获晋升。由军长而军团长、集团军总司令、战区右翼兵团总司令。他说别人都可以打败仗，唯有我张自忠不能打败仗。1939 年 5 月日寇进犯襄阳。张率部在襄河东岸指挥了一场漂亮的伏击，毙伤敌 900 余，更重要的是缴获了敌人准备大规模渡河的舟船辎重。其中竟有张学良放弃东北，日军借其兵工厂生产的折叠船。可见当年不放一弹而失东北之恶果。张立令全部烧毁。此役虽小却粉碎了敌突破汉水，攻占襄阳、宜城之企图。其时将军拔剑独立汉、襄两水之间，一如当年屹立长城。

岳飞有名言，只要武官不怕死，文官不爱钱，国就不会亡。文天祥在《指南录》中谈到他于国难中不知几死。纵观张自忠将军之精神，就是抱定武人必为国赴死的信念。自敌寇压境，他经常挂在嘴边的一个字就是："死。"一个人只要拼得一死，总能干成一件事，一件轰轰烈烈的大事。

他每见长官必言死，战前他致电蒋介石："职现亲率两团渡河，攻击北窜之敌，如任务不能达到，决一死以报钧座。"他去重庆述职，行前别老上司冯玉祥，突然下跪。冯忙拉住说："这是干什么？"他答："蒙先生栽培，终生难忘。此去我死也死个样子，决不给先生丢脸！"冯一时语塞，不知该如何劝慰。他给部下训话，常说的是："不惜一切牺牲，阵地就是棺材！"他给亲人（弟弟）写信："吾自南下作战，濒死者屡矣。濒死而不死，是天留吾身以报国耳……吾一日不死，必尽吾一日杀敌之责；敌一日不去，吾必以忠贞，死而已。"他答记者问："现在的军人，很简单地讲句话，就是怎样找个机会去死。因为中国所以闹到这个地步，可以说是军人的罪恶。十几年来，要是军人认清国家的危机，团结御敌，敌寇决不会来犯。我们军人要想洗刷他的罪恶，完成对于国家的义务，也只有一条路——去死，光荣地死！"这是他由一个旧军阀部队的将领，在国难当头时自觉转化为一个爱国将领的心声。他到日本考察，日本人说，你们中国有文德而无武德，女人死节者多，男子捐躯者少。很刺他的心。他说，这一回，我一定要给日本人看一看。每有大战，他即将军务推给副司令，亲上前线督战。正如他言："濒死者屡矣。"

1940 年 5 月，敌再犯襄阳。他又如以往，从容做好一死报国的准备。会战刚开始，5 月 1 日他即致信 59 军团以上将校，表示共赴国难：

看最近之情况，敌人或要再来碰一下钉子。只要敌来犯，兄即到河东与弟等共同去牺牲。国家到了如此地步，除我等为其死，毫无其他办法。更相信我等能本此决心，我们的国家及我五千年历史之民族，决不致亡于区区三岛倭奴之手。为国家民族死之决心，海不清（枯），石不烂，决不半点改变。愿与诸弟共勉之。

小兄　张自忠手启

5 月 4 日又给副司令留下遗书："已决定今晚往襄河东岸进发，奔着我们最后之目标（死）往北迈进。无论做好做坏一定求良心得到安慰。以后公私，均得请我弟负责。"开作战会议时，他见一团长未佩手枪，便说：长官上前线一定要带手枪，一为自卫，二为必要时杀身成仁。大家预感不妙，劝他说主将不应冒险到前线去拼命。他说："不是日本人不怕死，而是中国人当大官的太怕死了。"5 月 16 日遭敌最后包围，他说："你们每个人都可以走，唯有我张自忠不可以走。"遂从容指挥将苏联顾问、文职、后勤、伤员等一一安排护送走。然后带少数警卫与敌激战，先是左臂被子弹打穿，后弹片划伤肩、胸、肋多处，此时敌已近身，将军昂然而立，怒目逼视，大呼杀敌，又遭枪击、刀刺，终于殉职。

张自忠将军的牺牲震动国共两党。其遗体被我军拼死抢回，前线将领抚其伤口，放声大哭，10 天前将军的遗言犹在耳旁。部下瞻仰遗容，皆泣不成声。前线总部做简单吊唁后入殓，楠木棺内置《孟子》一本，彰其为富贵不淫、贫贱不移、威武不屈的大丈夫；又置《三民主义》一本，"三民"之第一义即求民族独立，彰其为争民族独立之英雄。灵柩过宜昌，10 万人送行，敌机在头顶盘旋，无一慌乱。抵达重庆后，蒋介石以下军政要员在码头迎灵。国民政府先后宣布为其国葬，入祀忠烈祠，改宜城县为自忠县。8 月 15 日，延安各界举行追悼大会。1943 年将军牺牲三周年之际，周恩来又亲在《新华日报》著文，说每读"将军的两封遗书，深觉其忠义之志，壮烈之气，直可为我国抗战军人之魂！"。1945 年 10 月毛泽东赴重庆谈判，专门去拜望将军在世的老母，表达崇敬之情。新中国一成立，张即被追认为烈士，北京、天津、武汉等地设张自忠路。2009年，新中国60周年华诞，又被评为“100位为新中国成立做出突出贡献的英雄模范人物”。2015年纪念世界反法西斯战争胜利70周年，又为之重立丰碑。

死生，人之大节也。将军在世时，不知曾经几死；其死后实又每日犹生，与国同在。痛哉！天不留其身，然其忠魂长在，壮我华夏。他如岳飞、如文天祥，是一位永彪青史的民族英雄。

刊于《北京文学》2019年第9期

“哥德巴赫”记忆

周　明

这样的“科学怪人”好不好采访？

报告文学《哥德巴赫猜想》在《人民文学》1978 年第 1 期发表后轰动一时，在 40 多年后的今天仍常常被文学界和读者提及、谈论。

这篇脍炙人口的作品是怎样产生的呢？

说来话长，在具体谈到《哥德巴赫猜想》的创作与发表经过之前，有必要先讲讲当时的社会氛围，因为它们极为紧密地联系在一起，是互为因果的。

20 世纪 70 年代末组织这篇报告文学是缘于当时中央提出“四个现代化”的奋斗目标，而实现“四个现代化”自然需要依靠知识分子。在“文革”中，是非被颠倒，“知识越多越反动”，知识分子被打成“臭老九”。粉碎“四人帮”后，中央花了很大力气拨乱反正，尤其是要正确评价知识分子的地位和重要作用。在这个时代环境下，党中央决定召开全国科学大会，动员和组织科学家的智慧力量，投入祖国“四个现代化”建设。

获此信息，《人民文学》的编辑们深受鼓舞，大家干劲儿很足，自觉地想到了自己担当的责任和使命，遂决定结合文学创作积极参与这次重大科学活动。我们编辑部内部在开会讨论这个选题的时候，大家都认为若没有知识，尤其是没有知识分子，怎么搞“四个现代化”？而作为一家全国性的文学刊物，《人民文学》如能在这个时候组织一篇反映科学领域的作品，比如重点选取这一领域中先进的、典型的科学家作为对象，然后请有实力的作家来写一篇报告文学，既可借作品响应思想解放的号召，又可以呼吁社会尊重知识，尊重知识分子。这便是我们当初一些朴素真实的想法。

然而，写谁好呢？又请谁来写呢？就这两个问题编辑部展开了讨论。对于报告文学来说，选题和选作者同样重要，如果两者都选准了，这篇作品就可以说有成功的把握了，否则很可能会失败。这当然就很费踌躇。

突然间我们想起当时社会上流传的一个故事，即一个外国代表团来华访问，成员中有人提出要见中国的一名大数学家陈景润教授。因为，他从一本权威科学杂志上看到了陈景润攻克世界数学难题“哥德巴赫猜想”的学术论文，十分敬佩。知悉后，我国有关方面千方百计寻找，终于在中国科学院数学研究所找到了这位数学家。

谁也不知道他取得的这一了不起的成果。“文革”中，陈景润慑于对他走所谓“白专”道路的严厉批判和打击，甚至一度想要自杀。最终他挺了过来，冒着风险，埋头潜心于论证。平时他将自己关在一间6平方米的宿舍里，趴在床上日夜演算，反复论证，刻苦钻研，悄然攻关，不事张扬。

他率先突破了这一道世界难题，惊动了国际数学界！

应该说，这是一位有贡献的科学家。然而同时坊间又传出许多他不食人间烟火的笑话和“自私”行为，说他是一个“科学怪人”。不管怎样，我们决定先试一试。

那么，找谁来写好呢？大家不约而同地想到了徐迟。

徐迟虽是一位诗人，但他做过新闻记者，写过不少通讯特写。他发表在1962年《人民文学》上的人物特写《祁连山下》，描写一位敦煌艺术家的创作事迹，在当时反响颇好。应该说他比较熟悉知识分子，如果请他来写数学家陈景润，估计能写得很好。

于是我挂了长途电话到武汉，寻找久违的诗人。时值1977年深秋，这年，诗人已63岁。经受了十年“文革”的痛苦折磨，盼到了“四人帮”垮台，他，一个热情的歌者，焕发了精神，增添了力量，他多么想放声为祖国歌唱！听得出，徐迟在电话里的声音非常激动，对于我们邀请他来北京采写陈景润一事，他很高兴，但只是说“试试看吧”。一是他觉得数学这门学科他不熟悉，更不懂；二是听说陈景润是个“科学怪人”，尽管他突破“哥德巴赫猜想”有贡献，成就是了不起的，但这样的“怪人”好不好采访？

因此徐迟有些犹豫不定，只说进入采访后再决定吧。

果然，他抵达北京后不几天，接触到几位老朋友，大家一听他来写陈景润，也都好心劝他换个题目，认为陈景润是个是非之人，有争议的人，何必惹这个麻烦呢？

这时，我告诉他，我已同中国科学院有关方面联系，得到了院领导方毅同志的支持，他说：“那太好了！”并告诉我，他向一位老同志征求意见，那位老同志说：“陈氏定理了不起啊！应该写。”

这位老同志是谁呢？我事后才知道，原来是徐迟的姐夫、时任解放军副总参谋长伍修权将军。将军的支持，坚定了徐迟的决心。

“他多可爱，我爱上他了！就写他了！”

一个艳阳秋日里，我和王南宁陪同徐迟到了北京西郊中关村的中科院数学研究所，接待我们的是数学所党支部书记李尚杰同志。这是一位深受科学家爱戴的专业军人干部，陈景润对他十分信赖，什么心里话都跟他说，如同亲人一般，这是很难得的。在办公室，老李热情地向我们讲述着“小陈”钻研科学的故事。不一会儿，他离开办公室，带进来一个个头不高、面颊红扑扑、身着一套普通旧蓝制服的年轻人。这个年轻人一进门便和我们热情握手，直说：“欢迎你们，欢迎你们。”老李这才向我们介绍说：“这就是小陈，陈景润同志。”

我们没有想到这么快就见到了陈景润。李尚杰向他说明我们的身份和来意后，我又特意向他介绍说，我们特约徐迟同志来采访你攻克“哥德巴赫猜想”难关、登攀科学高峰的事迹，准备写一篇报告文学，在《人民文学》上发表。他紧紧握住徐迟的手说：“徐迟，噢，诗人，我中学时读过你的诗。哎呀，徐老，你可别写我，我没有什么好写的。你写写工农兵吧！写写老前辈科学家吧！”徐迟笑了，为了缓解气氛，便对他说：“我来看看你，不是写你，我是来写科学界的，来写‘四个现代化’的，你放心好了。”小陈笑了，天真地说：“那好，那好，我一定给你提供材料。”

于是我们便随意交谈起来。徐迟问他“哥德巴赫猜想”攻关最近进展情况如何？他说“到了最后关头，但也正是难度最大的阶段”。他说他看到叶剑英元帅最近发表的《攻关》一诗，很受鼓舞。说着，他便顺口背诵出来：“攻城不怕坚，攻书莫畏难；科学有险阻，苦战能过关。”然后，他充满信心地说：“我要继续苦战，努力攻关，攀登科学高峰。”

接着，他告诉我们，不久前他收到国际数学联合会主席先生的一封邀请函，请他去芬兰参加国际数学学术会议，并做45分钟的学术报告。他说，据主席先生在信中介绍，出席本次会议的有世界各国的学者3000多人，但确定做学术报告者仅十来名，其中，亚洲只有两名，一个是日本学者，一个便是他自己。他觉得事关重大，便将此信交给了数学所和院领导。

当时，中国科学院的领导接见了他和李尚杰书记，关切地对他说，你是大数学家，国家很尊重你，这封信是写给你的，由你考虑去还是不去，考虑好了，你可以直接回信答复，告诉我一声就是了。

这使陈景润很受感动。领导这么信赖他，科学院这么关心他，他从内心里感激！

回到所里，经过一番认真考虑，并做了一些调查研究，他很快写了一封回信。信里大致有如下三点内容：第一，我国一贯重视发展与世界各国科学家之间的学术交流和友好关系，因此，我感谢国际数学联合会主席先生的盛情邀请；第二，世界上只有一个中国，就是中华人民共和国，台湾是中国不可分割的一个省，而目前台湾占据着数学联合会的席位，因此，我不能参加；第三，如果驱逐了台湾代表，我可以考虑出席。

回答是何等富有原则和智慧，简直就是外交公文！

这，出乎我们的意料。他绝不像传说中的那样“傻”，那样“痴”，而是一个很有政治头脑的科学家。接着他又向我们讲述了——实际是控诉“四人帮”借所谓“批邓”，企图利用他栽赃、诬陷邓小平同志的罪恶行径。他说，曾经有几个打着“记者”招牌的人串到数学所，三番五次地动员他、威逼他，要他写文章“批邓”，并说那就可以证明他是“又红又专”的科学家。陈景润毫不犹豫地设法拒绝了。

陈景润还向我们讲述了一些他在“文革”中被批斗的惨状，以及他如何施计躲避参加斗争他的恩师华罗庚教授的情景。听到这些故事后，徐迟增进了对陈景润的了解，消除了某些误解。当然陈景润也的确有些怪癖，但多半属于性格原因所致。

他很有耐力和韧性。在那样艰苦的条件下他挺过来了，能够冒着风险，潜心埋头坚持攻克“哥德巴赫猜想”，这需要多么大的毅力！

此时，徐迟动情地悄声对我说：“周明，他多可爱，我爱上他了！就写他了！”

对《人民文学》来说，这是一个重要的选题，一个需要慎重对待的选题。虽然这件事运作前我们已经汇报给主编张光年，他表示全力支持，但今天这些新的情况必须向他及时汇报。

当晚，我安排徐迟住进位于中关村的中国科学院招待所后，立即返回城里，直奔东总布胡同46号张光年同志家，当面向他介绍了当日我们的经历和感受。

张光年饶有兴味地听着，还不时提问，考虑片刻，他斩钉截铁地说：“好哇，就写陈景润，不要动摇。‘文革’把知识分子打成‘臭老九’，不得翻身，现在中央提出搞‘四个现代化’，这就要靠知识和知识分子！陈景润如此刻苦钻研科学，突破了‘哥德巴赫猜想’，这是很了不起的！这样的知识分子为什么不可以进入文学画廊？”他示意我说：“你转告徐迟同志，我相信这个人物，相信他会写出一篇精彩的报告文学，就在明年的1月号《人民文学》上发表。”

主编张光年果断拍板，促成了《哥德巴赫猜想》的出世。

在那间6平方米的房间，陈景润解析着世界难题

为了写好这篇报告文学，徐迟进行了深入的采访和大量调查研究。他住在中关村，白天黑夜都排满了采访日程。他重点采访了许多著名的数学家，其中有陈景润的老师，有陈景润的同学，也有现在的同事。有讲陈景润好的，也有对陈景润有看法的。讲好的、讲坏的，两方面意见徐迟都认真倾听。他说：“这样才能做到客观地全面地判断一件事物、一个人。”这期间，他花了很多工夫硬“啃”了陈景润的学术论文。我问他：“好懂吗？”他摇摇头说：“不好懂，但是要写这个人必须对他的学术成就了解一二。虽然对于数学，不可能都懂，但对数学家本人总可以读懂。”

有一天，徐迟在招待所食堂吃饭，一位女同志知道他是来写陈景润的，便直言劝告他：“别写陈景润。科学院、数学所的优秀科学家多的是，干吗非写陈景润！这可是个有争议的人物。写写数学所杨乐、张广厚也好啊。”当然，采访中赞成写陈景润的也不少。

很快，徐迟和陈景润成了知心的朋友。徐迟多次去陈景润经常出入的图书馆，去他的办公室，跟他一起进食堂，一块儿聊天，还去看了“文革”时陈景润被毒打而滚下的那个楼梯。但是唯独没有到过一个重要的地方——陈景润解析“哥德巴赫猜想”的那间6平方米的房间。如果不看这间小屋，势必缺少对他攻关的环境氛围的直接感受，那该有多遗憾！

我们一再向李尚杰同志表达这个愿望。老李说：“小陈可是从来不让人进他那间小屋的！他每次进了门就赶紧锁起来，使得那间小屋很神秘。我倒是进去

过，如果你们要进去，只能想办法，要不，咱们搞点儿‘阴谋诡计’试试看。”

经策划，这天，我和徐迟、李尚杰、王南宁几人一同上楼，临近陈景润房间时，老李去敲门，先进屋。我和徐迟过了10分钟后也去敲门，表示找李书记有急事，然后争取挤进屋去。

当我敲响门，陈景润还未反应过来，李尚杰抢先给我们开了门，来了个措手不及。我和徐迟迅速跨进了屋，陈景润也只好不好意思地说："请坐，请坐。"其实，哪里能坐呀！我环顾四周，室内一张单人床，一张简陋的办公桌和一把椅子。墙角放了两个鼓鼓囊囊的麻袋，一个装的是他要换洗的衣服，另一个全是计算题手稿和废纸。办公桌上除了中间常用的一小片地方，都落满了灰尘。他有时不用桌子，习惯将床板的一角褥子撩起，坐个小板凳，趴在床上思考和演算。真可谓艰苦奋斗哪！

《光明日报》："我们高兴地向大家推荐《哥德巴赫猜想》一文……"

徐迟经过深入采访，经过一番梳理、思考和提炼，反复斟酌，几番修改，报告文学《哥德巴赫猜想》终于脱稿了。《人民文学》以醒目的标题，刊发在1978年1月号头条。

《哥德巴赫猜想》一经问世，立即引起读者热烈反响。许多人争相购买和竞相传阅，首都各大报纸和各地报纸、广播电台纷纷全文转载和连续广播。1978年2月16日的《光明日报》全文转载了《哥德巴赫猜想》，2月17日《人民日报》再次全文转载，由此在全国引起轰动。

"我们高兴地向大家推荐《哥德巴赫猜想》一文。老作家徐迟同志深入科研单位写出的这篇激动人心的报告文学，热情讴歌了数学家陈景润在攀登科学高峰中的顽强意志和苦战精神，展示了陈景润对解决哥德巴赫猜想这一著名世界难题的卓越贡献。"这段"编者按"，刊登在1978年2月16日的《光明日报》上。

当日的这份报纸，只有 4 个版，却拿出了两个半版面的篇幅，并且还是从头版整版开始，转载了《哥德巴赫猜想》。"编者按"还写道，广大科学工作者和知识分子"会从这里受到鼓舞，受到教育，受到鞭策"，而普通读者则"一定会为我们国家有这样优秀的科学家和这样出色的科研成果而感到骄傲和自豪"。事实证明，这样的判断精准而又切合实际。

喜欢文学的和平时不太关心文学的党政军领导干部，也都找来这篇作品一遍一遍地阅读。有人格外喜欢文章中第六节对于"文化大革命"尖锐批判的精彩描写，甚至还能够背诵出来。人们积压已久的愤懑被徐迟痛快地倾诉出来，这正是徐迟作为一个报告文学作家的政治敏锐性所在。事实证明，这篇作品的发表，对于当时推动思想解放的大潮，发挥了积极作用。

一时间《哥德巴赫猜想》飞扬神州大地，几乎家喻户晓，陈景润也因此名声大噪，天天都有大量读者来信飞往数学所。过了几个月，我和徐迟再去数学所看望陈景润时，他指着堆满办公室的若干满满的麻袋，既兴奋又忧虑地对我们说："这么多的来信可怎么办哪！"他觉得不回信，对不住热情的读者，也不礼貌。可要一一回复实际上又不可能，他因此感到很不安。

其中，还有些女孩子写的，有的对他表示同情，有的表达爱慕，愿和他结为伴侣，照料他的生活，甚至附寄了照片。陈景润很善良，也很纯真，这类信，他都放在一起，锁起来。

同样，作者徐迟每天也收到大量来自全国各地的读者来信，他都一一认真阅读。尤其是提出宝贵意见的信，他着意收藏起来，嗣后，在他编辑集子时，参照读者的有益意见做了改动。他特别在集子的后记中说："应《人民文学》的召唤，写了一篇《哥德巴赫猜想》。这时，我几乎已从长久以来的冬蛰中苏醒过来。"

由于他的苏醒，也使许多读者苏醒过来。这正是《哥德巴赫猜想》所产生的不可估量的社会效应和历史价值。社会上出现了大量自称解开"哥德巴赫猜想"的数学爱好者，以至于中国科学院专门写科普文章说明数论研究的难度，建议大家转移精力。中科院院士、数学家杨乐清楚地记得，因为《哥德巴赫猜想》引起巨大轰动，计划招收27名研究生的数学所，吸引了全国1500多人报考，可见大家热情的高涨。

《哥德巴赫猜想》发表不久之后，全国科学大会召开，成为改革开放的先声，陈景润、徐迟和千千万万中国知识分子，迎来科学的春天。邓小平同志满怀深情地说："（陈景润）这样的科学家中国有一千个就了不得！对这样的科学家应该爱护、赞扬！"

发表《哥德巴赫猜想》的这期刊物出版时，我正陪同徐迟奔波在遥远的云南西双版纳热带植物园里，采访病中的著名植物学家蔡希陶。这就是后来徐迟发表在《人民文学》上的又一篇报告文学《生命之树常绿》。

在我们返回北京的飞机上，徐迟用一本印有《人民文学》字样的记事本在记东西，被空姐发现，姑娘惊讶地说："哇，您老是《人民文学》的？"徐迟笑笑说："我不是，他是——"他指着我。空姐说："《人民文学》这一期有一篇报告文学《哥德巴赫猜想》，太感动人，太好了！"我说："他就是作者徐迟。"空姐立即返回前舱取了一个小本，请徐迟签名，直说："太激动了，太激动了，我竟能见到徐迟老先生。"

从此，诗人徐迟和报告文学结下了不解之缘，他一发不可收，陆续写作并在《人民文学》上发表了一系列反映"四个现代化"、描写科学家成就的优秀报告文学。他漫游在科学的王国里。继《地质之光》《哥德巴赫猜想》《在湍急的漩涡中》《生命之树常绿》《向着二十一世纪》等报告文学作品后，于1978年3月全国科学大会期间，他又开始涉足高能物理王国，直到生命止息的前几天——1996年12月4日，他的《谈夸克》一文在《人民日报》上发表。

为此，《人民日报》在同一天的同一版面上还发表了一篇署名陶钧的文章《赞文学家的科学情感》，文章还向读者指明说，此徐迟即彼徐迟，打消读者可能产生的疑问：怎么，作家徐迟会写起高能物理学的高深科学领域的文章？其实，徐迟已经钻研了好几年夸克了，他说："在接触这门学问的课程中，领略了许多东西，于是想用文学的笔，把它们挑一些出来介绍给读者。”

徐迟对科学充满了热情，对科学家满怀感情。他是一位富有历史使命感和社会责任感的作家，对科学和科学家他还有满腹文章要写呢！然而，他不幸过早地离世，令我们深感悲痛和惋惜。或许，在天堂里，他会找到先他而去的陈景润，两人仍在继续热烈地讨论《哥德巴赫猜想》呢！

两位先生名留青史。2018 年 12 月 18 日，庆祝改革开放 40 周年大会在人民大会堂举行。100 名“改革先锋”称号获得者在大会上受到表彰。陈景润获得了“激励青年勇攀高峰”的荣誉称号。他的事迹还将激励一代又一代青年奋进。

刊于 2019 年 7 月 26 日《光明日报》

三位大医女神

韩小蕙

在我从小居住的北京协和医院宿舍——协和大院的女医生中，以林巧稚、劳远琇、胡懋华三位最杰出，她们也是全中国最高端的知识女性，可以说是中国女性中最光芒四射的“女神”。

一、林巧稚（1901—1983）

林巧稚大夫在中国几乎无人不知。她是中国妇产科学的主要开拓者、奠基人之一；是北京协和医院第一位中国籍妇产科主任；是首届中国科学院唯一的女学部委员（中科院院士）；是中国医学科学院第一位女性副院长，被誉为“中国医学圣母”。在林大夫行医的五十个春秋中，总共接生了 5 万多个婴儿，因而还有一个老百姓送给的称号——“万婴之母”，这如同无字碑一样荣耀的称号，直到今天还在人民群众中口耳相传，多么神圣！同时，林大夫还在胎儿宫内呼吸、女性盆腔疾病、妇科肿瘤、新生儿溶血症等疾病的研究上做出了杰出贡献，因而被国家尊为“医学科学家”。

20 世纪初的鼓浪屿，可不是今天这般风光旖旎的旅游胜地，那时，就连福建也还是远在天边的“南番僻地”。出生在鼓浪屿的林巧稚从小聪慧过人，7 岁上女子小学校，12 岁上鼓浪屿女子高等师范，18 岁时候已经毕业于厦门女师并留校任教了。1921 年，闻听北京协和医学院落成，20 岁的林巧稚毅然千里迢迢赴京报考，并以一段传奇经历考入该院。经过 8 年极其艰苦的学习，1929 年毕业获医学博士学位，同时力压群雄，成为首届“文海”奖学金的唯一获得者，被聘为协和医院妇产科大夫，也成为该院第一位毕业留院的中国女医生。

她喜欢被人唤作“林大夫”，这个神圣的称呼，时时提醒着她治病救人的职责所在，所以一辈子都不喜欢被人称呼官衔，比如“主任”“院士”甚至“教授”。我们协和大院的大人们都尊称她为“林大夫”，孩子们则叫她“林婆婆”“林奶奶”。

林奶奶身材娇小，一生都很细瘦婀娜，“文革”前长年梳着中国女性传统的发髻，“文革”后变成垂耳短发。有出席活动的场合时，她喜欢穿旗袍，戴小耳环和手镯；平时居家还是爱穿闽南特产香云纱做成的衣衫。留在我脑中的永久印象，是心情愉快的林大夫绾着发髻，着一身合体的锦缎旗袍，领口处别一枚碎钻镶嵌的精致领花，从大门外飘然而入，停在花丛边上看她那些盛开的花，那身影，无宋庆龄的丰腴却有着和她一样的高雅韵致。

林奶奶一生爱花，她居住的 28 号楼在大院门口东侧，从细碎灰白点的花岗石台阶下面，到小楼南、北、西三面周边，从春到秋，三时鲜花不断，都是她率领着家人亲手栽种的，有海棠、月季、蔷薇、美人蕉、太阳花、老头花和一串红。最美丽的，还属伸出一尺多长白色大花颈的玉簪花，那白瓷似的大花纤尘不染，似乎就是为衬托她的冰清玉洁而绽放的。这座楼是林奶奶和她的亲侄女林懿铿老师一家人住的，林老师毕业于燕京大学，在北京一家中学教英语；她的夫君周华康大夫亦是协和大医，也跟姑母林巧稚一样，以五年学业成绩最优获得过协和医学院“文海”奖学金，他一手创办了协和儿科并担任主任 39 年。他们有一个女儿和两个儿子。天气好的休息日，林奶奶喜欢带着家里的大小孩子一起打理这些花卉，亲自松土、剪枝、浇水，大院里的其他孩子也帮着接水带、除杂草、收拾垃圾。这时，林奶奶就会用带有闽南口音的普通话，挨个儿询问孩子们的学习成绩怎么样，得了什么奖状没有，鼓励孩子们要努力争上进。

20 世纪 50 年代前期，家母也在协和医院工作。听她说过，林大夫看到新中国呈现出来的上下一心、发奋图强的新景象，内心里很欢欣，对中国共产党领导下的共和国很是信服和拥护，所以她在政治上很上进，还参加过马克思主义理论学习班。我老母亲还说，林大夫这个人本质非常好，新中国成立前就已经是享誉京城的名医了。1941 年底太平洋战争爆发，协和医院被日本鬼子强占，把所有医务人员都赶出医院。数月后林大夫在京开办了一个私人诊所，为了减轻病人负担，主动降低挂号费，对穷人减免医疗费，等等。不久她应聘担任了中和医院妇产科主任，1946 年又受聘兼任北大医学院妇产科系主任。当时她要名有名，收入也高，但后来李宗恩院长受命恢复协和医院，邀请她重返协和，林大夫即把诊所停了，辞去两院主任职位，重新返回协和妇产科，一直工作到 1983 年去世。

林大夫是北京协和医院第一位中国籍妇产科主任，首届中国科学院唯一女院士。但她并不只看专家号，而且只要在门诊，总要看完当天挂号的所有病人才下班。如果她看到哪个病人表情痛苦，还会丢下手里的事直接去询问。有时护士提醒她说，待诊室里有已约定等候的特殊病人（往往是某位要员太太或某外国使领馆夫人），林大夫总是严肃地回答："病情重才是真正的特殊。"

新中国成立初期的一天，林大夫诊室进来了两位中年妇女，穿着朴素的灰布列宁服，挂的却是专家号。专家号要比普通号贵 10 倍，林大夫便对她们说："以后别挂这种号了，这要多花好多钱。我也看普通门诊，都是一样的，只不过多等一会儿。"

她们很客气地点头应道："好的，谢谢林大夫！"

等她们走后，护士过来问林大夫："您知道刚才的病人是谁吗？是周恩来总理的夫人呀！"

"哦？"林大夫不在意地笑笑，拿起刚才的病历看了一眼，果然上面的名字是邓颖超。

康克清也在一篇回忆林巧稚的文章中写道，林大夫看病给人印象最深的，就是不论病人是高级干部还是贫苦农民，她都同样对待，只要在她对面的患者椅上坐下，在她眼里，就都是病人。

28 号楼是大院里少有的独家居住的一整座楼，“文革”时，不知哪儿来的红卫兵冲进小楼，欲揪斗林大夫，查抄私产，正在此危难时刻，是周恩来总理及时派人前来保护了林大夫。但她家一层的大客厅还是被“造反派”占领了，他们把那里作为活动据点，夜以继日地在里边折腾，写大字报啊，跳忠字舞啊，研究阶级斗争新动向啊，发布各种革命指令啊……整日整夜地开着大灯，人来人往，杂音鼎沸，不知林大夫及周华康大夫一家是怎样熬过那些可怕的日日夜夜的。更兼白天在医院里，林大夫也没处逃，无处躲，她被宣布为“反动学术权威”而需要“重点监督改造”，一度被发配到病房做护工，清洗便盆、倒痰盂……真是斯文扫地，天理不存啊！然而，这些工作她都做得一丝不苟，她说，毕竟她还留在协和、还在为病人服务，这已经是再幸运不过了……“四人帮”被粉碎后，林奶奶已进入耄耋之年，体质逐渐衰弱，可叹雄心犹在云天上，壮志难酬鬓先白！现在回想起来，亦不知咱们中国当时的 8 亿人民，是怎么熬过那个疯狂年代的日日夜夜的？而让人万分不理解的是，近年来，对那场史无前例的民族大浩劫和中华文化的大灾难，竟然有不少人在怀念乃至呼唤“再来”，不知是患了“好了疮疤忘了痛”的健忘症，还是为了捡起芝麻而不惜捣烂西瓜，抑或干脆就是别有用心？

二、劳远琇（1919—2013）

与林家小楼毗邻而立的 29 号楼，是劳远琇大夫和她老妈妈，以及一双儿女的家。我们协和大院人没有不认识劳大夫的，劳阿姨也没有不认识的大院人，因为各家各户，无论大人小孩，甚至亲戚、朋友、同事、熟人……都去“找劳大夫”看过眼睛。而这位大医女神，不看地位高低，不分贫贱富贵，一律待之以礼，热情，细致，耐心，周到，时间一过60年，这份善良的心性，始终如一。

在协和服务的60年里，从当初青涩的年轻住院医，到后来享誉国内的眼科大神，她也一直都是这样对待千千万万患者的，尽全力帮助他们保住了无比珍贵的眼睛。从这个意义上说，劳大夫“善有善报”，晚年过得平静安好，最后94岁高龄驾鹤时也没受什么罪，是为“有福之人”。

我在20世纪60年代初就认识劳大夫了。1961年我上小学，劳阿姨的女儿钱JY跟我同班，小时候“过队日”就是经常在她家阳台下面花岗石台阶上“过”的。我和JY,还有池芝盛教授的女儿CLN等11个大院男孩儿女孩儿，一起上完五年级就因为“文革”停课了，两年后又一起被就近分配在胡同里的中学，还是同班。那时，我对劳阿姨是敬畏多于亲切，因为我知道她是大名鼎鼎的“大专家”，她显得特别忙碌，没工夫跟我们小孩子说话。但也偶尔有时，在我们一大帮正玩耍的女孩子中，她会叫一声“JY——”，就把女儿“提溜”出来了。她呼唤的声音真好听。

岁月悠悠，我们很快长大了。劳阿姨也渐渐进入了老年，乃至暮年。大院人有了眼疾，还是会去“找劳大夫”，向她咨询。如果劳阿姨认为有必要，就会写个条子，让去协和找她的 ×× 学生，这些学生都已经成长为大腕或者大咖了。劳阿姨一边写，一边还会谦虚地说:“我现在老了，对许多新药不了解了，你去医院找大夫吧，现在他们都比我强……”尽管如此，在她90岁前后，我还能常常看到她被学生们陪着，接到协和去会诊或讲课。

劳远琇大夫是新中国成立后协和眼科的第一位全职医师。又于1954年创建了协和眼科神经视野学专业组，这在全中国也是首创。经过几十年努力，在视交叉疾患发生视野缺损机理、激素分泌性垂体瘤等的研究上，独树一帜，领先国内，获得了多项国家级和省部级成果奖，为中国神经视野学的开创和发展做出了卓越贡献。因此，她在医学界，特别是眼科界享有很高声誉，1984年获北京市“为人民教育事业服务三十年”奖状；1987 年被协和医院评为“教书育人服务育人先进工作者”；1987 年获中国医学科学院及协和医科大学颁发的“为院校做贡献”奖状；1990 年获国家教委颁发的“为高校教育及科技事业工作四十年成绩显著”奖状；1990 年获医科院及协和医科大学颁发“在研究生教育事业上成绩显著”奖状；1992 年获国务院颁发的政府特殊津贴；2006 年获协和医院颁发的“卓越贡献奖”；2009 年又获协和医院颁发的“杰出贡献奖”……

劳远琇 1919 年出生于湖南长沙的一个中学教师家庭。说起自己为什么会学医，而且选择的是眼科时，她每次都会说起一件永远镌刻在心头的往事：

1932 年，我被保送进福湘女子中学。学校定期派我们到一所盲女学校服务，那是一个私立慈善机构办的。盲女们每三四人一个小组，组长是有一点“光感”的姐姐，带领着另外两三个妹妹行动。她会告诉她们：“天亮了”“天黑了”“点灯了”“熄灯了”。而且她知道门在哪里，能领着她们出入房门和教室。这些情景真令我心疼！也使我认识到微微的一点“光感”，对于一个人来说是多么宝贵！那时我就想，如果我是眼科医生就好了，我要把她们全治好……

这就奠定了劳阿姨的一生。她就此抱定决心，要做一个眼科医生，救治天下的盲人。抱着这种信念，1938 年她考入湘雅医学院，发奋苦读。不久抗战深入内地，湖南也已容不下一张安静的课桌，她随着学校一路跋涉到贵阳，在极其艰苦的条件下顽强坚持学业，终于在 1944 年毕业，获得医学博士学位。学校要求每个毕业生填写志愿，她两个志愿都填的是“眼科”。当时全班只有 4 个女生，学校鼓励女生学妇产科或小儿科，并允诺学这两科可以留校当助教，而若要学眼科的话，则必须前往伤兵医院服务一年。劳阿姨坚决放弃了留校的机会，毅然去了肮脏、破烂的伤兵医院。有人劝她说：“眼球是那么小的领域，两个眼球还长得一样，有什么知识值得你毕生钻研呢？”劳阿姨决然回答：“我想救助盲人，哪怕能给他们一点点‘光感’，也是好的呀！”

一年后，劳阿姨回到湘雅医学院，终于成为一名眼科住院医师。兢兢业业地干，3 年一晃就过去了。也是命运机缘巧合，1948 年的一天，劳阿姨看到一本医学杂志，有文章介绍当时世界眼科医学的发展情况，讲到许多新技术和新疗法，使她看到了自己的差距，便萌生了去美国进修的想法。刚好又看到报纸上的一则广告，“美国大学妇女协会”将在中国招收 3 名女医生，提供前往美国学习的奖学金，她便毫不犹豫地报了名，并顺利考进前三名。好事成双，此时“中美文化基金会”也提供了一份奖学金，这样，家境不富裕的小女子，靠着自己的努力，于 1949 年 1 月踏上了美国求学之旅。在宾夕法尼亚大学研究生院，在国际著名教授 F. 阿迪勒、H.G. 斯克黑厄等导师的严格培训下，劳阿姨抓住机会拼命地学啊，学啊，学啊，打下了既广博又扎实的眼科基础底子。数月后，中国发生了惊天动地的大事，中华人民共和国成立了。又过了数月，朝鲜战争爆发了，劳阿姨再也待不下去了，她选择了回归，要以身报效祖国。1950 年 9 月，她终于登上了“威尔逊总统号”大海轮，从旧金山出发，经洛杉矶、夏威夷、日本及中国的旅顺港，颠簸飘摇了 24 个昼夜，回到首都北京。她本来是与钱学森同船的，当时船上有很多都是一起结伴回国的中华热血留学生，直到开船后大家才知道，钱学森因为美国方面的阻挠而未能登船。北京协和医院聘她为眼科副教授，并给她分配了最好的住房，即协和大院 29 号别墅楼，从此，她就在那里安了家。

劳阿姨的善良、勇毅和能干，来自她良好的家教。她父亲劳启祥是 1924 年留美学子，先后在耶鲁大学、芝加哥大学攻研数学，获理科硕士学位。1926 年回中国，任教于湖南著名的雅礼中学。这是一所教会学校，以前的校长全是由美国人担任，到了 1928 年，劳启祥开始代理校长，1932 年转正。劳校长实施了重要改革，选拔出一批“吸收欧美文明，振兴五千年民族”的志士，组建了高水准的领导班子。抗战时期，劳校长主持迁校沅陵，在极其艰苦的条件下，继续以“公、诚、勤、朴”的精神培育了大批人才；还组织发动校友们创办了协均、广雅等中学，并长期为各中学输送师资，为湖南中等教育的发展做出了重要贡献。劳启祥还曾兼任湖南大学、北京商业学院等院校教授，还有《劳氏平面几何》《混合代数》《初等代数》等著作出版。1959 年退休后，被劳阿姨接到北京，与老伴儿以及劳阿姨一家人居住在 29 号小楼里，直至 1974 年病逝。

我有点儿不记得这位老人，但我特别清楚地记得劳阿姨的母亲、JY 管她叫“外婆”的老人家。她瘦瘦小小，似乎弱不禁风，有时候出来在阳台上坐着，经常穿着黑色或深蓝色的中式衣衫，基本不开口说话。说来劳阿姨的一生也并非一帆风顺，我们从小时候起就没看到 JY 家有爸爸出现，说是在外地工作。后来我们长大了才知：劳阿姨的丈夫钱 YP 先生，1957 年被打成右派，发配到大西北，很少能获准回京探亲。后来为了不让孩子们受“右派子女”所累，于 60 年代初与劳阿姨离婚了。当时正是三年困难时期，北京居民们还获准养鸡养鸭，大院里也是家家都养。劳阿姨让保姆杀了两只鸡，最后款待了前夫，钱先生则花钱给儿子买了一辆自行车。以后，钱 YP 在大西北另外成了家，有了两个女儿；劳阿姨却一直单身抚养一双儿女，并且一直让他们沿用“钱”姓……

父亲去世后，劳阿姨一方面在协和继续做出耀眼业绩，一方面独自赡养老母，抚育儿女，还给他们小提琴、钢琴等的贵族式教育。除了“文革”中被下放到江西“五七干校”的几年，她一直住在 29 号楼，一直对大院里所有的旧人、新人都和蔼可亲。她是大院里寿命最长的几位专家教授之一，晚年还有一大乐事，就是照看院子里的一大群流浪猫，每个月都要花上 200 多块钱给它们买口粮，每天定时喂食。那是大院里的一个绝佳风景：每次快到吃饭时间，十多只猫咪就早早守候在 29 号小楼的花岗岩台阶下（很像我们当年“过队日”的一帮孩子），一俟听到劳阿姨来了，便一起站起来，高高地竖起尾巴，“喵喵”地叫着，颠着小碎步在劳阿姨脚下蹭来蹭去。可把劳阿姨乐坏了，一边给它们分食，一边表扬和数落着它们的种种表现，猫咪们则恭顺地听着教导，其乐陶陶也。

三、胡懋华（1912—1997）

协和大院除了16座美式小洋楼之外，还有一座风格迥然不同的英式灰楼，大院的第三位大医女神胡懋华大夫，生前就一直居住在该楼的4号楼内，基本没被打扰，也算是她修来的福分。

这座灰楼斜坡尖顶，上面有西洋玩具兵似的烟囱，从建筑外形看更似英国的某些乡村教堂，呈长方形箱体式，从空中看宛若一只神话传说中的“百宝箱”。它原来是英国宣教会的办公处，建成的年代是19世纪末，比大院里的美式小洋楼们大约寿高20年。曾有过一种瘆人的说法，说是抗战期间，日本宪兵曾把这座楼作为秘密特务机关，关押和拷打过抗日志士。全国解放后，这座三层的灰楼被分成从西门进入的4号楼和从东门进入的5号楼两个门牌号，形成外形为一而内部一分为二的两个世界，我猜是为了照顾首长，因为共和国的第一任卫生部部长钱信忠在5号楼的一层居住过几年。比起美式小洋楼，英式灰楼内的地板、门窗等相对简单和粗犷些，但比起北京四合院的平房，其舒适度还是高级的；有暖气，有设施齐全的厨房、卫生间、餐厅、储藏室等，房间高大，冬暖夏凉，当时对楼房的维护也还是小心翼翼的，总之那时给我的感觉是高大上。

胡懋华大夫是中国第一代著名放射学专家，中国临床放射学奠基人之一，也是中国第一部《X线诊断学》教材的总编辑之一。她1953年起就担任了协和医院放射科主任，创造性地将放射科的诊断工作按解剖医学划分为神经、骨骼、胸部、胃肠等专业组，各组按系统分担医、教、研工作，高年制医生按系统钻研提高，各组间有分有合，团结协作；并且还首创了“临床放射讨论会”。这些模式的建立，对中国放射学的发展起到了示范作用。

在大院里每次与她路遇时，我都会停住脚步，恭恭敬敬地唤一声：“胡阿姨。”这是因为我很早就听到过关于她的两则“神话”：一是她出身名校，当年乃燕京大学女子排球队队长，曾是全校师生共同瞩目的吸睛人物。二是多年后已做了放射科大夫，某次会诊，一屋子协和名医，只有她一位女性，所有人一一发言，皆认为那是一例恶性肿瘤；最后，一向低调的胡大夫慢悠悠表态，却语出惊人，否定恶性判断，事后证明了她的判断是正确的。

为什么会这么神？她是怎么做到的？全协和人都知道放射科胡主任治学严谨，一丝不苟。而且不仅对自己严格要求，也非常注重科里各级医生的基本功训练，要求他们熟悉各种 X 线所反映的基本病理变化，再结合临床资料加以综合分析，从而得出最正确的诊断。她是“祖奶奶”级的大神，曾为北京 301 医院、肿瘤医院、阜外医院、中日友好医院等输送出不少年轻医生，这一批批人才经过她的“神”化，早就成为各医院的医疗骨干、专家或学科带头人。

从我孩提时代到后来我长成青年、中年的几十年间，胡阿姨给我的印象一直是 6 个字：朴实，低调，慈安。除非参加重大外事活动，她的衣饰从不华丽，日常穿着就像一位中学老师，整洁、端庄、大方就好了。她的语速一贯徐缓，声音不高，像茉莉花一样暗自吐香，从不出风头和喧哗炫耀。她待人平易和气，从不摆名教授和主任架子，对我们这些不相干的小小晚辈，也从来都是专注和善，认真倾听。她的家风是如此之好，连她的儿子和女儿也都和她一样朴实无华，从不在大院里喧哗、折腾和拔尖，却是有教养，懂礼貌，功课也很棒，都是胡大夫教育得好。

后来很晚了我才知道，这么朴实无华的胡阿姨，却原来也是一个“官二代”呢，她父亲曾任职江苏省教育厅厅长，在教育大省里地位显赫。但她和哥哥胡懋廉都没有躺在家世上犬马声色或是风花雪月，而是带头发奋读书，终于双双成就学业，哥哥成为中国耳鼻喉科的一代宗师；妹妹 1931 年考入全国最难考取的燕京大学医预科，3 年后又顺利考入北京协和医学院。1941 年顺利毕业，获博士学位同时获得美国纽约州立大学医学博士证书，并留在北京协和医学院工作。

犹豫了一下，我还是决定不回避以下事实：这么杰出的女性，胡阿姨的婚姻也出现了波折。她前夫是骨科专家、曾任北京医学院副院长的冯传汉教授，比她早一年毕业于协和。但在有了三个孩子之后，两个人离婚了，当时，最小的女儿还不满周岁。之后的岁月中，胡阿姨一个人又当妈，又当医生，把小女儿拉扯成人……

唉，说到这里，我又不得不感慨了：中国女性的生存环境有多么艰辛，不用说都在华夏的天空和大地上写着呢，在此我节约笔墨；我想表达的是，协和大院的这三位大医女神，一位林巧稚终生未婚；另两位离异，独自将儿女培养成人，同时还取得了这么辉煌的成就！依中国的国情，无论是在社会环境上、文化传统上还是社会舆论上，她们都处于很劣势的地位，因而必须要比男性付出更多更多的聪明才智，更多更多的筚路蓝缕，更多更多的呕心沥血，和更多更多的坚忍不拔！她们三位在我眼中，永远是中国女性最应该学习的楷模！

刊于《美文》2019 年第 8 期

伊人宛在水之湄

王充闾

一

清梁绍壬《两般秋雨盦随笔》中记载：乾隆年间，会稽胡西垞咏《蓼花》诗有句云："何草不黄秋以后；伊人宛在水之湄。"上联引《诗经·小雅》，以百草枯黄喻人生憔悴，实写征夫行役之苦；下联虚写秋水伊人，通过《诗经·蒹葭》中"宛在"二字，渲染凄清景象、痴迷心象、模糊意象，营造一种若隐若现、若即若离、若有若无的朦胧意境。

作为一首怀人诗，《蒹葭》以其情深景真、丰神摇曳、逸韵悠扬而千秋万代传诵不衰，饱享盛誉。

同人生一样，诗文也有境与遇之分。《蒹葭》篇中"蒹葭苍苍，白露为霜。所谓伊人，在水一方。溯洄从之，道阻且长；溯游从之，宛在水中央"，写的是境，而不是遇。"心之所游履攀缘者，故称为境。"（佛学经典语）这里所说的境，或曰意境，指的是诗人意识中的景象与情境。境生于象，又超乎象；而意则是情与理的统一。在《蒹葭》之类抒情性作品中，二者相辅相成，形成一种情与景汇、意与象通、情景交融、相互感应，活跃着生命律动的韵味无穷的诗意空间。

《蒹葭》写的是实人实景，却又朦胧缥缈、扑朔迷离，既合乎自然，又邻于理想，可说是造境与写境、理想与实际、浪漫主义与现实主义完美结合的范本。“意境空旷，寄托玄淡。秦川咫尺，宛然有三山云气，竹影仙风。故此诗在《国风》为第一篇缥缈文字，宜以恍惚迷离读之。”（晚清陈继揆语）

说到缥缈，首先会想到本诗的主旨。历来歧见纷呈，莫衷一是，就连宋代的大学问家朱熹都说：“不知其何所指也。”今人多主“追慕意中人”之说；但过去有的说是为“朋友相念而作”，有的说是访贤不遇诗，有人解读为假托思美怀人、寄寓理想之不能实现，有的说是隐士“明志之作”，旧说还有：“《蒹葭》刺襄公也，未能用周礼，将无以固其国焉。”……作为一个张力场，一个诗意空间，《蒹葭》倒是符合现代阐释学与传统接受美学所说的，文本永远向着阅读开放，理解总是在进行中；文学接受具有鲜明的多义性与再创造性，“作者用一致之思，读者各以其情而自得”（清初王船山语）；“作者之用心未必然，而读者之用心何必不然”（晚清谭献语）。

与此相映照，诗中的主人公，飘忽的行踪，痴迷的心境，离奇的幻觉，忽而“溯洄”，忽而“溯游”，往复辗转，闪烁不定，同样令人生发出虚幻莫测的感觉。而那个只在意念中、始终不露面的“伊人”，更是恍兮惚兮，除了“在水一方”“在水之湄”“在水之涘”，其他任何情况，诸如性别、年龄、身份、地位、外貌、心理、情感、癖好等等，统统略去。彼何人斯？是美女？是靓男？是恋人？是挚友？是贤臣？是君子？是隐士？是遗民？谁也弄不清楚。

诚然，“伊人宛在水之湄”，既不邈远，也不神秘，并不像《庄子》笔下的“肌肤若冰雪，绰约如处子，不食五谷，吸风饮露”的“神人”，高踞于渺茫、虚幻的“藐姑射之山”。绝妙之处在于，诗人着手成春，经过一番随意的“点化”，这现实中的普通人物、常见情景，便升华为艺术中的一种意象、一个范式、一重境界。无形无影、无迹无踪的“伊人”，成为世间万千客体形象的一个理想的化身；而“在水一方”“在水之湄”“在水之涘”，则幻化为一处意蕴丰盈的供人想象、耐人咀嚼、引人遐思的艺术空间，只要一提起、一想到它，便会感到无限温馨而神驰意往。

二

这种言近旨远、超乎象外、所指大于能指的艺术现象，充分地体现了《蒹葭》的又一至美特征——与朦胧之美紧相关联的含蓄之美。

一般认为，含蓄应该包括如下意蕴：含而不露，耐人寻味，予人以思考的余地；蕴蓄深厚，却不露形迹，所谓“不着一字，尽得风流”；以简驭繁，以少少许胜多多许。如果使之具象化，不妨借用《沧浪诗话》中的“语忌直、意忌浅、脉忌露、味忌短”概之。对照《蒹葭》一诗，应该说是般般俱在，丝丝入扣：

——诗中并未描写主人公思慕意中人的心理活动，也没有调遣“求之不得，寤寐思服。悠哉悠哉，辗转反侧”之类的用语，只写他“溯洄”“溯游”的行动，略过了直接的意向表达。但是，那种如痴如醉的苦苦追求情态，却隐约跳荡于字里行间。

——依赖于含蓄的功力，使“伊人宛在水之湄”作为一种意象，引人思慕无穷，永怀遐想。清代画家戴熙有“画令人惊，不若令人喜；令人喜，不若令人思”之说，道理在于，惊、喜都是感情外溢，有时而尽的，而思则是此意绵绵，可望持久。

——“伊人”的归宿，更是含蓄蕴藉，有余不尽，只以“宛在”二字了之。实际是“了犹未了”，留下一串可以玩味于无穷的悬念，付诸余生梦想。黑格尔在《美学》一书中指出：“艺术的显现通过它本身而指引到它本身之外。”这从更深的层次上来考究，就上升为哲理性了。

钱锺书先生在《管锥编》中最先指出，《蒹葭》所体现的是一种可望而不可即的“企慕之情境”。它“以‘在水一方’寓慕悦之情，示向往之境”，亦即海涅所创造的“取象于隔深渊而睹奇卉，闻远香，爱不能即”的浪漫主义的美学情境。

就此，当代学者陈子谦在《钱学论》中作了阐释："企慕情境，就是这一样心境：它表现所渴望所追求的对象在远方，在对岸，可以眼望心至，却不可以手触身接，是永远可以向往，但不能到达的境界"；"在我国，最早揭示这一境界的是《诗经·蒹葭》"，"'在水一方'，即是一种茫茫苍苍的缥缈之感，寻寻觅觅的向往之情……'从之'而不能得之，望之而不能近之，若隐若现，若即若离，犹如水中观月，镜里看花，可望不可求"。

《蒹葭》中的企慕情境，含蕴着这样一些心理特征——

其一，诗中所呈现的是向而不能往、望而不能即的企盼与羡慕之情的结念落想；外化为行动，就是一个"望"字。抬头张望，举目眺望，深情瞩望，衷心想望，都体现着一种寄托与期待；如果不能实现，则会感到失望，情怀怅惘。正如唐李峤《楚望赋》中所言："故夫望之为体也，使人惨凄伊郁，惆怅不平，兴发思虑，惊荡心灵。其始也，惘若有求而不致也，怅乎若有待而不至也。"

其二，明明近在眼前，却因河水阻隔而形成了远在天边之感的距离怅惘。瑞士心理学家布洛有"心理距离"一说："美感的产生缘于保持一定的距离。"一旦距离拉开，悬想之境遂生。《蒹葭》一诗正是由于主体与客体之间保持着难以逾越，却又适度的空间距离与心理距离，从而产生了最佳的审美效果。

其三，愈是不能实现，便愈是向往，对方形象在自己的心里便愈是美好，因而产生加倍的期盼。正所谓："物之更好者辄在不可到处，可睹也，远不可致也"；"跑了的鱼，是大的"；"吃不到的葡萄，会想象它格外地甜"。还有，东坡居士的诗句："脚力尽时山更好，莫将有限趁无穷"；清陈启源所言："夫说（悦）之必求之，然惟可见而不可求，则慕说（悦）益至"。这些，都可视为对于企慕情境的恰切解释。

三

作为一种心灵体验或者人生经验，与这种企慕情境相切合的，是有待而不至、有期而不来的等待心境。宋人陈师道诗云：“书当快意读易尽，客有可人期不来。世事相违每如此，好怀百岁几回开？”可人之客，期而不来，其伫望之殷、怀思之切，可以想见。而世路无常，人生多故，离多聚少，遇合难期，主观与客观、期望和现实之间呈现背反，又是多发而常见的。

这种期待之未能实现和愿望的无法达成所带来的忧思苦绪，无疑都带有悲剧意识。若是遭逢了诗仙李白，就会悲吟：“美人如花隔云端！上有青冥之长天，下有渌水之波澜。天长路远魂飞苦，梦魂不到关山难。长相思，摧心肝！”当代学者石鹏飞认为，不完满的人生或许才是最具哲学意蕴的人生。人生一旦梦想成真，既看得见，又摸得着，那文明还有什么前进可言呢？最好的人生状态应该是让你想得到，让你看得见，却让你摸不着。于是，你必须有一种向上蹦一蹦或者向前跑一跑的意识，哪怕最终都得不到，而过程却早已彰显了人生的意义和价值。所以，《蒹葭》那寻寻觅觅之中若隐若现的目标，才是人类不断向前的动力，才有可能让我们像屈原那样发出“天问”，才有可能立下“路漫漫其修远兮，吾将上下而求索”的宏图远志。

是的，《蒹葭》中的望而不见，恰是表现为一种动力，一种张力。李峤《楚望赋》中还有下面两句：“故望之感人深矣，而人之激情至矣。”这个“感人深矣”“激情至矣”，正是动力与张力的具体体现。从《蒹葭》的深邃寓意中，我们可以悟解到，人生对于美的追求与探索，往往是可望而不可即的；而人们正是在这一绵绵无尽的追索过程中，饱享着绵绵无尽的心灵愉悦与精神满足。

看得出来，《蒹葭》中的等待心境所展现的，是一种充满期待与渴求的积极情愫。虽然最终仍是望而未即，但总还贯穿着一种温馨的向往、愉悦的怀思——“虽不能至，心向往之”；“中心藏之，无日忘之”。并不像西方后现代主义的荒诞戏剧《等待戈多》那样，喻示人生乃是一场无尽无望的等待，所表达的也并非世界荒诞、人生痛苦的存在主义思想和空虚绝望的精神状态。

《蒹葭》中所企慕、追求、等待的是一种美好的愿景。诗中悬置着一种意象、一个梦想，供普天下人执着地追寻。我们不妨把“伊人”看作是一种美好事物的象征，比如，深埋心底、有缘无分的一番刻骨铭心的爱恋之情，一直苦苦追求却无法实现的美好愿望，一场甜蜜无比却瞬息消逝的梦境，一方终生企慕但遥不可及的彼岸，一段代表着价值和意义的完美的过程，甚至是一座灯塔，一束星光，一种信仰，一个理想。正是从这个意义上，我们说:《蒹葭》是一首美妙动人的哲理诗。

刊于《中华文学选刊》2019 年第 1 期

与母亲相约

彭　程

父亲去世，给母亲带来的痛苦是明显的。作为儿女，我们对这点有一种切肤般的感受。

母亲性格开朗爽快，喜欢交往，每天上下午都要下楼，与小区里熟悉的老人们一同聊天、锻炼。不像父亲离群索居，很少出门，认识的人屈指可数。对这一点，母亲很自信。好几年前，记得是在吃年夜饭时，她曾经说起过："将来还不知道谁先走。我要是走在前面，你爸爸可就业障了。你爸爸先走，我没事，能够照顾好自己！"业障本来是佛教用语，在家乡话里有孤单可怜的意思。我们当然是阻止她说下去，用一句"你们都能长命百岁"岔开了话题。

但基于自然规律的生命，却无法避免某个必然的阶段。三月底的一天，晚饭后父母一同看电视，母亲忽然发现，坐在旁边的父亲双眼紧闭，头垂到胸前，嘴角有口水淌出，喊他不答应，拍他捅他掐他也都无反应，急忙打我手机。我和妻子正在不远处的紫竹院公园走路，赶紧开车赶回来，叫了救护车拉到旁边的医院，拍了脑 CT，判定是脑溢血，便又迅速拉到一家脑科医院做了手术。术后意识一度清醒，但几天后却又二次出血，加上年事已高，卧床时间过久，引发了并发症，导致多器官衰竭，在住院五十天包括重症监护室抢救二十天后，终于不治。

母亲成了未亡人。

其实从父亲发病开始，母亲就远非像她自己宣称的那样从容镇定。打给我的电话里，带着一种哭腔；从救护人员进门到抬父亲出门，短暂的时间里，她慌张得上了两次厕所。自父亲住院到亡故的五十天中，为了便于去医院探视陪床，也为了陪伴安慰她，妹妹妹夫从远郊区搬过来住，弟弟从上海、小妹从国外先后赶来，家里住满了人。母亲一再说你们别牵挂我，但她那种六神无主的样子，却无法让人放心。有一次她去小区旁边一家熟悉的小超市，心神不定中走错方向迷路了，向人求助，给家里打了电话，才把她接回来。过去曾多次劝她不要出小区，她每次都会反驳，说你们小瞧我了，但这回终于答应了。

办完丧事后，弟弟和小妹分别返回，妹妹妹夫继续住了半个月陪同母亲。住在同一小区的我们，更是随时过去看望。母亲依然好强，一再说事情都办完了，你们也各忙各的吧，别再守着我了，我能行。但显然能够看出她的言不由衷，言谈举止都有了明显的变化：电视里播着她喜欢的连续剧，但她眼神茫然，似看非看，忽然就回到自己屋子里躺下；说要去院子里散散心，但很快就又折回来了；一次从她常去的凉亭边走过，望见她坐在几个相熟的老头老太太旁边，面容愁闷，而过去总是有说有笑的样子；一个无关紧要的话题，她会反复唠叨；为某件不值一提的事情，能生上半天闷气……分明能够感觉到，她内心的某种东西已经涣散了。

就在父亲发病的那一个星期天，母亲还和以往一样，一早就打来电话，问中午想吃什么。多年中，每到周末去和父母一同吃中饭，已经是固定的节目，有了一种仪式般的意味。偶尔会带他们去周边饭馆，大多数还是在家里做，通常是母亲做，父亲打下手，而且总是固执地不让我们进厨房，说他们现在还能行，将来做不动了你们再上。但从那一天以后，母亲再也不下厨了。

老来失伴的悲痛，在母亲身上获得了印证。父亲晚年愈发爱静，除了一日三餐和看《新闻联播》，一天的大部分时间都躲在这套复式住房二层他自己的房间里，悄无声息地练一种养生静气功。母亲膝盖有问题，不能爬楼梯，多年不曾上楼了，父亲又耳背，有事叫他只能扯大嗓门喊。她曾经抱怨父亲：“连个老鼠喘气的声音都没有，你活着和死了有什么不同？”

但显然有所不同。此刻，正是这种不同让她痛楚，也更加衰老了。生命中有一些脆弱是难以改变的，并不会因为历经人世风雨，见惯生离死别，而变得淡漠无感。它已然是人性中的牢固成分。从母亲的身上，我深切地认识到了这一点。

小姨家表妹送报考军校的女儿来北京体检，小姨也跟车过来，回去时把母亲接上，到华北油田她的家里住了半个月。这半个月中，我先后去贵州参加一次采访，去大连参加一期培训，心里踏实了不少。与母亲视频，她告诉我小姨对她照顾得好，表弟表妹请她下饭馆，过得很舒心。母亲是喜欢热闹的人，在亲人们中间，悲伤当然会获得一些纾解。

母亲回到北京第二天，我从大连参加完培训回京。过去看她时，她说起弟弟给她打电话，请她去上海住，她已经答应了，准备几天后就去，住到秋天凉快了再回来。这让我感到有些意外。

其实还在父亲住院期间，在说到父亲可能不治时，弟弟就提到了这点。他家里一天到晚都有人，小时工每天定点上门做饭，对老人来说最关键的问题解决了。眼前还有分别在读初中和小学的孙女孙子，每天看到他们，也是一种莫大的安慰。几年前母亲去住了近两个月，很开心。但这个话题当时没有继续下去，我们寄希望于父亲最终能够摆脱此劫难，尽管最好的结果恐怕也是行动不便、意识混沌——住院期间的第二次脑出血，影响到了大脑的认知功能区域——但只要活下来就好。为此，我们和看护他的甘肃籍女护工都说好了，出院时请她一同来家里照顾。但这个愿望最终还是化作了泡影。

父亲火化当天，回到家里，弟弟就提出带她去上海，就在他那里养老了。母亲一口回绝了，说是要和父亲的魂魄在一起，她还时刻能感觉到他的气息，她一走，他会感到孤单。十几天后，我们把父亲的骨灰盒从他的房间取出，送到几十公里外的一处陵园存放，等待秋天时下葬。这处墓地是几年前就预购了的。已经回到上海的弟弟再次打来电话，她的口气没有那么坚决了，但还是说自己住能行，以后再考虑去他那里。我猜测她没有说出来的想法，一是怕拖累弟弟一家，二是习惯了已经居住十年的这个环境，宽敞的住处，熟悉的邻居，等等。这样，给她找一个全职保姆，时刻陪伴在她的身边，就是现实的选择了。

这次她明显转变了态度，或许是听了小姨的劝告。来参加父亲葬礼时，小姨就提议过，觉得这样对母亲最好。但更主要的，应该还是置身于那种浓郁的亲情氛围中，母亲预感到了将来独处时会面对的无边孤寂，她觉得自己难以承受了。这种孤寂也不是我们短暂的探望能够解除的，虽然近在咫尺，但受职业的束缚，我们无法时时陪伴。

但不管怎样，母亲松了口，接下来的安排就有了方向。妹妹妹夫带她去做了白内障手术。这事一直在说，但一直拖延，这个打算促使她下了决心。手术后第二天就去复查，情况良好。当天傍晚，弟弟坐高铁赶到了北京，而且已经订好了第二天上午的返程车票。

从那天到今天，一个月了，与母亲的相见，便都是在视频中。

这两年，手机成了她不能离开的物件。她使用手机的唯一目的，是与远方的亲友视频，包括老家的舅舅，侄子侄女们，县城里当年的同事，家属院里的老邻居。如今，北京对于她成了新的远方，二十年间面对面的儿女，只能从手机屏幕上看到了。高清晰度的画质，让对方脸上的每一道皱纹都清清楚楚，中间的上千公里仿佛并不存在。

到底是上了岁数，同一件事情她反复絮叨。因为我要开车回一次故乡，办理为父亲注销户口等手续，她一遍遍地嘱咐，路上要注意安全，开车累了就休息一会儿，给小舅准备的几提兜的衣服别忘了交给县城里的表妹，等等。这让我感到好笑，忍不住说了一句："你都给我讲了多少次了！"看到镜头里母亲有些惶恐的样子，又后悔不该说。耄耋之龄的她，生活范围已经收缩到只有身边的亲人了，为什么不容她多唠叨几句？我不能嘲笑，更不能无视。

到上海十多天后，一次视频时，母亲说起弟弟弟媳都劝她在上海过春节，她也答应了。这又是我没有想到的。本来我已经开始托人物色保姆，准备等她秋天回来时就住进家里来。但马上又觉得母亲的想法自然而然。她住在自己儿子家，被骨肉亲情围拢着，那种感受，无论如何比让陌生人来陪伴伺候更为舒适和坦然。

母亲接着说，她觉得这样也好，否则弟弟一家人又得来京陪她过春节，她不忍心他们来回折腾。但因为妻子届时要去国外与在那里读研究生的女儿一同过节，她又放心不下我，担心我一个人在家里“业障”，说着眼泪就落下了。我眼眶也有些发热，一迭连声地说，放心吧，春节我会去上海，陪您过节。

母亲去上海了，旁边单元的那间屋子，十年来第一次无人居住。我几天过去一次，取报箱里的报纸，给阳台上的花浇水。暑热开始退去，初秋明亮的阳光，透过阳台上整面的落地玻璃窗洒进来，偌大的房间里，静谧得有些异样。想到曾经的身影声音，节假日相聚时的热闹，竟有些恍惚，仿佛那是很早以前的事情了，虽然过去了只有一个月。

这种感觉迟迟难以消除。物是人非。某种东西从内心深处剥落了。我知道，再也不可能回到过去了。

多年前，曾经读到过这样一句话：父母是隔在我们和死亡之间的一堵墙。这个比喻给予我一种撞击感，当时就记住了。但对其内涵有真切和深入的理解，也还是在经历了陪护病重父亲的过程之后。如今父亲去世了，这堵墙壁已经坍塌了一半。而已经八十四岁高龄的母亲，既让我感到欣慰，又时刻感到隐约的忧戚。“父母之年不可不知也，一则以喜，一则以惧。”对《论语》中的这句话，是随着年龄的增加，越发能够体会的。

我记住了对母亲的承诺。

刊于 2019 年 10 月 11 日《北京日报》

印加帝国陨落的隐喻

陆春祥

历史常有惊人之笔，一次征服，改变了一个大陆的命运。

1

1493年，年仅十五岁的西班牙少年弗朗西斯科·皮萨罗，听到了哥伦布航海归来的消息，内心一阵兴奋，激动得有点控制不住自己。哥伦布发现的那个世界充满了异域风情，遍地的金银财宝，仿佛成熟的果子一样任人采摘，他们经历的每件事都那么神奇，小皮萨罗决定，一定要走出这个贫困的半岛，像哥伦布一样，去寻找海外广阔的世界。

皮萨罗的家乡，在西班牙西部的埃斯特雷马杜拉地区，那是一个贫穷落后的农业地区，那里的人们不善交际，不显露自己的性情，没有一点同情心，也十分吝啬。小皮从小由母亲带大，他的母亲是一个女仆，父亲根本没有正式迎娶他的母亲，因此，他永远不可能继承他父亲拥有的财产。

1502年，二十四岁的青年皮萨罗，搭上了一条从西班牙出发的大船，前往哥伦布所说的西印度群岛的伊斯帕尼奥拉岛。此时的他，高个子，两颊深陷，肌肉发达，虽一贫如洗，没有受过教育，一字不识，却行动敏捷，他全身所拥有的，只是他的力量和勇气。七年后，他已经成为该岛总督统领的地方武装中的一名中尉了。三十五岁时，皮萨罗已经是一个探险队的第二号人物，他们发现了太平洋。四十四岁时，皮萨罗是新修建的巴拿马城里最重要的地主之一。但他还是远远不满足，现在的他，只拥有一个小岛，只有一百五十个印第安人，他有更大的理想，他要做总督！

16 世纪 20 年代，西班牙大多数征服探险活动的领导者，都以组建公司的形式探险。1524 年，四十六岁的中年皮萨罗和他的两个合伙人，也成立了一个叫黎凡特的公司。他们首先取得皇室的授权，许可皮萨罗为唯一有权征服未被探索的秘鲁地区的人，并明确了责任和义务：你可以自费前往秘鲁地区进行征服和殖民活动，我们皇室任命你为秘鲁总督和元帅，终生有效；你有生之年还会获得每年七十二万五千西班牙金币的薪水，但这笔钱要从殖民地获得的属于王室的收入中扣除。一句话，我们发通行证，你放手大胆去干吧，收益我们分成。

皮萨罗拿到合法许可证后，立即奔往他贫困的家乡招募征服者。他的号召简单有力，他用自身的事实，向那些有梦想的人游说，补鞋匠、裁缝、公证人、木匠、水手、商人、铁匠、泥瓦匠、赶骡人、理发师、药剂师、钉马掌的，甚至还有音乐家，纷纷聚集，就是没有职业军人，这没有关系，皮萨罗自己有的是经验，他的四个属于不同母亲的弟弟全都来了，他们兄弟五人很快成为这次探险的核心团队。

皮萨罗要大干一场了。

2

美国作家金·麦夸里这些年一直在研究古印加帝国，他甚至在秘鲁生活了五年，在我读到他的《印加帝国的末日》（社会科学文献出版社，2017 年 8 月版）前，他已经出版三本关于秘鲁的书了。他写秘鲁，切入角度都非常新颖，笔调舒畅。我眼前的这本《印加帝国的末日》，五十多万字，还有不少文献，但它环环相扣，读起来一点也不累，充满了惊喜。

此前，我对印加帝国只有极其肤浅的了解，我认为它就如古希腊、古埃及、古罗马一样，是一个古老而神秘的符号，含义深远。

确实，要将印加帝国的历史说清楚，是比较难的，最难的是印加人只有口述史，只有家族谱系，他们可能就是靠“结绳语”来记录历史。结绳语，你懂吧，结绳记事，用绳子打个结，不同的绳子，不同的颜色，不同的结，表达的都是不同的意思，但是，印加人被征服后，这些绳语很快就消失了。因此，印加人的历史，基本上都是西班牙人用西班牙文写成的，我佩服麦夸里先生，他将那些零星的历史碎片拼接起来，用他独特的发现，为我们梳理出印加帝国曾经的辉煌。

循着麦夸里的叙述，我们简单了解一下印加帝国的史脉。

大约在一万两千五百年至一万五千年前，人类的祖先，可能通过白令海峡，第一次来到了美洲地区，因为考古学家在玻利维亚北部，发现了人类种植的马铃薯的残余物。公元前八千至三千年前，生活在今天秘鲁的人们，学会了种植，开始了在乡村和城镇中永久定居。公元一百至八百年，秘鲁北部沿海的第一个王国——莫切王国形成并发展，公元一千四百年前，秘鲁被蒂瓦纳库、瓦里和奇穆王国分别统治。

奇穆帝国正统治得如火如荼时，的的喀喀湖边上的一个小部落，远在南方的印加王国突然开始扩张。

秘鲁的地图形象，我从小就印象深刻，南北也算狭长，有一千多英里。秘鲁的马铃薯全世界有名，仅品种就有五千多个，我高中地理课记的数字现在一直记得，因此，我将秘鲁看成是一个被咬过的马铃薯，这是形象记忆，我常用的方法。因为土地资源极其有限，各王国之间的争斗也必定十分激烈。印加人口从来都没超过十万，因此，他们往往成为别的王国吞并的对象。15 世纪初，一个叫昌卡的王国，向弱小的印加王国杀过来，当时的印加君主叫维拉科查·印加，他年事已高，不愿意应战，选择逃跑。但他的一个儿子库西·尤潘基，却抓住了机会反击，一场灭顶之灾，变成了一场巨大的胜利。既然老子不行，那么，儿子就毫不客气地当王了，库西·尤潘基改名为“帕查库提”，这是印加王国的第二代君主。

帕查库提和他的儿子图帕克·印加，一路攻城略地，最终将奇穆帝国颠覆，安第斯山脉绵延一千多英里的国土，就变成印加帝国了。到图帕克·印加的儿子瓦伊纳·卡帕克继位第四代君王时，帝国发展如日中天，版图扩张基本完成，北至今天的哥伦比亚南部，南到智利中部，十万印加人控制了一千多万人口。

第四代君王病重时，几个儿子都可以继位，他们没有像中国古代一样的皇长子继位观念，他们靠占卜，或者争斗。瓦伊纳·卡帕克去世，远在一千英里以南的儿子瓦斯卡尔在库斯科继位。

不幸的是，印加帝国的第五代帝国内部的继承者之间发生了严重的争斗。新君王瓦斯卡尔，疑心病极重，他似乎不放心任何人，更不放心他的同父异母的兄弟阿塔瓦尔帕。于是，两支军队就打起来了，就如明成祖朱棣发动靖难之役打建文帝一样，印加帝国这两兄弟也打得不可开交，历时四年。最后，阿塔瓦尔帕大获全胜，瓦斯卡尔的整条家族血脉被斩尽：他的妻子和女儿都被杀死，连未出世的婴儿，都要被从母亲的子宫中剖出来，用脐带缠住脖子，吊在母亲腿边。一个细节让我毛骨悚然：瓦斯卡尔的主力将军阿托克，他的头骨被做成镀金的酒杯，阿塔瓦尔帕用它喝了四年的酒。

残酷的内斗，似乎也有某种暗示，印加帝国的好日子不多了。

它们的终结者，就是来自西班牙的皮萨罗和他的同伙。

3

1532年9月，有三十多年和印第安人战斗经验的皮萨罗，率领着两条大船，载着一百六十八名西班牙人，其中包括六十二名有战马的骑兵和一百零六名步兵，到安第斯山脉来实现他们的梦想。

他不知道的是，印加帝国的君主，阿塔瓦尔帕，正带领着至少五万名印加勇士严阵以待。皮萨罗可能没有弄清楚，他来到的国家到底有多大。它的面积相当于三个现代西班牙，南北距离是西班牙的五倍，人口数量是西班牙的两倍。

但是，匪夷所思的现象发生了：在当年11月的一场正面冲突中，短短的几个小时里，西班牙人凭借攻其不备的优势，威力巨大的枪炮，锋利的武器，奇迹般地打死打伤六七千名印第安人，而他们自己没有损失一兵一卒。皮萨罗取得的更大成果是，活捉了统治一千多万人口的印加帝国君王阿塔瓦尔帕！

这场战斗，立即让我想起了明朝的一场抗日战争。

明朝何良俊的笔记《四友斋丛说》卷十一，记载了一场惊心动魄的抗日战斗，以明朝军队大败而著名。作家还用大量的篇幅，深刻反思了这场战斗为什么失败的诸多原因。明嘉靖三十五年（公元1556年），一支72人的日本海盗敢死队，从浙江的严州、衢州，穿江西的饶州，过安徽的徽州、宁国、太平，一直杀到南京。战斗中，明军的两个总指挥牺牲，八九百战士阵亡，而日本海盗敢死队的72人，竟然都完好无伤。

美国学者史景迁《利玛窦的记忆宫殿》第三章，写到利玛窦了解了1550年代的中国现实：只要两三条船的日本人，就可以在中国沿海登陆，并挺进内地，占领乡镇和大城市，大肆烧杀劫掠，而几乎不会遇到什么抵抗！

同样的疑问是，强大的明帝国，为什么抵挡不住区区的几十个海盗？

这皮萨罗，似乎比日本海盗更厉害。

这场战斗，只是皮萨罗征服印加帝国的开始，接下来，麦夸里用全书三分之二的篇幅，叙述皮萨罗和印加帝国发生的各种纠葛，因为篇幅原因，我不一一细述，只列出一个大概的脉络。

1533年，印加第五代君王阿塔瓦尔帕被处死，皮萨罗将年仅十七岁的曼可·印加扶植为印加的第六代君王。再二年，皮萨罗建立了利马城。自1536年开始，印加人便开始了各种形式的反抗起义，他们和西班牙人周旋在安第斯山脉的深山里，不断地杀死入侵者——世界游击战，或许可以从此开始。1541年，皮萨罗被合伙人之一的支持者刺杀。1571年，印加帝国的最后一位君王图帕克·阿马鲁被西班牙人处死，印加帝国的首都比尔卡班巴被废弃。

此后，历史的尘埃，将印加帝国厚厚掩盖。

4

1909年的4—6月，俄国军人科兹洛夫，带着全副武装的军队，以科考的名义发现了中国西夏重要城市——黑水城，卷走了大量的西夏文献。

两年后，1911年的7月24日，三十五岁的美国探险家海勒姆·宾厄姆也来到了秘鲁，他和当地农民向导一起，沿着安第斯山脉东面的一个陡峭山坡吃力地前行，虽然有人告诉他，前面的山峰上，隐藏着一个古老的印加遗迹，但他仍然不抱什么希望，他连午饭都没准备，他打算上去看一眼就回。

宾厄姆是耶鲁大学的副教授，这次考察前，他已经从向导嘴中得知一个比较陌生的名词——比丘，后来又变成“丘比丘”，后来终于确定是“马丘比丘”，印加语的意思是“古老的山峰”。向导指着山峰，眯起眼睛对他说：那里，在云端上的马丘比丘，你们会找到遗迹的。

果然，宾厄姆找到了两座建筑的废墟，都是用精心挑选的带漂亮纹理的白色花岗岩建造的，墙壁上的每块条石尺寸都惊人，至少十英尺长，一人多高，重达十到十五吨。

幸好，宾厄姆带了相机和三脚架，他当天拍了三十一张照片，后来又拍了几千张照片，连续四周，宾厄姆发现了马丘比丘、维特科斯、伊斯皮里图大草原三处印加遗址，这是他最重大的考古成果。他将马丘比丘遗迹认定为印加人最后的避难所——首都比尔卡班巴。1913 年，美国《国家地理》杂志发行专刊，报道宾厄姆发现马丘比丘的事迹。

1955 年，美国探险家、作家维克托范哈根出版了《太阳之路》，他提出和宾厄姆相反的观点。他认为，马丘比丘不可能是比尔卡班巴。十年后，萨沃伊、沙伦、桑坦德三人在伊斯皮里图大草原上发现了大片遗迹，他们声称，那地方就是老比尔卡班巴。1982—1984 年，文森特·李夫妇，在那片被关注的大草原上，发现了四百多座印加古建筑，证明那里就是比尔卡班巴最大的聚居区。

不过，虽然另几处遗迹也非常重要，但人们一直将关注的焦点瞄准马丘比丘。因为，它是印加帝国的象征。那些壮观的石头废墟蒙上的神秘面纱，使马丘比丘一直成为世界的热点，我写这篇读书笔记时，宾厄姆揭开马丘比丘的尘封已经一百零七年了。

5

在阅读中，常常掩卷，辉煌的印加帝国，为什么会迅速陨落？有几点感受非常深刻，容我一一道来。

其一，野心扩张的前提。

殖民者空手套白狼，几张空白的委任状就将有野心国民的热血沸腾起来了，那里有大片的土地，无数的金银，如同风险投资，风险大，收益也高，我这么武断地认为，日不落帝国及各个同盟者殖民的手法如出一辙。而要让这些野心一个个实现，工业技术的快速崛起则是一个重大前提。

仅有野心，那只是空想、妄想。阿塔瓦尔帕绝对是轻敌致命，我数十万人的勇士，还怕你这几百号人？然而，他没有料到的是，那些马，那些枪和炮，远远要比他的勇士们拿的长矛厉害多了。皮萨罗们是有备而来，他们输不起，他们赌上了自己的身家性命，自然，打起仗来英勇无比。就如从蒙古大草原出发的铁木真，他们的铁蹄能够横扫半个世界，靠的也是野心和实力。

其二，黄金的诱惑。

阿塔瓦尔帕被俘后，向皮萨罗讨饶，千万不要杀他。这个时候，他的国家还有十万大军都可以听他调配呢。

皮萨罗直指要害:那你愿意给我们多少黄金白银呢?（我们来就是为了这个。）

阿君王指着关他的屋子说：我会给你一屋子的黄金，这个屋子，将会堆满各种金质器具，高度至少会到屋子的一半；然后，我还会给你两屋子的白银。（和所有的帝国一样，印加帝国也是用百姓血汗建立起来的，我就是帝国的全部，君王有这个信心。）

皮萨罗追问：那这些黄金和白银，多长时间可以准备好呢？（我们可没耐心久等。）

阿塔瓦尔帕拍着胸脯：我保证，所有这些十二个月内准备妥当。（再次印证他还是有强大的指挥权的。）

这是一间二十二英尺长、十七英尺宽的屋子，屋子高度的一半，也至少有八英尺。此后，各种金银器件源源不断运来，一屋子的黄金，两屋子的白银，终于装满。

将金银全部熔化成块后，皮萨罗开始分配奖品：每名骑兵获得一百八十磅白银、九十磅纯度为 22.5K 的黄金；每名步兵分到的是骑兵的一半。九十磅高纯度的黄金，相当于一个普通水手一百八十年的收入。皮萨罗自己所得的数量是骑兵的七倍，他还把一个一百八十三磅的金质王座占为己有。

自然，根据事前的授权书，西班牙皇室也将获得 20% 的分成，计有五千二百磅白银和二千六百磅黄金。皇室凭的就是几页纸质文件。

两年后，皮萨罗将从库斯科掠夺的黄金和白银再次进行了分配，虽然黄金没有上一次多，但白银却是上一次的四倍。

一小队入侵者，竟如此随心所欲地劫掠一个庞大的帝国，这或许是世界上风险投资收益最高的例子吧。西班牙正是从南美洲源源不断地掠夺，才成为世界强国的。

其三，反抗的持续。

世界上没有真正的征服，有征服就有反抗，历来如此。

无论侵略者用什么样的方式和技巧，比如扶植傀儡政府，但反抗依旧不断。皮萨罗扶植起来的第六代印加君王曼可·印加，四年后也成了坚决的反抗者；他带领他的军队和人民，持续不断地抗击西班牙人，许多战斗故事也都激动人心。事实上，在统治印加的十六年时间里，皮萨罗和他三个兄弟，把命都丢在了那里。

其四，文化的融合。

在皮萨罗进入印加帝国后不到三十年的时间里，1560 年，在秘鲁的西班牙人已经达到了一万人，非洲奴隶也有五千人，这些人的后代肯定会和印加原住民有各种各样的混血融合。

今天的秘鲁，依然有西班牙殖民统治留下的深深痕迹：带尖顶的天主教大教堂和礼拜堂，拥有西班牙贵族姓氏、肤色略浅的秘鲁精英阶层，西班牙人和非洲人后裔，西班牙引入的牛和猪，还有更重要的，秘鲁通用语言为西班牙语，然而，大家都称它为卡斯蒂利亚语，这个卡斯蒂利亚，是一个王国的名字，给皮萨罗发授权书的是伊莎贝拉皇后，她的外祖母，就是卡斯蒂利亚的女王伊莎贝拉一世，曾经资助过哥伦布航海。秘鲁人现在都说卡斯蒂利亚语，无疑承认自己曾经是西班牙古老王国中的一员。

这意外的一种结局，不能简单地用好坏来衡量。

6

我的一位朋友刚刚从马丘比丘回来，他喜欢摄影，拍了不少好照片，他向我表达了他的震撼。现在，我正凝视着他拍摄的一张经典照片：

安第斯山峰，如刀削般陡立，薄雾缭绕，萨坎台雪山的山腰上，围抱着一个城池的废墟，废墟面积其实不大，南北长七百米，东西宽约四百米，远远看去，废墟像一堆复杂的儿童积木，散落在蓝天下草坪上。积木中间有比较宽阔的绿色，细看，是一些广场和屋宇的废墟，那些积木自然是一座座的石头建筑，但都没有屋顶。废墟共有二百一十六座，虽大小不一，但排列有序，布局有范，有王宫，太阳神庙，街道，墓地，监狱区，拴日石，还有层层梯田，那不是种粮食的，而是用来防止山体滑坡的。

那些石头裁切得非常规整和精美，发现者宾厄姆已经有所描述，但每块石头所蕴含的故事，宾厄姆也不会知道，今天的游人们更不会知道。

这样的照片，是很容易让人进入现场的。

我在现场想要寻找的信息是：印加人为什么要在高山上建这样一座城堡？马丘比丘的建造，用了多少人工和时间？皮萨罗将印加帝王阿塔瓦尔帕关在哪一座石头房子里呢（虽然麦夸里已经写明了具体的尺寸，那座房子是用来装金银的）？皮萨罗们瓜分的那些金银最后去了哪里？

宾厄姆在寻找，麦夸里在寻找，我也想寻找。我相信，全世界到过和未到过的像我朋友一样的许多旅行者都在寻找，诗人聂鲁达七十多年前就在寻找了：

千年的露水，在期待着它的树枝上，留下了透明晶莹的信息；

我想停下来，寻找那深奥的永恒的脉络，那是从前铭刻在石块上或者亲吻所分离的闪光里的；

在你这里，仿佛两条平行的线，闪电的摇篮和人类的摇篮，在多刺的风中绞缠一起；

千年的空气，无数个月无数个周的空气，蓝的风，铁的山岭的空气，犹如一步步柔软的疾风，磨亮了岩石孤寂的四周；

跟我一起爬上去吧，亚美利加的爱。跟我一起吻那秘密的石块。

自然，聂鲁达有他自己的文学解读，他眼里的马丘比丘，只是一个触发点，他要借那些石头、那些废墟表达，为民族、为自由而呼：

给我沉默，给我水，给我希望；

给我斗争，给我铁，给我火山。

1943年10月12日，智利诗人聂鲁达，骑马参观了马丘比丘。两年后，他写下了共十二章题为《马丘比丘之巅》的长诗。我咀嚼并摘引这些诗句，它们并不连贯，不过，它恰好表达了我的某些想法。

皮萨罗、印加帝王，所有的所有，都已云消，那些痕迹里散着借鉴的微光，只有哲人才能洞察。

马丘比丘辉煌的废墟，终究还是废墟，那些精致的条石，或裸露，或深埋，挤挤挨挨，它们就是印加帝国兴衰最好的见证者。某一天，它们也终将和古印加人一样，变成尘埃。

不管麦夸里怎么想，我是这么认为的。

刊于《天涯》2019年第5期

沱沱河之夜

红 孩

半夜时分，沱沱河兵站外下起了大雨。夜色中间或夹杂着闪电，与远在几百米外的狼群的目光交织在一起。这是高原的七月，屋里的温度宛如寒冬，身子已经压上了两床棉被，双脚还是感觉冰冷。初到高原，所有的人都不太适应，头晕得不行。开始人们还想通过聊天讲笑话抵抗一阵，可说着说着就不再吱声了。

高原的夜真是静啊。我们一行采风团是下午六点到达沱沱河兵站的。初见沱沱河，并没有想象的那么波澜壮阔。以前，当一听说这里是三江源头，便马上联想到有咆哮的洪水从雪山上一路奔泻而来，可现在，望着清澈静谧舒缓的河水，我的内心不免有些失望。看着我怅然所失的样子，同行的上海女作家小唐对我说，说来也怪了，中午在唐古拉山我都不行不行的了，现在怎么突然没事似的。我说，开始你是不适应，记得在唐古拉山口，你的脸色煞白，真担心你扛不住呢！小唐说，我也没想到高原反应那么严重，多亏你把氧气送给了我。

小唐是个女中尉。她本是杭州女孩，九十年代初参加高考，鬼使神差地考了军校，这和她打小要当作家的理想毫不相干。大学毕业，她被分配到东海舰队，多次随舰队出海。一个偶然的机会，她看到《解放军报》在搞一个文学作品征文，她就偷偷地将一篇散文投了过去。本来，她对这篇散文是没抱太大希望的，哪想，一个月后，这篇散文竟然在副刊头条发表，一下引起部队首长的关注。

很快，小唐被调到基地政治部当起了宣传干事。一年后，她随基地首长来到了上海的一所军事学院。我和小唐相识，得益于我们有着共同的老师——解放军总后勤文学创作室的王宗仁老主任。那时，王老师在创作室还主编着文学双月刊《后勤文艺》。别看这本刊物是内刊，可在总后官兵中有着广泛的影响。我虽然不是军人，但由于与王老师的师生关系，总后的作者从来没有把我看作是地方的人。记得在一次总后的文学活动中，时任总后文化部部长的卢江林在介绍我时说，红孩不是外人，他是我们总后的女婿。卢部长的话即使不当真，也足以说明我和总后的关系。

我是在《后勤文艺》先看到小唐写的散文，才注意到她的。二十多年过去了，小唐当时写的散文具体什么标题我已经记不得了，内容是写女兵与大海的。我们这个采访团走的是青藏线。几天前，我们十几人从各地云集到总后青藏兵站部。在兵站部，我第一次见到小唐，她穿着标致的军装，给人的感觉是英姿飒爽。或许是王老师经常在她面前提起我，我们很自然地就常在一起。诸如坐车、吃饭，甚至包括一起看天葬的电视专题片。

在西宁我们待了三天。第二天去了久负盛名的青海湖。时逢七月，沿途我们看到大片的油菜花，那黄色的海洋与藏蓝色的天空在远方连在一起，让人心旷神怡，浮想联翩。小唐喜欢照相，脖子上始终挂着一架日本进口的专业相机。这几天，我听到的更多的还不是风景的介绍，主要是对高原反应的各种故事。经过日月山时，海拔已经三千多米，有的人隐隐地感到有些胸闷。我问小唐有什么感受，她说没任何感觉。我知道，在高原，越是身材高大的人往往反应越明显，反之，像小唐这种纤弱的女子往往倒很适应。等到了青海湖，由于瞬间起风，我感到那风是在浸透骨头，只好趴在地上，去远眺湖中的景色。小唐虽然也觉得寒冷，可她还是和几个人去了鸶鸶岛去看鸟们的表演了。

第四天一早，我们登上了从西宁到格尔木的列车。青藏线全长两千多公里，格尔木是真正的起点。我很感谢总后兵站部的领导，他们给我们安排的时间、路线都是在逐步适应高原反应的条件下进行的。在格尔木我们吃到了部队温室大棚里种植的蔬菜。在十几年前，这是无法想象的。记得部队开始在温室大棚试验种植蔬菜时，由于气候特殊，黄瓜怎么也长不大。后来，经过专家多次试验，终于长出几根一尺多长的黄瓜，很多战士兴奋得像见到心仪的姑娘，他们每天都要到大棚里观看。当时，对于绿色的黄瓜，其价值要胜过黄金。一位部队首长说，在高原，黄瓜不是用来吃的，而是供战士们看的。这就是雪域高原！这就是我们最可爱的人的真实生活写照！

经过两天的休整，在基地 22 医院做了全面体检后，我们终于踏上了青藏线。我们是早晨出发的，路上大家说说笑笑，唱着歌，仿佛前面的路会一路顺风的。王宗仁老师提醒道，别看现在热闹，等一会儿到了昆仑山口就老实了。昆仑山？我努力地回想着这三个熟悉而又陌生的字。记得在多年前，我曾看过电影《昆仑山上一棵草》。前几年，王宗仁老师还把他的散文集《昆仑山的爱情》送给我，从书中我知道了许多昆仑山的故事。具体说，是关于青藏线官兵的生活。自那时起，我就想有朝一日一定要亲自到青藏线到昆仑山去看一看。

昆仑山口到了。这里是青海与西藏的分界线，海拔 5231 米。车子在界碑处停下来，人们下车在附近溜达、照相，也有的在路边稍微背人的地方撒尿。因为车上有几位女同志，大家便以大巴车为界，男女分别在两侧唱歌，也就是小便。这是高原独有的风景。等人们自由活动了十几分钟，陆续回到车上的时候，有几个人便出现了胸闷、心慌等不同程度的高原反应。我从卫生员手里接过氧气瓶，煞有介事似的吸了几分钟。我问身边的小唐，你要不要也吸几口？小唐说，她暂时不需要。

汽车一路颠簸前行。大约快到唐古拉山口，海拔已经到了 5600 米，车里的人们这时除了个别人，大都感到高原反应了。我看了看小唐，只见她的脸色已然没有先前的红润，逐渐开始变灰，我问，你是不是不舒服了？小唐说，心慌。我连忙把小唐的手拉过来，用手指点压她的虎口穴。过了两三分钟，见小唐没有好转，我索性把氧气管从我的鼻下拔掉直接放到她的鼻孔里。小唐用力地呼吸着，很快脸色开始红润起来。我告诉小唐，再坚持一会儿，我们很快就会到兵站。

大约快一点钟，我们才到达兵站。尽管小唐已经好多了，我还是不顾自身的疲劳，搀扶着她到了兵站的二楼。兵站卫生员给小唐量了血压，又用听诊器在胸部听了听，说没什么大事，吸点氧，休息一会儿就会好的。我对卫生员说，要是能吃到一根黄瓜就好了。卫生员迟疑了一下，说我到食堂看看有没有。等了十分钟，卫生员拿来一根黄瓜，我一看那黄瓜不仅是蔫的，而且还冻了。便问，就这么一根？卫生员说，这还是他好不容易从炊事员那里强要来的。在兵站，不比在城市，能见到黄瓜就不错了。我把黄瓜拿给小唐，她只是用嘴巴轻轻舔了一下，便交还给我。我说，既然吃不下，一会儿让炊事员给做碗热汤面，只要吃了，很快就会恢复体力。

经过两个多小时的休息，我们的体力明显恢复许多。为了让我照顾小唐，兵站特别安排了一辆吉普车送我和小唐。吉普车在青藏高速上跑起来确实要比大巴车轻快得多。可是，由于我们的高原反应，在车子的颠簸中，我们实在无心看窗外的风景。小唐就半躺半靠在我的身上。我问司机，到沱沱河兵站需要多长时间？司机回答，差不多三个小时吧。我心想，三个小时，恐怕要把肠子颠破的。

车子开了一个多小时，或许由于道路太颠簸了，我和小唐不知不觉都睡着了。等我们醒来，瞬间觉得高原反应没了。小唐开始看窗外的风景。青藏公路虽然都是柏油路，但路上还是很危险的。沿途，我们多次看到翻到路边沟里的各种车辆，也偶尔会看到牦牛、羚羊穿过公路。就在我们无意向窗外观看时，小唐突然看到一对交配的牦牛，她不解地问我，它们在干什么呢？看着小唐认真的样子，我想笑又笑不出来，我说：它们在谈恋爱呢。对于我的回答，小唐好像还理解不了，她仍旧若有所思地看着我。我只好说，它们在交配呢！小唐听罢，脸倏地红了。她说，你咋知道呢？我说，我在农场学过两年兽医啊！

据到过青藏线的人说，到了沱沱河，生不如死。这话听着邪乎，尤其是我们傍晚到了沱沱河后并没有觉得这里有多么可怕。相反，当我和小唐在沱沱河的晚霞中散步时，竟觉得这里出奇地美。晚饭后，疲惫不堪的人们不到九点就都睡觉了。我们四个人一个房间。睡觉前，还没有停电。待到 11 时，兵站突然停电，四下一片漆黑。好在人们大都熟睡，几乎谁也不起来上厕所。我们的房间都在二楼，而厕所却在一楼。就是说，谁要是上厕所，必须到一楼。

身子蜷缩在被窝里，回忆着一天的见闻，不知是兴奋还是高原反应，我无法入睡。半夜时分，我突然觉得脑袋天旋地转，脑瓜仁儿更是钻心地疼。我用双手紧紧地扣住头，努力地想着大海，数着一二三四，可越是想分散注意力，脑袋越是出奇地疼。这时，我终于明白了人们所说的“到了沱沱河，生不如死”。我看了看其他三个人，他们已然酣然入睡。

正当我辗转反侧时，忽然传来几声轻微的敲门声。这么晚了，会是谁呢?我没有马上做出反应。见屋里没有动静，屋外的人便加大了敲门的力度。我刚要问是谁，睡在我对面的来自《当代》和《青年文学》的两位编辑几乎同时对我说，红孩快起，小唐来找你了。我说，你们俩别开玩笑。我正要下床，只听得小唐在门外喊道：红孩，你睡了没有？我一听，赶忙答道：我马上出来。我下意识地去摁了电源开关，没电。我借着窗外的一点微薄的光亮，摸着黑走出了客房。我问小唐什么事，小唐说，她要小便。我说厕所在一楼呢。小唐说，楼道里太黑，她一人不敢去。

我拉着小唐的手，顺着楼道的墙一点点摸着前行。好不容易到了一楼，由于厕所在最里边，我们到了大门口，看到外面还比较亮，特别是有闪电划过，就觉得室外更好些。我对小唐说，咱们到外面方便吧。小唐说，外面有厕所吗？我说，离大门五六十米好像有。说着，我和小唐小心翼翼地走出大门。

室外下着小雨。我回过头来，在大门边找到一把雨伞，打开罩在小唐的头上，说，我们往前走。大约走出十几米，远处忽然传来几声狼的嚎叫。我和小唐都不禁打个寒战。我喊道，有狼！小唐听罢，身子不由得靠进我的怀里。我顺着狼的叫声望去，只见在二百多米外隐约有三四只狼在雨中冲着天空吼叫，那绿色的狼眼在夜色中愈发显得明亮。好在这几只狼并没有注意到我们。小唐怯怯地说，咱们回去吧。我说，屋里太黑。小唐说，那怎么办？我看了看远处的狼，又看了看身边的小唐，说，不行就地解决吧。小唐说，这怎么行呢？我说，都这个时候了，你还瞎讲究什么！我不由分说把伞高高地举起来，示意小唐蹲下来。小唐难为情地望着我，说，她从来没有这样过，不习惯。我不禁笑了起来，说，我也不习惯，你快点，一分钟就完事了。小唐勉强蹲了下来，她见我看着远方的狼，就说，你可不能偷看我。我说，我给你看着狼。小唐又说，你看狼可以，但你得背过身去。我说，好，你就快尿吧，我听着就可以。小唐大声嚷道：听也不可以！

小唐的叫声让我哭笑不得。这时，我真想让狼往这边跑几步，那样，就可以看到小唐狼狈不堪的样子。小唐在惊恐中结束小便，她站起来问我，你也方便一下吧。我戏谑道，我尿的声音可比你的大得多呢，说不定能把狼招来。小唐说，你就别犯坏了，如果你不尿，咱们马上回去。

我和小唐走进大门，感到从来没有过的如释重负。本来，我想对小唐说，趁着这夜色，咱们待会再走吧。但一想到第二天还要趁早赶路，我只好牵着小唐的手继续沿着楼梯摸向二楼。在小唐的寝室门口，我们松开了手，我对小唐说，到了。小唐回过身，对我只简单地说了句：谢谢你，你也赶紧休息吧。

回到寝室，想不到那两个编辑朋友还没有睡。见我回来，一个编辑问，月黑风高夜，你和小唐肯定有故事发生。我说，这黑灯瞎火的，能发生什么！另一个编辑说，我们这几天早注意到了，你和小唐整天在一起，就是块石头也该焐出温度了。我说，你们别瞎猜了，什么也没发生，赶紧睡觉吧。我的话并没能阻止他们，他们对我说了许多谈恋爱的技巧。我装作没听见，将被子蒙过头，用力地闭着眼睛。不知过了多长时间，屋里终于没有人说话了。我也在窗外的细雨声中渐渐进入了梦乡。

第二天早晨天未亮，我们就被汽车的马达声给吵醒了。当人们睡眼惺忪地上车时，我发现小唐的精神状态很好，就问，昨晚睡得好吗？小唐说，睡得不好。我说，怎么不好？小唐说，她总梦见有一群狼在追她。我悄悄附在她耳边说，你看咱们车里，是不是个个都像狼，你这几天得当心哪！小唐一听，调皮地说，我最担心的就是你！说完，她用手在我的胳膊上狠狠地拧了一下。那一刻，我感到世界都凝固了。

汽车开出了几公里，借着黎明的光泽，当我回头再看沱沱河时，我的心不由后悔起来。我很清楚，以我的身体条件，恐怕今生再也不会到沱沱河了。如果真的是这样，我应该用瓶子打一杯沱沱河水，把它带到北京，我会永远地珍存它。

沱沱河之夜，终将是永生难忘的。我觉得。

刊于《上海文学》2019 年第 7 期

普明寺赏梅图

杨　方

一

梅比人活得长。

活得最长的几株梅多在寺庙里。晋梅在江心寺，隋梅在国清寺，楚梅在章华寺，宋梅在报慈寺，唐梅在安隐寺。

普明寺也有一株二百年的绿萼梅。己亥年正月初八，白昼时雨时晴，宜室宜家。暮晚雨停，风止，宜普明寺赏梅。约了七八个人，皆草木众人。弹琴者谁？美少年攀与水木清华。吹箫者谁？友人竹壶轩。另有吟诗者李向青，散文者慧敏与洪波，昆曲者雅娟。袖手听琴者徐加方。我是提马灯的，心雨生炭炉煮茶。种梅者谁？普明寺上明下修师父也。

我生长在北地，西北偏北的地方，只有热烈蓬勃的杏花苹果花，没有梅。来南方后，有一次深夜去孤山寻苏曼殊的墓，墓没有寻到，却撞见了苏曼殊曾经撞见过的梅，梅影动，疑是穿了僧衣的苏曼殊拂袖而过。于是一棵梅树一棵梅树地追过去。花落一地，捡起一朵，惊觉相思不露，原来梅已入骨。我不知自己因何就喜欢了梅，有那么几年，年年梅开，都要跑去孤山看梅，那是一种情不知所起，一往而深的喜欢。

也并非所有的梅我都喜欢。江边梅，公园梅，在我看来不过是景观树，和任何一株开花的树没什么区别。沾染了喧闹，惹尽了尘埃，这些梅和寺庙里的梅是不一样的。黛玉在大观园里，属骨骼清新非俗流之辈，却也只借到了梅魂。只有庵里的妙玉，才是借到了梅骨。寺庙里的梅，在经声里怀上佛胎，在花朵里修行，是佛缘。寺庙因为梅的衬托而有了庙宇该有的气息，是一种圆满。

普明寺的梅植于谷地，暮晚时分天光下沉，地气聚拢，风吹过，梅花的香不是散飘了去，而是凝作一团，停驻山谷。人立于梅树下，往往忘记了自己是人，以为自己也可以就地变成一棵梅树，哪也不去，不寻寻觅觅，也能等到那个要等的人。《牡丹亭》中杜丽娘问柳梦梅："因何到此？"柳梦梅答："为着你如花美眷，似水流年。"普明寺的梅不问我因何到此，梅知我来是因着它的花开。其实花未开时我已来过。来过之后就在心里一日一日地计算着花期，花该开了，我按捺着不来。花开了，我还是按捺着不来。花开得正好，我才来。

不管我来或者不来，梅都在那里开着等我来。梅知道要来的人终是会来的。从古至今，为梅而痴者众，只是龚自珍作《病梅馆记》后，所有人都从同一个视角看梅，于是再多的人看梅，也如同一个人看梅。人们看女人的美学法则倒是几经变化，唐时以肥为美，宋时以金莲为美，明以贞节。到了现代，以骨感为美，以白为美，以露的多为美。

看女人，看的是女人的动态，言行举止都在其中。看梅，看的是静态。人把梅定格在画面上，从美学层面上升到哲学层面，这个层面和喜悦没有多大的关系，和学问有关系。这是学院派喜欢做的事。他们用意识形态看梅，用形而上看梅，却很少用意识流看梅。其实梅是否曲，是否瘦，是否病，是否疏，是否深浅两般红，都是表象。古堰画乡有几棵老得成精的古樟树，枝干肆意，它们的美是自己长成的，没有人能够去修剪它们，或者指定它们该怎么长。梅也一样，一株梅，它想长成的样子，就是梅该有的样子。人为梅操碎了心，都是人的虚妄之想。

普明寺那株二百年的老梅是从民间寻来的，梅枝横斜，绿梅稀疏，它用二百年的时光长成了梅的美学经典。暮晚里看，梅花像银河系里的星星闪烁着微茫而冷的光。天一点一点暗下去的时候，梅却一点一点地亮起来。那梅清冷而遥远，仿佛不在人间。梅树下看梅的人，也生出自己不在人间的念头。

老梅紧挨着大殿，明修师父诵经，老梅比别的梅先听到。一株梅日日听着经声，年年听着经声，听了几百年，就算性本草木，不参悟也参悟了。这大概是种在寺庙的梅活得比较长的原因。普明寺的老梅在经声里呈现出打坐的形态。枯枝看似死去，梅魂似有若无，老梅从容相待，该开几朵花，就开几朵花。不需人提点，老梅自然而然从美学层面升华到了佛学层面。

我在心里计算了一下，一株梅的二百年，可以是我几世的轮回。我死了梅还活着，我再死一次梅还活着，我死很多次，梅一直活着。我有些伤感，今生我是梅前看花的人，也许前世我就在梅前看过花。来世回来，我一定还是那个梅前看花的人。我以为一些花谢了，一些人死了，我看见了生命的本相和凉意，我以为一生很长，殊不知我经过的只是生生世世中最短的那一世。

我心里突然起了念，想去看看老梅原先生长的地方。我知道一念起，即是执念。一念起，亦有它的因和果。比如今夜抱琴而来的攀，去年十月，他在一棵不开花的树下起了念头，想要在梅花开时，坐于梅树下弹一曲《梅花三弄》。他起念时普明寺旁尚是一片荒地，他起念时明修师父开始筹备着种下梅林。梅开得正好时，赏梅人相约提着马灯来看梅。马灯挂在梅树上，梅树下铺一匹蓝色染布，攀抱来琴坐于梅树下。琴声初动，光在苏醒，梅花在绽开，万物恍若乌有。那弹琴的美少年，美无度，美如英，美如玉。琴音中有梅施施然落在他的肩头，风吹一下，再吹一下，梅花魂魄般附在他身上，怎么也吹不走。梅是有灵性的，他曲未通，梅意已通。听了攀琴声的梅，在攀离去后，会起相思。明年攀若不来，他坐过的那棵梅树，定会梅花不开。

站在马灯的暗影里，我已是泪暗悬。我问自己，这是哪里？我因何来到这里？这么多的梅，又是为着什么才来到这里？这么多的人，也定是为着什么才来到这里。回头皆幻景，被马灯照亮的梅是虚幻。弹琴的美少年是虚幻。听琴的人，赏梅的人，种下梅花的人，皆是虚幻。就连这寺，也是虚幻。普明寺在地球上的太平湖畔，在银河系，在宇宙。寺是漂浮，微茫和尘埃。寺也是永恒和无限。

二

己亥年正月初十，宜出行。宜普明寺看梅。

来到普明寺，天还没有亮。山和寺和梅都沉在暗黑里。寺门开着，高处的大殿有经声传来，经声不是录音机发出的，是起早做佛事的和尚们的诵经声。我不喜欢录音机里发出的诵经声，那是机器的声带发出的声音，是一种机械的重复，没有慈悲，没有情感。机器是不懂得慈悲和情感的。一台机器，诵了一万遍经，也还是冷的硬的，它不会在经声里落泪。

在寺门外，手机显示人间零上八摄氏度；进了寺门，温度低了一度，零上七摄氏度。普明寺在天上，温度低于人间，不奇怪。普明寺地理位置并不高，却给人一种在天上的感觉。就像布达拉宫，需要仰头才能看见。每次在黑夜里来到普明寺，我都会产生这样的错觉，觉得那寺几乎高到了天上去。寺庙的翘角，飞檐，屋脊兽，层层叠叠的庙宇，天上的建筑般映衬在天幕上。只有浅白的台阶，一级一级，从低处虚虚幻幻地往上延伸。我知道我是一个不曾开悟的人，无论怎么走，都不能走到天上去。我只能在最低的台阶上坐一会，然后离开。

但有月亮的晚上是例外。有月亮的晚上，许多事物会变得轻盈无比，会离开地面飞起来。不需要台阶，只踩着满地月光，我就可以轻飘飘地来到普明寺最高的那层大殿前。为了不惊动天上人，我将鞋抱在怀里，赤脚，轻移步。明修师父坐在一团清辉里，蒲团安放，栏杆冰凉，月光让他看上去像一尊慈悲的菩萨。我以为看见了神迹，不知道自己该不该跪下去，该不该放下执念，将头低俯于地。

在人世，我是一只顽劣的猴子。世间的条条框框，在我都是紧箍咒。我喜欢随心，随性。我每每乱说话，明修师父不生气，不与我争辩，合掌念一句阿弥陀佛。我当那是他对我无可奈何的叹息，或者，干脆就是唐僧对猴子的念咒。我对明修师父说，你的方岩山太小，压不住我。我以为他念一声阿弥陀佛，我可以当风吹过，他再念一声阿弥陀佛，我可以当云飘过。但他念得多了，那一声阿弥陀佛，月光一样，渗透到我心里去。

我心里一定是丢了许多东西。我来看梅，是想在梅身上找回来。

梅在微亮的天光里渐渐浮现出隐约的红。那片隐约的红是漂浮着的，犹如思想的影子。我不敢呼吸，我怕我一呼气就把那片缥缈的红云吹灭了。天亮一分，红云也亮一分，慢慢显出梅的轮廓，梅瓣上敷一层逆光。天再亮一分，梅树已是历历在目。梅林里现出三只赏梅的狗。我以为我是最早来到的，殊不知普明寺的狗已先我在梅林里赏梅了。狗赏梅不用眼睛看，用眼睛看是浅层次的赏梅，是人才干的事。狗赏梅用鼻子嗅。从一棵梅树嗅到另一棵梅树。狗能嗅出梅的颜色，一只小白狗喜欢白梅，它略过红梅和绿梅，往白梅下走。另一只在找绿梅，梅林里绿梅少，狗寻寻觅觅，找得很执着。

三只狗结伴赏梅，安静得不发出一点声音。狗知道梅怕吵。正开着的梅听见声音会停止在那里，等一切安静下来，再接着开。狗懂这些，人不懂；人赏梅的时候喜欢大声喧闹，喜欢折梅，自以为雅。狗看见我跟在它们后面赏梅，狗脸上露出嫌弃的表情，它们不屑与我为伍，拐个弯往坡上走去。我拿出手机，拍几张天微亮时的梅，狗回头瞪我一眼，想呵斥我几声，又忍住了。在狗看来，人实在无聊得很。

狗走后梅林飞过一只鸟，这只鸟来来回回飞了好几次。我认出是同一只鸟。后来它停在一棵梅树上，旋颈，抖翅，磨喙，听一听梅花。鸟赏梅用耳朵听，歪着头，长时间的一动不动。仿佛银河的光被它听见。鸟和狗一样，也不发出声音。鸟知道鸟鸣一声，就有一瓣梅花飘落，鸟不想看见梅花飘落，一地的落花，是一地的断魂心痛。

这个早晨，风吹的声音很轻，鸟飞的声音很轻，狗踮着脚走路的声音很轻。梅林里没有一片梅花飘落。但是经声止时，梅落了一地。梅和我一样，会在经声里落泪。

我随车带着炭炉和姜茶。炭红起来，等炉上的姜茶煮好了，就坐在梅树下喝。不远处的太平水库，水面铺展得像一匹平静的蓝布。我想到攀应该坐在这样没有一丝褶皱的蓝布上弹他的古琴才好。

梅林里飘飘忽忽出现一人，僧衣被风吹起，是诵完经的明修师父。这个种下梅花的人，每日早课后都要在梅林里转一圈。万花丛中过，片叶不沾身。就连他的僧鞋，也不见沾泥。而我从梅林的泥地里走过，鞋上至少沾了三斤泥。寺庙里有秤，用来称放生的鱼。我站上去称了一下，体重比平时重了三斤。

和明修师父坐于梅树下喝茶，明修师父说起七八岁的时候，爷爷过世，看着爷爷埋进土里，不能呼吸，不能再照见阳光。梅树不一样，梅树一半在地下，一半在地上，可以呼吸和开花。人死后如果埋在梅树下，寂寞了，也可以攀着树根上来，看一看人间，透一透气。明修师父是一个很真实的人，从不把自己装得像高僧一样，不说一些充满玄机的话。他不隐瞒他的惑。一个出家人，有惑是正常，有惑说明他在思考，在参悟。参悟是一个提高的过程。我是在家人，我用凡人的心去看生死。草木近秋，知道自己的大限到了，会让叶子飘落下来，从容做好准备。人却不能知道自己的大限。人非草木，人实不如草木。

一个出家人，一个在家人，坐在梅树下，谈论生死的时候看见了梅花的飘落。出家人不悲不喜。在他眼里，花落是圆满，圆寂，是轮回。在家人想着一些比飘零更遥远的事。等梅花落尽，要去鲁院上学，要逃课去国家大剧院看话剧，要一个人去南锣鼓巷走走。北京的春天有霾，有沙尘，得备好了咳嗽的药和口罩。这些事让在家人感到茫然。

起风了，梅落下几片花瓣。梅落下花瓣是对梅树下的人充满了怜悯。人没有根，在世上乱走，今日在梅树下，明日就可能在天涯。梅看人看出了人世苍茫，世事无定。

初十普明寺有放生法会，明修师父要去诵经放生。我和梅树看着他穿过梅林，风把他梅花一样吹走。

三

连日冷雨，但就是不下雪。微信朋友圈里看见南京大雪，湖州大雪，杭州也下雪。但雪下到断桥的梅花上就停住了，不再往这边下。这个早晨雨暂时悬于头顶，不往下落，也不飘到别的地方去。空气冷得像下过雪一样，梅林里充满冷而湿的气息，其中夹杂着梅的气息。这气息当不属于人间所有。

去年下雪的时候我堆过几个美人，美人云鬓高耸，怀里抱着梅花，其中一个眉眼低垂的，我叫她素素。素素是我小说里的女子，身份不明。极少开口说话。这个不说话的女子喜欢独自坐在雪地里，生起炭炉，煮酒赏梅。

在梅林里走了一圈，看见一棵垂梅，梅花开得稀疏而冷清，顿时觉得这梅树就是素素。

梅林里有响动，起身追过去，什么也没有。泥泞的地上一串脚印，不是狗，不是猫。好像是一只有着奇怪脚爪的小兽来过。我想起三年前，明修师父在集镇上看见有人挑着两只狐狸卖，师父慈悲，花千金买了准备放生。我赶去看，发现这货不怎么像狐狸，嘴没有狐狸尖，眼睛没有狐狸灵动，尾巴虽然大，但是不蓬松。我拍了发给林业局的人看，回复我说这是一丘之貉的貉，不是狐狸。貉的皮毛没有狐狸贵，明修师父多花了冤枉钱。但花冤枉钱的人不这样认为，不管是狐狸还是貉，都是生灵，都应被怜悯。貉并不怕人，放生后它们不往山林里去，而是安静地待在原地。看得出貉是养殖的，身上没有野性，对人依赖惯了。明修师父担心它们在野外是否能够好好活着。后来居士们上山寻找，没有发现貉的踪迹。

普明寺的后山上还放生过两头梅花鹿。确切地说，应该是三只。有一只母鹿离开寺庙的时候怀着鹿胎。夜里，明修师父曾经听见过鹿鸣，鹿回到寺庙附近呦呦地叫。我和洪波上山去寻鹿，山陡，林密，不见鹿的踪影，但我们沿途看见了鹿粪，可以确定鹿就在山林里活动。爬上山顶，见山那一边是莽莽的林木和太平湖淼淼的水。鹿饿时可以食野蘋，渴时可以下山喝水，想必一切安好。

我一直想象着有一天，一群貉或者一群梅花鹿施施然回到寺庙，来看望放生它们的明修师父。也许它们真的回来过。方才梅林里隐遁的影子，一定就是。

初十普明寺放生法会，居士们买来鱼、龟、螺蛳和娃娃鱼拿到太平湖放生。两条娃娃鱼，像两个胖嘟嘟的婴儿，躺在水盆里。它们长着圆圆的脑袋，肉肉的手掌。我蹲下去看娃娃鱼，娃娃鱼也抬起头看我，我们认识吗？它到底是娃娃还是鱼？我伸出手摸了摸它。它一定会记得我摸过它的手。放生的时候，它在浅水边赖着不走，想爬回岸上。那些红鲤鱼也是，只在靠近岸边的地方游。居士们说，去吧，去吧。催促了好几次，它们才消失在江湖。

我对明修师父说，把我也放生了吧。

我确信在这世上，哪样东西从哪里来，又回到哪里，均有定数。锦鲤回到江湖，貉和梅花鹿回到山林。我回哪？我不知道我从哪来。很多时候，人不如植物，植物知道自己的大限。人也不如动物，动物知道自己从哪来。人什么都不知道，人活得茫然又盲目。

明修师父或可指引。他嘱我读《华严经》，我读不几页就还他了。我被尘事所纷扰，不能静心。有时候读明修师父的诗，倒是心有领会。明修师父如果不出家，一定会成为一个好诗人。不过出家也不影响他成为好诗人。他写梅花：“脉脉深情客，来去问行藏。一别梅花落，泥丸尽诗章。”相比古体诗，我更喜欢他写现代诗。“当你能听到琴音尽处，另一种寂静的音，你就会明白，黑夜只是你慈悲的手。”他的诗有禅意，能让人变得柔软和通透。

出家人写诗，我知道的有苏曼殊和仓央嘉措。对于苏曼殊，尘世与佛陀，不过是他两件暂且容身的袈裟。他走后去了何处？一朵梅花间？还是山水的空白处？我连他的墓都寻不到。寻不到也好，空山无人，水流花谢。他想要的就是空，就是无。仓央嘉措二十年前我在布达拉宫见过他化身的佛塔，仓央嘉措的塔是达赖喇嘛里面最小的，也最简陋。我不相信二十几岁的仓央嘉措真的在那座塔里。书上记载，仓央嘉措走到青海的格尔木，生病而逝。也有说是被噶厦政府毒害。民间传说他隐遁去了蒙古草原。我沿着他出藏的路线来到格尔木，想找到他的痕迹。当地人和我一样不相信一个有很多热情写情诗的年轻人会轻易地生病死去。他们也不相信噶厦敢毒害一个达赖。对于相信轮回和转世的藏族人民来说，那简直就是永不得转世的事，没有人敢那样做。大家更愿意相信仓央嘉措是不愿意做达赖，去了蒙古草原。据说那里留下了他的踪迹。对于一个希望“不负如来不负卿”，不爱当达赖的人来说那应该是最好的结果。全国的省份我都到过，除了内蒙古。我特意不去。我怕我去了找不到仓央嘉措的踪迹会难过。我宁愿相信传说是真。

如果有雪，天地瞑然，梅亦瞑然，站在梅林中的人，亦是瞑然。不下雪的梅林，少了杳渺，却多了寂寥。梅林的寂寥，和天地相通，和宇宙相通。人寂寥的时候，站在梅林，会接通天地和宇宙的寂寥。

离开梅林的时候，我将喝过的茶碗放在那棵像素素的梅树下。素素是我虚构出来的，梅树也不见得真实，我也不见得真实。这个早晨也不见得是真实。

四

老人说，一棵树龄三年以上的树木，就会有东西附在上面。具体是什么东西，说不清楚。可能是好的，也可能是不好的。这个我信。我不太敢到枇杷树下去，也不太敢去槐树和桑树下。杨树也不好，骨头一样白的树干上高高地蹲着黑乌鸦，乌鸦是巫婆，它一开口，天下就会有大事发生。

我在梅林里看见有些梅树一半开着红梅，一半开着白梅。有的是红梅中伸出一枝白梅来，格外地白，像白绫。这样想会觉得浑身发冷。还有的梅树，一树红梅，突然冒出几朵白梅，像思想的影子。

这一定是成了精的梅树。我不知道梅的哪一部分是真实的，哪一部分是虚构的。

小时候我在苹果园里见过一半结着红苹果一半结着青苹果的苹果树，我对这棵树充满了好奇。我想不明白它怎么就长成了这样。青苹果酸，红苹果甜。它是怎样吸取了大地的养分，把它们分成酸和甜，一丝不乱地输送到不同的枝丫上去的？会不会哪一年输送错了，变成红苹果酸青苹果甜？这完全有可能。我经常跑去苹果园看这棵苹果树。有一年这棵苹果树一个果子也没有结，看果园的斯德克老汉说苹果树老了，不会结苹果了，应该把它砍掉。斯德克老汉说这话的时候苹果树一定是听见了，苹果树知道人对它起了杀机，第二年，苹果树拼命开花，结了一树的青苹果和红苹果。

我还见过更奇特的树，一半结着桃子，一半结着杏子。在柬埔寨的吴哥，我见过一棵树杀死另一棵树，它把自己的根扎在别的树身上吸取养分。别的树死了，它活得很旺。这棵树让我感到害怕，我站远远的地方看，怕离树近了它会伸出根须来吸食我。柬埔寨导游说过这树的名字，但我忘了这树叫什么。我不想记住这棵有魔鬼附体的树。

同时开着红梅和白梅的梅树让我觉得诡异，我称之为妖梅。芭堤雅的人妖，在我看来那就是妖。一个男人，摇身一变，成了美女，这是妖才有的本领。人要修炼成仙，需要上千年的时间。修炼成妖，起码也要三百年。大多数人还没有来得及活到三百年就已经死了，所以我们几乎看不见妖，也遇不到仙。现在医术发达，把人变成妖，是件很容易的事。人间妖太多，也是件可怕的事。

梅林里开两色花的梅树，一定是成了精才长成这样的。看梅的人要切记了，要绕着那成精的梅树走，不要到那梅树下长时间地凝望。成精的梅树懂读心术，看梅的人若起了喜欢它的心，它会有所回应。初八晚上一同来看梅的洪波，对着一棵梅树多看了几眼，他还没有回到家，就脸色苍白，身子虚虚地发起烧来。他一定是在梅树下失了魂。他得去找梅树要回自己的魂，病才能好。

我想弄清楚妖梅是怎么回事。问明修师父，答梅是从湖州的梅花基地移种过来的。基地的人刚好也在寺中，带来了绿梅茶，可以品尝一下，顺便解开疑惑。

绿梅茶我第一次见，不过是些未开的小花苞。放几颗在青瓷的杯子里，开水冲下去，绿梅瞬间绽放。那惊艳，让一个写诗的人找不到词来形容。

我的确是被惊到了。我原本心疼这些花苞，没有开，就被摘了。现在知道它们原来可以以这样的一种形式来开放。这是一种向死而生的绽放，比生更美。

漂浮水面的梅花，散发着梅的气息。喝一口，梅香入心，入肺，入五脏六腑。梅花基地的人说绿梅是一味中药，可以化痰。至于同时开出红梅与白梅的梅树，那是技术失误。红梅是嫁接在白梅树上的，白梅长得快，红梅长得慢，所以要将红梅嫁接到白梅树上去。这样，一不小心，白梅原先的枝干就抢着抽出枝，开出花来。基地的人是一个从技术层面看梅的人，他懂梅的科属，药性，生长，花期。也懂梅的嫁接。为了消除那些乱开花的白梅，他拿了大剪刀去梅林修剪。他剪一下，梅颤抖一下，掉下几朵梅花。但他看不见，咔嚓咔嚓，动作利索。我觉得这是一个没有安装情感软件的机器人，他整天和梅打交道，却没有爱上梅。梅一定恨这个人。

我跟在后面捡地上的梅枝，捡了分给赏梅的人，嘱他们回去插在瓶里，用清水养着。捡得多了，捡到后来，我也开始麻木，仿佛我捡的不是梅，是柴火棍。

我停止动作，站在梅树下思考了一会。我的确需要思考一下。思考什么？我不清楚。佛说觅心了不可得。我又想起一句话，黏着多深，痛有多深。我黏着梅，就会为梅痛，苦头伤害就来了。我不黏着了，也就不痛了。道理好像很简单。这么说，剪梅的人没有错，我也没有错。我为自己的麻木很快就找到了借口。

剪梅人剪到几棵美人梅前，停了下来。美人梅开得迟，他认为那些先开的白梅不必剪掉，留着正好，等白梅落了，美人梅也就开了。这样交替着开花，花期会长。

一棵梅树，一年里连着开两次花，开两种颜色的花，感觉像幻术。

刊于《文学港》2019 年 12 期

每逢暮雨倍思卿

李一鸣

那颗心定然是苦的。

在那样一个年代，读书人实现人生抱负和价值的渠道可谓单一，由读书而科举而从政几为文人唯一进阶路途。但政治生态如此恶劣，士的命运几乎完全掌握在皇帝手中，顺者昌，逆者亡，时而用，时而弃，进退失据，无所适从；皇权控制力如此强大，政治高压如磐压心，柔弱人性被扼杀，独立思想遭囚禁，个体政治主张绝难实行，内心追求又何以实现？而那朝廷之上，文人之间，争宠邀功，争权夺利，尔虞我诈，比比皆是，一个人基本的安全感、归宿感、成就感无处寻求。而当精神失意、仕宦不达时，逃离矛盾之地，为自己创造一个衣蓑戴笠、放浪山水、友渔结樵、斜风细雨的超尘之境，求取归向自然、走入内心、隐于草野、放逸精神的适意人生，便成为心灵的必然选择。

隐，逢时而出。

而，隐，又何其难！

或许，在隐念产生同时，贬就在等着你了。

面对遭贬，难以想象有人会不愁绪满怀。即便像李白那样豪情万丈之人，在长流夜郎时，也有“平生不下泪，于此泣无穷”（《江夏别宋之悌》）的悲吟；韩愈可算硬骨头，敢于向皇上勇谏佛骨，可在贬迁潮州时，亦发出“知汝远来应有意，好收吾骨瘴江边”（《左迁至蓝关示侄孙湘》）的绝望悲鸣；柳宗元贬迁柳州，在《登柳州城楼寄漳汀封连四州刺史》中，更是“肠一日而九回”，哀婉凄切，字字悲凉。

贬的地方，是荒芜；贬的未来，是未知；贬的心情怎不慌张荒凉？

一个人遭贬一次，或就消沉一生。一个被贬谪多次的人，他的心怎能是一派泰然？

想他本是天才少年，20岁意气风发荣登进士，被授大理评事，签书凤翔府判官，后因父亲病故，丁忧扶丧归里。32岁回朝，彼时王安石正施行新法，他因路见新法之害，毅然上书反对，后被迫自求外放，调任杭州通判，继知密州、徐州、湖州。十年过去，沧海桑田，但盯着他的人没有眨眼，以莫须有罪名酿就“乌台诗案”，把他打进大牢103天，差点丢了性命。出狱后遭遇人生第一次贬迁，责授黄州团练副使，不得签书公文。到了47岁，新党倒台，司马光为相，他被召还朝，担任礼部郎中，半月后，升起居舍人，三个月后，升中书舍人，不久又升任翰林学士，知礼部贡举，可谓春风得意。但独立不随的人生信条，使他面对旧法之弊不会沉默，在打击面前，52岁的他回到阔别16年的杭州，后改知颍州、扬州、定州。元祐八年（1093），新党亲政，他又相继遭逢第二、第三次贬迁。既不能容于新党，又不能见谅于旧党，就这样他的人生三遭贬谪，一贬黄州、再贬惠州、三贬儋州，渐行渐远，愈贬愈离，43岁盛年挺拔，57岁身形佝偻，到60岁远至荒荒边地时已是垂垂老矣！

而与李白、韩愈、柳宗元相反，对于贬迁遭遇，他却似乎散淡得多，潇洒得多。贬置黄州，他挥笔写就《初到黄州》：“长江绕廓知鱼美，好竹连山觉笋香。”一颗心好像聚集到吃上；贬至岭南，他慨叹“日啖荔枝三百颗，不辞长作岭南人”，还是口舌生香，以至于他纵笔描述自己在惠州的生活：“报道先生春睡美，道人轻打五更钟。”这哪有遭贬的悲情，分明是优哉游哉到慵懒遂心了。因此，当宰相章惇读到这首《纵笔》时果然勃然大怒，再发谗言，把他一下子贬到更边远、更艰苦的儋州。到了儋州，他该难过、该噤声了吧，不料他还是不收笔，“寂寂东坡一病翁，白须萧散满霜风。小儿误喜朱颜在，一笑那知是酒红”，“他年谁作舆地志，海南万里真吾乡”，一派逍遥快活，依然醉态不改，他仿佛把被贬当成归隐了！天将奈何他哉？

然而，当他结束海南的贬谪生活回归内地时，《六月二十日夜渡海》一诗披露了另外的心迹：“参横斗转欲三更，苦雨终风也解情。云散月明谁点缀？天容海色本澄清。空余鲁叟乘桴意，粗识轩辕奏乐声。九死南荒吾不恨，兹游奇绝冠平生。”参横斗转，云散月明谁点缀？此系诘问章惇：“卿居心不净”，“滓秽太清”，如今“云散月明”，还有谁“点缀”呢？天容海色本澄清，乃公自谓也，你章惇之流“点缀”太空的“微云”既已散尽，质本洁来终澄清。苦雨淫风的日子终于过去了！在此人们或能体会一颗孤独灵魂辗转于贬谪途上的心境。而结句“九死南荒吾不恨，兹游奇绝冠平生”，又呈现出他在坎坷莫测的峥嵘人生中九死不悔的倨傲和旷达豪放的襟怀。

惠州，或是他贬谪生涯中最难释怀的吧？

未到惠州之前，当他沿北江顺流而下行至清远，揽青山绿水，置宠辱于外，恰逢一顾姓秀才热情向他介绍惠州风物，便禁不住写下了《舟行至清远县，见顾秀才，极谈惠州风物之美》：“到处聚观香案吏，此邦宜著玉堂仙。江云漠漠桂花湿，海雨翛翛荔子然。闻道黄柑常抵鹊，不容朱橘更论钱。恰从神武来弘景，便向罗浮觅稚川。”真有点急不可待了。而到达惠州这天，天朗气清，风和日丽，当他步出船舱，发现码头上竟站满了人。惠州张开怀抱给这个困顿中的人以意外温暖，顿时，一首《十月二日初到惠州》便脱口而出：“仿佛曾游岂梦中，欣然鸡犬识新丰。吏民惊怪坐何事，父老相携迎此翁。苏武岂知还漠北，管宁自欲老辽东。岭南万户皆春色，会有幽人客寓公。”他仿若真的找到了闲适所在。

在惠州，他赏梅：“罗浮山下梅花村，玉雪为骨冰为魂……天香国艳肯相顾，知我酒熟诗情温”；钓鱼：“幽寻本无事，独往意自长。钓鱼丰乐桥，采杞逍遥堂”；访友：“林行婆家初闭户，翟夫子舍尚留关……中原北望无归日，邻火村春自往返”；游湖：“尝夜起登合江楼，或与客游丰湖，入栖禅寺，叩罗浮道院，登逍遥堂，逮晓乃归”；赏月：“一更山吐月，玉塔卧微澜。正似西湖上，涌金门外看。冰轮横海阔，香雾入楼寒。停鞭且莫上，照我一杯残”；饮酒：“罗浮春欲动，云日有清光。处处野梅开，家家腊酒香”，“父老喜云集，箪壶无空携。三日饮不散，杀尽西村鸡”。真是安闲自在，随遇而安。当然，他的醉心常在荔枝一物也！

他第一次吃荔枝，即吟咏《四月十一日初食荔枝》一诗：“垂黄缀紫烟雨里，特与荔枝为先驱。海山仙人绛罗襦，红纱中单白玉肤。不须更待妃子笑，风骨自是倾城姝。”真是一见倾心。自那之后，他的生花妙笔就尽情挥写对荔枝的喜爱。“荔子几时熟，花头今已繁”，荔枝尚未结果，已是连连发问，因见荔枝花开，而欣喜备至；“留师笋蕨不足道，怅望荔枝何时丹”，荔枝已经见果，为思早食荔枝，竟至眼巴巴痴望荔枝树，为荔枝未红而心情惆怅，痴盼期待之心何其急切；以致书写《食荔枝二首》时，终得千古名句：“日啖荔枝三百颗，不辞长作岭南人。”这真是极而言之的心声吐露，为享荔枝之福而发终身栖居岭南之愿，人生和生命与荔枝须臾不可分矣！

是的，往前看，与他初贬黄州时相比，在惠州确乎不见了曾经“空庖煮寒菜，破灶烧湿苇”的失意和“雨中有泪亦凄怆，月下无人更清淑”的苦闷。向后看，在儋州是“饮食不具，药石无有”。而在岭南，则是“居三年，泊然无所蒂芥，人无贤愚，皆得其欢心”。这似乎是他生涯中一段远离祸患、安然静度、归隐民间的日子。

不过，他毕竟少年即“奋厉有当世志”，笃信“用舍由时，行藏在我”，尽管也寄情山水自然，拥抱清风明月，饱吃惠州饭，细和渊明诗，但向往天下治平，改革萎靡积习，卓然有立的他，又怎能在出世与入世两难的心境中彻底避世遁俗？放逸外表难掩超迈情怀。在《和陶咏三良》中，他禁不住焕发精神：“杀身固有道，大节要不亏。君为社稷死，我则同其归。”在喜品荔枝美味时，也发出了《荔枝叹》：“我愿天公怜赤子，莫生尤物为疮痏。雨顺风调百谷登，民不饥寒为上瑞！”为解民众渡河之苦，他倡议筑堤建桥；面对资金难以为继，他带头“助施犀带”，还动员弟妇史氏捐出“黄金钱数千”。桥堤竣工之日，惠州百姓欢欣雀跃，扶老携幼前来参观：“一桥何足云，欢传广东西。父老有不识，喜笑争攀跻。”当他看到当地百姓弓腰插秧，异常辛劳，便积极推广在武昌所见农具秧马，船状秧马既可载秧，又宜坐人，人坐其上，边插边退，告别弓腰劳作之累。一个仅作为“宁远军节度副使惠州安置”的无权无势遭贬之人，仕途步入绝境，但心与这块土地和百姓连在了一起。

而他的朝云永远留在了这里。那个因家境清寒，自幼沦为歌妓的孩子，却独具一种清新、高雅的气质。命运的偶然，他与她相遇在杭州。“欲把西湖比西子，浓妆淡抹总相宜”，明写西湖旖旎，暗寓他初见朝云时心里的颤动。一路贬谪，一路相随，密州、徐州、湖州、黄州、惠州，颠沛流离的生活，相伴相知的日子。他永记得那日退朝食罢，他扪腹徐行，问诸位侍儿：“汝辈且道是中何物？”一曰：“文章”；另曰：“见识”；至朝云则曰：“学士一肚皮不合入时宜。”他捧腹大笑，赞道：“知我者，唯有朝云也。”如果不是具有独立人格，他怎能不随新党，亦反旧党，从而走上这颠沛流离之路？到得惠州，他已是年近花甲，她才 30 岁出头，身边侍儿姬妾陆续离去，唯有朝云始终追随。谁料想造化弄人，这样一位善解人意伴侣，却突染瘟疫，不治身亡，离开尘世喧嚣，遽尔凄清归去。西湖孤山南，塔下松林中，埋进了那个长袖徐舒、轻盈曼舞的人，那个黛眉轻扫、楚楚可人的人，那个空谷幽兰、清香幽幽的人。笑渐不闻声渐悄，天涯是处有孤魂。弥留之际，朝云执其手诵《金刚经》四偈：“一切有为法，如梦、幻、泡、影，如露，亦如电，应作如是观。”其中寄寓对世事的彻悟，也潜在对他的牵挂。他满怀万千情感，亲笔为她写下《墓志铭》：“浮屠是瞻，伽蓝是依。如汝宿心，唯佛是归。”此后又有《惠州荐朝云疏》《朝云墓志铭》《西江月・梅花》《雨中花慢》《题栖禅院》等许多诗文来怀念这位红颜知己。他还在墓上筑六如亭，亭柱之上，楹联两分：“不合时宜，惟有朝云能识我；独弹古调，每逢暮雨倍思卿。”

惠州真的有幸啊！一自此人谪南海，天下谁敢小惠州？

在他去世前两月，行将走到生命尽头，回首一生，他自我评价：“问汝平生功业，黄州惠州儋州。”

遭贬之旅，竟标举为一生事功。

短短 12 字，胜千万言矣。

真有你的，东坡先生！

刊于《散文百家》2019 年第 2 期

我是一条洄游的鱼

高洪波

洄游，在《现代汉语词典》上的解释很简单："海洋中一些动物（主要是鱼类）因为产卵、觅食或受季节变化的影响，沿着一定路线有规律地往返迁移。"

之所以产生上述题目，实在是出于不久前的贵州开阳之旅，来去匆匆不过三天，参加的是首届华人散文诗研讨会，地点在"富硒之乡"和"散文诗之乡"的开阳，旧属安顺，今归贵阳，一个山清水秀的所在，我在二十六年前生活过两个月的地方。

二十六年前我二十六岁，是解放军的一名接兵部队的排长。住的地点离县城几十公里，当时叫青禾区，现在改为禾丰乡，在区税务所的小楼上，无电话、电视，亦无报纸、刊物，居然顺顺当当地熬过了六十天，而且是天寒地冻的正月间，现在想想真有些不可思议。我在开阳接新兵，接那些住在深山箐上的布依族、苗族战士，他们大多出生在20世纪的60年代初期，由于出生时赶上"三年自然灾害"（其实人祸是主要的），他们普遍的身材不高，营养不良，我和武装部长曾拿着一根一米六的竹竿挨个儿比画，矮于竹竿的一律剔除，还真把不少人给剔了出来。剩下的体检、目测、政审，最后家访，四关过后，这批开阳子弟便穿上崭新的军装，虽然还没有帽徽领章，但显见地威武挺拔了许多，由我们领着，先乘汽车，再坐火车，"叮叮哐哐"地入云南赴戎机了。青禾的士兵不少人第一次到县城，第一次乘汽车，火车更甭提了，连见都没见过，他们的新鲜兼新奇是异常强烈的。这是在 1978 年的 3 月 5 日。一年过后我们和邻国发生边境冲突，这批开阳士兵在战场上表现很好，不过其时我已转业回北京，在《文艺报》当一名编辑，战事离我虽远，可内心从没少过挂牵。后来著名的“老山英雄团”就出在我的部队，电视连续剧《凯旋在子夜》表现的也是我的部队。我们留在部队的战友们，当时一起当排长的伙伴，由于战功卓著，有好几个成为将军，偶一聚会，谈起当年，都乐不可支。

可见回忆本身就具备“洄游”的性质，精神洄游。

此次走开阳，于我而言，是一次从精神到物质的洄游。禾丰是觅食的浅滩，我觅的食品是二十六年的岁月，我洄游的河流也是岁月的河流。因此从北京一下飞机，见到第一个接我的开阳司机小王，浑似见到亲人一般。小王刚刚三十岁，说起二十六年前的往事，他一脸的茫然。在难得的灿烂阳光下直奔开阳，我感到自己异常兴奋，这大概是大自然中每一种洄游动物的本能所致。

第一夜没有住在开阳，而是到邻县修文的一处叫作“珍珠岛度假村”的地方栖息。来了百十余名散文诗作者和诗人，分别来自山西、湖南、新疆、四川等，还有香港、台湾，熟人不少，四川老诗人梁上泉和台湾老诗人金筑都应邀而至。说起开阳的散文诗作者队伍，居然有上千人之众，大家都为这个数字感到吃惊。散文诗在全国影响有限，在诗坛亦属弱小“民族”，唯独在开阳得天独厚，这应该归功于县文联主席兼贵阳市作协副主席刘毅。他是一个执着的散文诗发烧友，自己写一手漂亮的散文诗，还带出了一支乡土气息浓郁的散文诗队伍，让极洋气的散文诗这一艺术形式与开阳的山水风物结成同盟，刘毅功不可没。

散文诗会在此次开阳之行中不是主要任务。事实上开阳举办了一台大型广场演唱会，请来了李光羲、羽泉、李湘等一干名角，同时举行了多达三十几个亿的商贸协议签订会，典型的文化搭台，经济唱戏。据说客人多达千余位，是开阳历史上从未有过的。县城宾馆有限，不得已把我们一干人安排在了修文。

没想到初抵贵阳天朗气清，当天夜里却下起了雨，贵州的确“天无三日晴”。这雨一下就二十几个小时，把准备好好的万人广场演唱会冲得一塌糊涂。所幸开阳人教养好，风雨中聆听音乐会，撑伞穿雨衣冻得发抖但心态平衡，生生把万人音乐会的场面撑了下来。

我是在雨中进入开阳县城的，二十六年的变化使我认不出开阳的旧貌。街道变宽了，两旁高大的楼房一如广东珠三角的建筑；昔日的黑瓦木板房已属罕见；昔日弥漫在城中的煤烟气息亦不复存在；当年我们接兵部队驻扎过的县委招待所门面犹似，实际上早已改造多年。雨中走进漂亮的青少年活动中心，出席商贸协议签订会。看到一笔又一笔大宗的商贸协议在眼前签就，从几千万到几个亿，真有一种梦幻般的感觉。我知道这批款项将通过各种渠道进入开阳，像宝贵的血液一样输送到开阳的企业、开阳的农业，使开阳的躯体更加茁壮，灵魂更加强健。开阳产上好的黄磷，产富硒茶和大米，也产煤炭和奶制品。不过照我看，开阳最好的资源是绿色的大自然、绝美的风景，这份大自然的遗产是再多的钱也买不到的。古人云，“朗月清风不用一钱买”，那是古代；现在饶您亿万家财，能买到朗月清风不是件很容易的事，因为污染正苦恼着每一个国度。

雨仍在下着，猛然有诗句闪现：

故地二十六年前，
曾忆青禾雪漫天。
多情唯有开阳雨，
追身随影洗华年。

下午5时，驱车青禾。雨中走过当年山路，想起接兵时的苦寒岑寂，想起正月间的大雪，感到此次洄游正是时候。冬季的青禾与夏季的禾丰，注定是有着不同韵味的。

青禾依旧。仍是那条小街，仍是一些古旧的建筑，仍是小小的邮政所和小小的税务所，我住过的小楼加高了两层，可我仍找到了当年住过的小屋。我还找到了昔日工商所李所长的旧宅，这个河南老兵的家曾是我多次就餐的地方，他的儿女们曾是我讲故事的热心听众，如今他已搬迁回开阳。小屋没锁，推开门一看，满屋的塑料拖鞋，已成为仓库……

在青龙河畔一家餐厅吃饭，雨仍在下着。喝着土制的杨梅酒和黄果酒，看一眼波涛翻滚的河水，河水猛涨，已满了河槽，河水浑黄，早不见了二十六年前冬日那消瘦的模样。昔日坐在古桥下垂钓的儿童们，如今早已是人到中年了。唯一不变的是富饶的俗称“玉龙捧金盆”的坝子，坝子上的庄稼，还有高高的土司山寨马头寨，以及餐厅对面那写着旧日标语的木制粮仓，还有河畔的那株老柳树。记得二十六年前我常漫步河边，这株老柳树在冬日的阳光下像一株巨大的盆景，枝干峥嵘，引发人无尽的联想。我曾把它想象成这块土地的守护神，并在日记里企图描绘出它的古拙形象。现在老柳树在雨中傲然挺立，枝叶繁茂，全然不是冬日里萧索的气象。于是又得一小诗：

散文诗乡我曾游，
无心补硒少年头。
青龙河畔柳仍在，
树绿不系旧时舟。

有诗，有酒，有雨，有二十六年前旧景重现，我的洄游便更有滋味起来。

禾丰现在的全称是禾丰布依族苗族自治乡，她昔日所辖的两个公社：龙广和哨上，如今改为南江苗族布依族自治乡。一分为二，可能便于管理。二十六年前我曾走遍这几个公社的土地，去应征新兵家中逐一走访，为此我写过两万余字的《开阳手记》，详尽地记录了1978年1月5日到3月7日接新兵的过程，也顺便记下了一系列有趣的地名：懒板凳、鱼上坡、石猫，还有关于龙广地形的民谣：“龙在山顶望，金鸡配凤凰。脚踏狮子背，天鹅抱蛋卧两旁。”凤凰寨如今成为旅游胜地，而且是从青龙河一路漂流下去的终点站。晚饭毕，同行的伙伴为了满足我的洄游，专门驱车走到龙广，在凤凰寨远眺，居然有大批白色的鸟儿栖居在寨中树林，像鹤像鹭，但更大的可能是白鹇，我曾在湖南一处山寨见过大群的白鹇，捡拾过它们美丽洁净的羽毛，观察过它们与人类和睦友好的生活。此处凤凰寨的白鹇，与湖南的相类似，它们是山寨的福音和吉祥物，二十六年前未曾相见，此番相见真是缘分，只是暮色迷离，有些看不真切。

回到开阳县城已是夜间 10 点过，匆匆放下行李，去寻找惦念许久的李所长李文轩。也巧，他正住在宾馆对面，由他在中学执教的二儿子领着，我们终于见面了。李所长今年居然八十七岁了，他和老伴见到我异常高兴，当年聆听我恐怖故事的女儿一家也在，外孙子已是贵州大学的学生。岁月流逝二十六载，我的洄游抵达李所长温暖的家，重听他不改的南阳乡音，听他一声声叫着“高排长”，重品开阳的富硒茶，我的心一下子放松了许多。

第二天又走禾丰。第二天是当地一个特殊的节日：布依族的“六月六”。其热闹程度堪与内地的春节相比，有舞龙、舞狮，有斗画眉、扭扁担，还有乡政府举办的大型歌舞节目。雨自然早就停了，仿佛这开阳雨成心跟开阳人逗了个闷子。太阳热辣辣的，坐在烈日下看演出，反倒怀念起昨天的雨来了。演出是朴素而又深情的，尤其是苗族少女少男们的“跳圆”，土司山寨马头寨民们的花灯，还有开阳教师们的大合唱，都呈现出一股罕见的朝气和热情，这气氛是我二十六年前所未曾感受过的。那年的春节过于寒冷，也由于刚刚粉碎“四人帮”，人们对于传统文化和民间民族文化还视若畏途，加上物质生活的相对贫瘠，1978 年在开阳过的春节，除了喝过几顿大酒之外，真的比较平庸——这次赶上布依兄弟的大节“六月六”，算是补了我的一次人情，也是洄游的意外收获。当然不仅如此，在这一天，我在马头寨找到了一位当年的退伍战士，现在的乡村医生宋升鹏，他的侄子当年是我带走的一名新兵。宋升鹏的生活条件不错，宽敞的房子里摆着各种药材。女儿带着一位山东小伙子刚从河南开封回来探亲，家中有电话，种着七亩田地，小日子过得有滋有味。只是见面之后都感叹起岁月无情催人老，我与升鹏同庚，但他明显有些老态，土里刨食的农民，不经老。

告别宋升鹏，我又驱车十五公里外的哨上，想找到陶光国，一位热情的小学教员，当年我与他同盖过一床棉被，地道的抵足而眠。吃过他烤的美味的黄粑，一种玉米面和豆面混合的乡间美食。听乡上人们说陶光国早已退休，他的侄子也是我带出的新兵。赶至哨上一处小镇，陶光国不在。一个小伙子告诉我他早已搬到安顺，但小伙子顺手一指："他的侄子陶大文就在隔壁。"一扭脸，见到昔日的新兵陶大文，如今四十四岁的汉子，满口牙都松动、脱落。我不敢相信这就是那名清秀腼腆的小新兵！怎么老成这般模样？

真的是陶大文。坐在他的家里，听他讲述一干新兵复员后的生活，岁月便在瞬间凝固。大文的女儿，一个初中二年级的小姑娘在一旁倚着门，静静地听着，我这个从天而降的"高排长"让她惊讶不已。我记下了小姑娘的名字：陶丹。北京对她十分遥远和神秘，一如我的这次洄游。

没有更多的话说，我马上要赶回贵阳，赴一个重要的晚宴，明天一早赶飞机飞回北京，这是我生活的一部分。与宋升鹏、陶大文相比，我的生活是他们不可想象的，但我的出现带给他们的吃惊也是真实的。对我而言，一条洄游的鱼，游到它当年觅食的沙滩，掀起几朵轻且浅的浪花，而后一切复归于平静。岁月如昔，亦如平常，开阳和青禾的山水依旧，农产品富硒依旧，散文诗的上千作者们琢磨文字依旧，只是二十六年前一个"高排长"匆匆来去。来时的身份是一名接兵部队的排长，说一口标准的北京话，由于这口北京话，我竟成为"北京部队"的高排长，事实上因为保密需要，我也就默认了。这次洄游，确认了我的身份是"昆明部队"，另一个身份则由军人变成了文人。由消瘦的青年军官变成戴眼镜的中年干部，一条溯着生活和生命的河道兴冲冲洄游的鱼。

开阳的湖光山色真美。开阳的绿遮盖了她起伏的大地；开阳的喀斯特地貌令人心折；开阳的几条江河或湍急而有激情，或清浅不失柔曼，是漂流者的上乘之选；开阳的人讲礼貌、有教养，体现在为这次大会服务的一百五十多名青年志愿者身上格外突出；开阳的大米富硒，当地一条著名的标语："物以硒为贵。"

硒是生命的重要元素，可防多种疾病乃至可怕的肝癌。此次洄游开阳，才知道自己在二十六年前不知不觉地补过两个月的硒，“无心补硒少年头”，敢情现在的健康早在开阳接兵之日起就注定了，多么好的运气。

我是一条洄游到幸福之河的鱼。

从这里洄游，直向更远的远方。

刊于 2019 年 7 月 13 日《人民日报》海外版

沧浪旧话（外一篇）*

鲍　坚

沧浪旧话

暮春时节，拙内携小女去苏州游玩，归来后说起苏州景致，只觉得沧浪亭最佳，屋宇素雅脱俗，竹径深曲清幽，颇有古意，更兼游人稀疏，行驻惬怀。其余诸处景点，虽然不乏精致，却多了些俗气。

沧浪亭我未曾游访过，却知道它的来历与众不同。脱俗或人稀，都源于它的这些来历。

先说略近些的。

北宋仁宗庆历四年（1044）秋天，负责编发朝廷文件的机构进奏院的主管官员苏舜钦，因“进奏院案”被削职为民。此案中被一并处分的还有一批年轻人，他们受处分前在被视为国家未来栋梁的馆职官员群体中占据了多数，且是范仲淹主持的庆历新政的最坚定的支持者和鼓吹者——这是反对派的强大势力所最忌恨的。

庆历四年是新政的关键之年，却又是多事之秋。苏舜钦的“进奏院案”之前，另有两个大事件都削弱了仁宗皇帝对范仲淹的信任。这两件事，一个是围绕是否修筑陕西水洛城以有效防御西夏而引起的巨大争议，另一个是“公使钱

---

* 原刊《人民文学》有4篇，本文选登2篇。

案”。范仲淹和韩琦在陕西主持军政时培养或重用的文武才俊如滕宗谅、尹洙、张亢、种世衡、狄青等人，多数都被逮捕下狱而后又受到严厉处分。保守势力的“剪裙边”战术取得了成效，进而迫使范仲淹等庆历新政的核心人物离开了朝廷。之后，就发生了“进奏院案”。

“进奏院案”的案情其实很简单，就是十几个年轻人聚在一起，搞了个以往每年都搞的聚会，然后就被人罗织“监守自盗”“诋毁圣贤”等罪名给予处分了。反对派为此次针对新政的打击十分得意，公开炫耀说终于把这一批人一网打尽了。

此案中，苏舜钦受到的处分最重。削职为民意味着仕途的断绝，修齐治平的家国情怀和光宗耀祖的人生抱负已不再可能，这无异于政治上的死刑。个人的遭遇加上新政的挫折，对苏舜钦精神上的打击程度可想而知。

削职为民后，苏舜钦闲居苏州。他有一次经过苏州州学（官府所办学校），见西南边有一块荒地风光殊佳，就把它买了下来。这块纵横五六十寻也就是大约横竖各一百多米的地，只花了四万钱，折银应当不到四十两，还不包括三面环绕的湖面，因此十分划算，难怪欧阳修夸此地“清风明月本无价，可惜只卖四万钱”。苏舜钦在此构屋筑亭，打算由清风明月陪伴着，从此不问人间事。其中所筑的亭子，自然就是沧浪亭了。这些因果在他的《沧浪亭记》一文中皆有记载。

但是，他想不问世事，其实很难。先不说主观说客观。他的邻居也就是那个州学，是范仲淹十年前被贬到苏州时所建。当年范仲淹也想在苏州安个家，于是找到一块地，是吴越国第二任国王钱元瓘之兄广陵王钱元璙旧时的南花园。范仲淹让堪舆先生看风水，堪舆先生说此地极佳，如果在此安居，子孙将飞黄腾达。范仲淹听罢说：我正打算建一所学校，就把它建在此处吧。苏舜钦看中的地，也曾经是身为吴越国末代国王钱俶的重要将领同时又是钱俶妻弟的孙承祐的花园。仅从这一点渊源看，苏舜钦注定逃不脱人间世事。更何况，他建亭并为之取名“沧浪”，也说明他主观上的无法逃离。

说起“沧浪”，就有些远了。

至少在东周春秋时期，楚国一些地方就流传着一首童谣，其中有两句歌词为后人记载，那就是：“沧浪之水清兮，可以濯我缨。沧浪之水浊兮，可以濯我足。”这两句话，字面上好理解。沧浪，可以认为是溪水之名，也可以认为是溪水澄碧之貌；濯是洗涤；缨是帽子的系带，帽子代表一个人的尊严，系带也代表着尊严与高尚；足是脚，什么地方它都踩，不管是洁净还是肮脏。但是，这两句话除了字面上的意义，还可以做什么深刻的理解，则是见仁见智。

孔子听到这首童谣，告诫弟子：“清斯濯缨，浊斯濯足矣。自取之也。”在清澈时濯缨，在污浊时濯足，或是相反又或是两可，都取决于每个人的不同追求。而百年之后的孟子在引用孔子的教导时，又把这两句话做了引申。他以那些追求浊水濯足者的结局为证，阐述追求清水濯缨的必要性：“夫人必自侮，然后人侮之；家必自毁，而后人毁之；国必自伐，而后人伐之。”一切的屈辱败亡都首先来自自己。

到了屈原，他行吟于江湖，遇到个渔父。他对渔父说：“举世皆浊我独清，众人皆醉我独醒。”渔父不否认，不过建议屈原不妨学学古人，“不凝滞于物，而能与世推移”。这是遇清则濯缨、遇浊则濯足之意。对此，屈原并不认可，说宁赴湘流、葬于鱼腹，也不能蒙受世俗尘埃。渔父觉得可笑，唱着童谣扬长而去，不再理会屈原。渔父唱的童谣也是那两句“沧浪”，算是对屈原的最后劝诫。但是屈原到底也没有听渔父的，真就投身于江流鱼腹之中了。

这么多的“沧浪”，苏舜钦取的是哪个？哪个是他可以摆脱的哪个又是他不可以摆脱的？恐怕哪个他都摆不脱，因为它们都还在沧浪之中，都还是人间世事。

可见，苏舜钦的沧浪亭并不能如他在《沧浪亭记》中所愿，能使自己“安于冲旷”“笑闵万古”。可不是吗？几年后，他就在愤懑中病故了。跟他有同样境遇和结局的还有同为一代才俊的尹洙，以及滕宗谅。

“公使钱案”后被贬到岳州的滕宗谅向范仲淹求文章，无意中催生了在中国文学史和思想史上都不可回避的《岳阳楼记》。《岳阳楼记》不只是写给滕宗谅的，它还是写给韩琦、富弼、欧阳修、蔡襄以及尹洙、苏舜钦等被范仲淹寄予厚望的年轻一代精英人才的。若论因果，倒是范仲淹做到了“安于冲旷”“笑闵万古”，“冲旷”是由衷地豁达，“笑闵”是勇敢地承担。由此看来，《岳阳楼记》是既在沧浪中——因为它的“居庙堂之高则忧其民，处江湖之远则忧其君”，也在沧浪外——因为它的“不以物喜，不以己悲”。

沧浪亭，这个苏舜钦摆不脱、避不开的沧浪，曾有无数个前生，它们在沧浪亭建成之前就已经化作历史的烟尘。按理说，随着苏舜钦的亡故，沧浪亭也将作为其他什么胜景的前生，被岁月之风吹散于江天而了无尘迹。可是情况却并非如此。就有那么一些人，也不管它是什么样的沧浪，始终追寻不已。自宋至元明清，虽然亭宇屡圮屡废，却又屡葺屡建，且沧浪之名断而不绝。于是就传到了今天，让一对母女还有其他一些人有幸还能看到。

至于苏州其他一些园林胜景，其实也是精美雅致，都值得品味。只是它们与沧浪亭有一个本质的不同。沧浪亭，是人心历经岁月而不绝的沉积，因此略显沧桑；那些园子，是倾人力物力财力的建造，有富贵相。太平年代，自然趋富贵者多、品沧桑者少，因此那些园子便熙熙攘攘，沧浪亭则更为清幽。爱看哪一个，取决于人们的喜好，或是一时，或是一世。

听母女说沧浪亭，我也心动，想去看看。当然若是去，其他园子也会看的，既为品旧时沧桑，也为惜现时富贵。

石品不凡

福建省安溪县的湖头镇有一座大宅子，叫作问房大厝，是五进的院落，明清时期的建筑。厝，就是房子。为什么叫问房，我不得其意。总之，这是个相当气派的宅子。

问房大厝的后面，隔着一条几步宽的小路，又有一座十分破败的小院。说是小院，其实已经没有了院子的感觉。进门两边是普通民房，相距七八米，目前能够看到的院子也就是七八米见方——因为没有后墙，连后墙的地基也看不到。在长着杂草的土堆中间，立着一个像是花岗岩的石头，侧看它的外形则像是一个竖起的大拇指，指肚上刻着两个古怪的字，谁都认不出来。我说第一个字像是“石”，可是“石”底下只有一个“口”，它却有三个“口”；另一个字有人说像是“舟”，可是又比“舟”字多出好几条不横不竖的“枝杈”。于是不知道是谁就用手机把这四个字拍下来，说要发给懂行的人认认。

小院曾经有间书房，是小院的主角，它与前面气宇轩昂的问房大厝都属于一个主人。主人名叫李日熴，在历史上没有什么大名声，不过他有个侄儿却是大名鼎鼎，那就是清朝康熙年间著名的政治家李光地。有那么一座大院，却把书房单独建在外头，这个李日熴有些奇特，而他的奇特还不止于此。

李日熴是李光地的二伯父。李光地十四岁时，他和家里的亲属共十几口人被土匪绑架。祖父为此忧愤而死，父亲束手无策，只能对天悲泣。就在此时，李日熴从外地赶回家，只身前往贼巢所在的山头与土匪头子谈判，哀求其释放家人，但未能成功。从贼巢回来，李日熴义愤冲天，召集家里的用人、佃户一百多人，以情义感动他们誓死效力。然后在一个暴雨之夜，他带着这一百多人攻进贼巢，救出部分家人，但是李光地却被匪首趁乱带走。李日熴矢志不渝，率领这一拨人与人数至少十倍于己的土匪又激战数十场，终于救回了李光地。

可以肯定的是，李日熴在发生家庭变故之前不曾做官。他读过书并且始终读书不辍，这也是肯定的，不然他不会专门为自己盖一栋书房。他后来经商发了大财，因此也许他当时正在外地经商。闽南人多勇武，李家祖先曾做过武官，家族也有尚武的传统。虽然有这些资历阅历，但是敢以临时拼凑而成的农民队伍对抗颇有战斗力的土匪，并且以少胜多，救出了人质，不能不说李日熴具有超凡的胆魄和见识。

救出李光地等家人后不久，李日熴又继续他的学业，并且被选入京城国子监学习。后来，他被选为候补官员，他却辞官不干，经商去了。再后来就盖了问房大厝和后面的书房小院。种种经历，从中可以再次看出李日煤的为人志向确实不一般。

小院那块石头上的两个字有消息了。据行家网上飞书解释，这两个字其实是由四个字构成，它们是“石品不凡”，石、品二字合二为一，不、凡二字也是如此。把字这么组合，既是游戏，更是卖弄，就如三国时期几乎难倒曹操的那个“绝妙好辞”的题字一样。卖弄什么？智力。不过，卖弄智力的背后，是卖弄品格。

石头在中国的传统文化中不是一个十分突出的意象。说到石头，其内涵一般都是被简单地归结为“质朴”，这就是石头的品格，没有精美、风雅、玲珑、灵秀之类的美意。质朴，就是朴实率真，一眼就看得清清楚楚，里里外外都一样，不为外界人言物语所动，甚至对外界感到麻木，这种品格因此还可用“拙朴”来形容——虽然朴实，却也拙笨。只是从北宋中晚期开始，尤其是受宋徽宗的崇尚所影响，奇石、怪石逐渐成为传统文化中的一个突出意象，石头的内涵也延伸出瘦、劲、雅、逊，甚至是道心禅意之类的表达。其实这有些不真实，因为绝大多数的石头还是普通的石头，能成为奇石、怪石的只是少数。石头的品格，仍然应当是绝大多数石头的品格，而不是少数被人夸张美化出来的石头的品格。绝大多数的石头的品格，就是质朴。

在任何时候，质朴都是一个褒义的词语。有一些词语，在不同时期有不同的褒贬之意，或者其褒贬的程度会产生变化，比如风流、潇洒、美艳、可人等等，但是质朴的褒奖赞扬之意几乎没有变化，如果有什么变化，也就是人们时而记起它、时而淡忘它。质朴这种品格除了有朴实率真的内涵，还有外延，最显而易见的外延就是刚强不屈，不像泥土让人随心所欲地拿捏。如果再往外扩展一点，就是坚守，守朴、守拙、守天性本质。

如此说来，好像石头就是什么宝贝了。其实也不然，看是对谁而言、在什么条件下。对农民，它有实用价值，但不贵重，比如可以垒作屋墙的基石，可以砌畜舍，可以铺道路，可以围梯田。在商人眼中，石头就是经济利益，至于怎么用石头换取利益，他们总有办法。石头对于士兵也许就是武器吧，弹尽粮绝时就要用它反败为胜或者保全性命了。对于农民、商人、士兵或者其他的多数人，石头的用处是由它的物理属性决定的，需要时或者能够换取利益时，它就是宝贝、财富，否则就是没有用的东西。

可是在某一种人眼里，石头是不变的宝贝和财富，且其属性不是物质形态的，而是质朴的品格、刚强不屈的精神，和始终如一的坚守。能看出石头这种价值的人，就是读书人了。不是说只有读书人才是读书人，农民、商人、士兵还有其他各类人，都可以是读书人，读书人是各色人等。判断一个人是不是读书人，不能简单地以他的职业为标准，而是要看他骨子里有没有读书人的情怀。

在中国历史上，读书人是国家的栋梁、社会的精英，是推动社会发展的核心力量。他们信仰的是人与人、人与自然和谐的道理，并且对这些道理的信仰是理性的、自觉自愿的，他们要用这些道理和相关的知识为国家服务、为社会服务，其结果也能使自己实现人生的价值。

为了有效服务于国家和社会、实现自己的人生价值，读书人除了自觉自愿，还要自律。那个被李日煤从土匪手里救出来的李光地，后来当上了内阁大臣，他晚年回乡探亲时见妻子新盖了一座大宅子，认为靠自己的俸禄盖不起这座宅子，任凭妻子解释说是那些经商发财的伯父叔父们捐助建造的，他仍然坚持不进、不住它。他还因见家族中的一些子弟借着自己的名声官势横行霸道，特意制定了家规家法，整肃了家风。不自律，一切信仰都是空的，这是读书人自古以来遵循的另一个道理。当然，说有信仰的、能自觉自律的读书人，都是统而言之针对一个群体的，并不是针对读书人个体而言。个别的或者是一部分的读书人没有或者虚假地拥有信仰而又不自觉自律，这是正常现象。有信仰、能自觉自律，也并不需要排斥个人合理的欲望与追求。

因为读书人的信仰及其于国于民于己的作用，在中国相当长的历史时期内，读书人就成了全社会崇尚的对象，绝大多数人都钟情于做一个读书人，形式上不是读书人的也想学点、有点读书人的情怀。一个理性的信仰几乎无障碍地吸引全民并造就一批又一批的社会精英来推动社会的发展进步，这在人类历史上是一个独特的现象，也是一个进步的现象。中国能够在以往的绝大多数时期保持社会各方面发展和领先于世界的地位就是明证——只是后来这个信仰体系被狭隘化和极端化从而导致其先进性下降，不过这是另一个话题。与此对照，以欧洲为中心的西方国家在17世纪的启蒙运动之前长期处于思想禁锢、战乱频仍、民生疲敝的状态，是不是与它们精英阶层在信仰上的局限有关系呢？整体上看，以宗教为约束、以现实利益为驱动的西方国家从来就没有过一个以科学而理性的哲学体系为主体的信仰，直到马克思主义的诞生，可惜它们弃明珠而不用。以宗教为约束、以现实利益为驱动的信仰虽然能够一时煽起人们的狂热或者利诱人们顺着不自律的欲望去发展，但是它和人与人和谐所必需的求大同、人与自然和谐所要求的敛欲望是相违背的，长此以往必将走向衰败，而科学的、理性的信仰一定会显示出它的优越性，今天的中国正在用事实再一次为此做证。对世事应当作沧海桑田之观，而非一春一秋之叹。

话说回来，李日煾书房小院里的那块石头上所刻的四个字所表达的意思应该没有这里所说的那么复杂深远，充其量就是质朴、刚强、坚守，但是这足够立石者卖弄了。如果一个读书人能够言行一致，而不是石头之相泥土之身、表里不一，那么这种卖弄不仅无可厚非，甚至让人肃然起敬。又如果这样的读书人能够出于古而入于今，继续存在于这个时代、服务于这个社会，不也是一种品格不凡的无形石头吗？这样的石头可真是值得我们永恒地卖弄了。

刊于《人民文学》2019年第3期

生命秘约

王兆胜

每个人的生命都像一棵树，甚至是那株草。一些难以言说的秘密装在其间，如不注意或不细心，我们就很难发现它。像晾晒衣物，我常将自己打开，抖落那些人生的皱褶，让阳光进来，充分体会一种温暖的闪耀。

一

童年家贫，我常赤足在山间奔跑。一次，脚底被扎入一根棘刺，很深，几乎看不见。母亲用针为我挑刺，无果。一邻居大胆，并信心满满，自告奋勇前来帮忙，结果，像小猪翻地吃花生，脚下被挑出个大坑，鲜血直流，却不见刺的踪影。

正当我痛得大叫，母亲急得团团转，一女子姗姗来迟。只见她推开众人，上前，拈起细针，定睛看了，紧紧用手捏紧有刺的部位，从远离有刺的地方下针。开始，针轻轻扎入，倾斜穿行，由表及里，像杠杆慢慢撬动。很快地，还没等我有痛感，小刺已露端倪，如小苗向外探头，长出地面。

年轻女子将小刺抹于指尖，给我和母亲看。担心扎到别人，用指甲将它掐断，放在嘴里用牙嚼烂，笑笑，露出洁白的牙齿，抹一把我的头，走了。她扭动腰肢，脚步轻盈，嘴里哼着曲儿，仿佛仙女下凡。

至今，我不知道，此女子何以身怀绝技，凭什么能如此手到擒来？她虽然只为我挑出针尖大小的刺，但给我留下深刻印象和长长的思考，以及对于世界人生的神秘感知，还有她作为奇女子的睿智与灵光。

仿佛一阵风，她不仅轻易解除我的痛苦，还留下美丽、善良、俏皮与智慧。

这可能是我对女子心怀感恩与崇拜的开始。

二

我的人生转折点要从婚恋始。之前走在崎岖山路上，之后则踏上坦途。

中学女同学后来成为我的妻子，岳父母大人则是我与女同学结识前认识的朋友，内弟则是我生命中那个时隐时现的贵人。

第一次踏进女同学家，是考完大学后无事可做。那时，虽与女同学同班，但没说过话，她也不知道，我与她父母早成了朋友。所以，当我骑自行车经 80 里的山路来到她家，女同学竟有点摸不着头脑，后来听说因我到来，她的亲戚朋友都认为，我是她父母包办的女婿，都全力反对。

最让我难为情的是，女同学对我到来并不欢迎，几乎没跟我说几句话，只出于礼节应付一下。

最值得感念的是女同学的弟弟。那时，他还是个 13 岁的少年，对我的到来不仅没排斥，反而充满善意。或许他第一次感到兄长般的珍贵，或是前世有缘，他的话不多，也没表示亲近，但明亮的眼神、白净的肤色、英俊的面庞，有礼貌的举止，对我是最好的欢迎。

当我成为他姐夫，内弟与我的感情历久弥新。多年来，我们之间从未有过哪怕一丁点争吵或不快，见面总是亲如兄弟，眼神、手势、说话等都是欢快的，像春风吹拂着柳枝，也像植物在阳光中滋荣，那是一种万里清秋、水平如镜的感觉。

前些年，我身体状况不佳，体重从 147 斤骤降到 115 斤。这让内弟着急万分。开始，我不以为意，因为在北京普通人到医院看病太难了。一次，我去医院检查血糖，竟从 7 点多排队到 11 点 30 分。内弟却以严厉的态度，迫我放下工作，全面进行查体。他先为我在山东的医院奔波，后又回到北京大医院复查，直到有天晚上，他打来电话叹息道："大哥，现在可确定你身体无大碍，我今晚可睡个安稳觉了。"我莫名其妙，问他何故。他说："这半个多月，医生一直怀疑你胆囊长东西，所以要反复核查。现在疑虑排除，我悬了十多天的心终于放下了。"听到这话，我非常感动，作为内弟，他竟悬着心悄然为我忙活了这么久！

内弟上大学时，有个寒假过后，因买不上座位，他是站着从济南回东北的。多年过去了，每当想起此事，我周身都在战栗。一是心疼他，当年是怎么站了十几小时？二是自责，那时连买个座位的能力都没有！今年春节过后，我们从家中各自踏上归途，坐在快如流水、舒服至极的高铁上，又想起往事，禁不住给内弟写了两首诗。一是："通途千里如水流，高铁远胜绿皮笼。想起站着回东北，至今心中如纸皱。"二是："转眼已过三十秋，声名远播多业功。愿君再接与再厉，心系民生雁声留。"内弟从政多年，所到之处关心民生疾苦，所以有几句勉励语。

像一棵禾苗，我需要风，他来风；我干渴，他下雨；我累了、厌了、倦了，他给我前行的动力。他就是内弟。

三

刚进大学，作为农民之子，我有些胆怯。不少同学生于城市，出身农村者不是家庭殷实富裕，就是还过得去。我则相形见绌，这从带的行李、穿衣戴帽就一目了然。那真叫一个"土"啊！

至今，还记得，我盖的被子相当单薄，冬天就必须将所有衣服盖在上面，还觉得脚冷。上衣是一件皱得不能再皱的绿军装，它小得几乎遮不住腰带，这还是姐夫当兵时穿过的，因穿了又穿、洗了又洗，已完全没了形状。脚上穿的是双破皮鞋，这还是上中学时家里破例为我买的，早已不成样子。其最明显的特点是，由于穿的时间太长，又不打鞋油，常被家人戏称为一双“绑”。所谓“绑”，即农村用带毛的猪皮自做的鞋窝窝，因皮毛坚硬和不听使唤著称。当同宿舍的同学将自己的皮鞋擦得倍儿亮，西装革履笔挺挺走路，我这个农民之子就有些无地自容，一种自卑心理也会油然而生。

后来发现，与我同室还有一位同学，他的穿戴并不比我好，尤其是脚上那双布鞋一下子给了我不少自信。加之，平时他在宿舍沉默寡言，脸也黑，毫无洋气可言，我断定其家境也不好。常言道：物以类聚，人以群分。随着我对他的关注，他也开始注意我，于是我们接触多起来，也常于饭后在校园里散步聊天。

最令我钦佩的是，这位同学有金不换的品质。他从未因贫寒困苦表现出丝毫自卑，对富裕同学更无半点仇视、嫉妒，而是像平端一碗水般对待每个人。因我们家境相当、志同道合，后来两人将有限的菜票和钱放在一起花。我们似乎知道彼此的心意，每当到食堂打饭菜，先去的那个总为对方打个好菜留着，自己吃差的。一次，未经我同意，他竟自己做主为我买来一双皮鞋，让我将那双“绑”换下来，他自己仍穿着那双布鞋。周末，我们常结伴而行，为了省钱，总是步行到济南市的书店、大观园、趵突泉、千佛山游玩，他都穿的是那双布鞋。济南的街道柳树纷披，在微风吹拂下，常作舞蹈状，也代表着我们青春的心境。此时，我分明能感到同学矫健的身姿，前后摆动的双手非常有力，被布鞋沙沙声带动的坚定步伐，还有我们的谈笑以及志在高远的坚定誓言。至今，36 年过去了，这个画面仍被定格在我心灵的屏幕上，有着青翠的格调与明快的诗意。

我一直相信前世今生之说，如果我们两人无缘，是断不会这样心心相印的。

现在，我们两个早年受苦的人，都找到一位好妻子，都有美满的家庭，这是需要真正感念的。

四

1982年，从蓬莱二中考入山东师范大学中文系的一共有四人，除了我，还有一男两女。男的姓柳，女的一姓丁，另一位女性姓戴。我与丁同班，柳与戴一个班，后来柳、戴成为夫妻，其中的缘分可谓深矣。

我们四人在节假日经常一起出游，去过大明湖，登过泰山，还在淄博实习过，所以留下很多照片和友情。那时，我们都很年轻，生命力旺盛，情感真挚，富有理想抱负，所以感情非常之好。至今还记得，我们去泰山，夜里在雨中披着雨衣偎依在一起，等待第二天看日出的情景；也记得，我们每年放假一起乘车回家的情状。还有，毕业后，我住在八里洼与丁姓女同学很近，常相往还的美好时光。淄博实习后，戴姓同学赠我两件礼物：一是黑色的陶瓷盘，上面有只褐色的牛，一朵翠鸟儿般的花朵；二是两只圆形的镇纸琉璃，上面有绿色饰品。数十年来，我自济南到北京，也搬过无数次家，这两件赠品都珍藏着。每次看到它们，都想起美好的四年大学时光，以及我们四人的友谊。

在此，我要特别说说这位柳姓男同学，他是另一班的班长，所以我总叫他柳班长。因我俩特能玩到一起，许多美好时光都是我俩营造的，青春与激情、现实与梦想、真诚与温暖，一直在我俩身上闪烁，即使现在快60岁了，也依然故我。

柳班长属于时髦潇洒、多才多艺、很招女孩子喜欢的那一类。大学期间，他最早穿喇叭裤，留自来卷长发，喜拉手风琴，尤其在女同学簇拥下，长发飘飘、一甩一甩将音乐奏得美妙动听。他还爱摄影，下晚自习后，一人在宿舍楼梯口的小暗屋里，捣鼓那些黑白照片。另外，他还愿意游玩，常去大明湖划船，与戴同学结为连理估计就是划船划到一起的。试想，那时的同班同学恋爱者少，最后能修成正果更少。他俩是我们中文系 82 级仅有的一对夫妻。

我与柳班长最契合的一点是好玩，即以不正经方式享受彼此快乐的感受。比如，晚自习后离睡觉还有好长一段时间，于是我俩就围着校园转，在操场上闲逛，天南海北胡吹乱说，有时连我们自己都感到离谱。那时，他喜欢抽烟，手指间老夹着支香烟，红光在夜间炽发，像我们的话题一样新鲜。一次，我们突发奇想，看能否在校园灌木丛中找到谈恋爱的男女，结果赶起好几对。白天，我俩还喜欢到校园外，坐在台阶上，看路上的车水马龙与人来人往，并发表自己的高见。有一回，我问："柳班长，你知道我看到飞驰的小汽车有何感想？"他看着我，摇头。我让他猜，他仍摇头。我就说："我多想用一种神力，只用两个指头——食指与中指，就可将那只得意扬扬的小汽车撬翻。"说完后，我还用手向他做示范动作。于是，我俩哈哈大笑，笑声中透出怪异与叛逆，也宣泄着青春的余力。现在想想，这一举动有些不健康，但也确实是那时的真实感受和自过嘴瘾的方式。记得，为了当律师，我们还练习嘴皮子，看谁能出口成章，说话像风卷残云一样。对俄罗斯文学中《一个官员的死》，我能以极快的速度背诵，语速之快匪夷所思，恐怕就要归功于青年时代我们的无聊与空洞。

有趣的是，我一直想从事书画创作和研究，做梦都想；然而，至今却被绊在文学的天地。柳班长正相反，当年他让我到他班给同学讲书法，别人都拿着毛笔蘸着墨汁认真跟我模仿，他却站得远远的，抱着双臂看热闹。可是，他从大学毕业应征入伍，到从旅长位子上复员转业，现在竟干起美术馆的领导，这岂不是个天大的笑话？不过，听说柳班长当上美术馆的领导后，夜以继日全身心投入工作，对书画艺术也渐渐喜爱起来。其实，柳班长非常聪明，干一行爱一行，到哪里都能跟人打成一片，将事业开拓创新出新天地。

前年回济南，我们四位老同学得以聚首。饭菜可口不说，满室的灯光与温馨气氛，似乎让整个空气浪漫起来。我们仿佛又回到往昔，那些青春岁月，有光、有色、有滋、有味，还带着难以言说的迷离以及遥不可及的五彩的梦幻。

此时，我们的儿女都已长大成人，都到了我们曾经的年纪，许多语言似乎已经多余，剩下的只有无言的静默与倾听的美好。

五

姜同学不是我们年级的，他比我低一级，中文系83级，因书法同好，我们常在一起。看那时的青春照，他与我一样，带着羞涩，透着清纯，怀着美梦。转眼间，我们都不年轻。不过，时间的流水并未隔断我们的关联。

他虽是个山东大汉，但有女性的细致和温情。在我们的交往中，他总是为他人着想，最善解人意。因为我曾向他敞开心扉，几乎无所不谈；所以，他了解我的家事最多，也成为最理解我的那个人。提起我的兄弟和姐姐，那仿佛是他自己的，言语中充满关怀、亲切之感。前些年，家人不断出事，到北京看病就医难上加难。他那时在青岛医学院，知道情况后，就主动对我说："北京路途遥远，行动不便，你就让家人来青岛看病，这里有我呢，求医看病和住宿都不用你操心！"结果他主动与我家人联系，全程服务和照顾。这样的事不止一次，他从没厌烦过，更无怨言。对于我的感谢，他总是一笔带过："你和我，谁和谁呀！"

他的记忆力超常，思绪缜密，令人百思不得其解。多少年过去了，至今提起我的家人，有的事情我都淡忘了，他还记忆犹新。像我哥哥姐姐的属相，弟弟的名字，父亲的脾气，还有我的一些朋友，包括82级两个班的人与事，他都能做到如数家珍。

不过，我这位师弟热爱书法，写一手米芾体，从其笔力雄健、金戈铁马、风姿绰约中，又可见其阳刚的一面。这是一般人不知道的，就如水一样，除了温润，还有另一种强力存矣！不过，这恐怕像太极功夫一样，那种发力点轻不示人，它内蕴于柔弱、平淡、和平之中。也如"十年磨一剑，霜刃不曾试"，不知这位老弟可曾显过雷霆之威？

我最欣赏其幽默，那种将什么都在一笑中化为乌有的智慧。他说话声调不高，未言先笑，语出惊人，似平地升起惊雷。在我们之间还有一种秘语，这在别人是没有的，也很难听懂。这样的欢乐不足为外人道。就像一个人能听懂人语，不一定懂得鸟兽虫鱼的话，更难理解花开花落甚至大地的心语。在我们之间流淌着一条不冻河，也是一种感应时令节气的心灵共鸣。比如说，我们通电话，不是因为有事，可能正是无聊，至少是由于闲得慌了。所以，他会说："你今天看天花板了？"我就说："看到阳光照在上面？"他接话问："是直接照上的，还是玻璃反光？"我说："是水，是水盆里的水折射的。"他会继续问："不是水盆里的水，就不反光了？"我说："会的，但必须是水，是静止的、一平如镜的水。"他还紧追不舍："到底是水，还是你的眼睛反光？"我会更怪异地问："是在你眼睛里，我的眼睛反的水的光。"于是乎，我们哈哈大笑起来。问题的关键是，像《世说新语》里的人物，我们通话没什么正经事，只是打个哈哈就心满意足了。其中，我们在不经意间相互激发，竟能做到妙语横生，说出连自己都想不到的话，于是我们都陶醉在自我的满足的快乐中。

有时总觉得，姜同学就是我的镜子，或者说我也是他的镜子。我们在相互映照中看到自己的形象。其间，无穷无尽的乐趣，有时在言语中，有时又在无言里。

六

长期以来，一直有件事困扰着我：人是生活在现实中，还是梦里？因为不少事似乎真实发生过，但又常令我生疑。

听村里老人说，有位老者沉溺于垂钓。一天，他心满意足坐在池塘边钓鱼，小孙子要坐在爷爷身边看，不允，他只能远站在爷爷身后看。爷爷以为孙子已离开，也不在意。突然，一条大鱼上钩，在高兴和激动之余，爷爷使劲往后一甩，结果不知道是用力过猛，还是鱼没上钩，爷爷空欢喜一场。然而，就在爷爷大失所望时，他听到身后一声惊叫，爷爷没钓着鱼，却将站在身后张开大嘴，看爷爷钓鱼的孙子钩住了——空鱼钩挂到孙子嘴里，而且是嘴的深处。

这下可把爷爷吓得半死，在爷爷声嘶力竭的求救声中，村民纷纷拥来。大家你一言我一语，谁也没有办法。因地处偏僻山村，不要说远离医院，就是到了医院，孩子还不痛死？更何况，深入喉咙的鱼钩，医生有什么办法，大家毫无把握。

正当爷爷绝望，村民无计可施，有位女子推开人群，直到孩子身边。她看孩子的伤情，问明情况，不慌不忙道："快去找根竹竿，将中间捅开。"在众人的疑惑中，竹竿找来，女人将鱼竿取下，将鱼线从竹竿一端输入，慢慢放进孩子嘴中，然后抻直鱼线，再用力拉。钓钩被拉直，问题解决了。一村人鼓掌、欢呼、啸叫。

随着年岁增长，我越来越怀疑儿时听到的这个故事的真实性，或者根本就是梦中事。不过，不论其真实性如何，它都深嵌在我心里，成为一个关于智慧、女性、爱与美的故事。

对一个人来说，知识是表面的，学问也不起决定作用，甚至思想也不像有人鼓吹得那么重要。我更看重情感与智慧，尤其是那些与生命相关的情、智、慧。在我的生命中，许多东西都可像扫尽落叶般不足珍视；然而，那些刻在心灵的约定却是永远的，就像留在记忆中那些稚嫩的童音和永恒的青春一样。

刊于《广州文艺》2019年第9期

屠岸温润亦刚强

阎 纲

扫除腻粉呈风骨，褪却红衣学淡妆。

“诗歌是人类灵魂的声音”，诗是“我的教父”。

屠岸老师走了，《瞳孔》的诗句音犹在耳，瞳孔里浮现出人类的爱，那么慈祥，那么甜蜜。

屠岸老师走了，神色坦然，享年 94 岁。

屠岸是诗人，说“诗歌是人类灵魂的声音”，说诗是“我的教父”，可他不仅仅是诗人啊！屠岸慈眉善目，乍看是文弱书生，再看是会思想的芦苇，满腹经纶的通才达人。

渐入暮年，大儒般的屠岸金刚怒目，阴柔之美与阳刚之气相得益彰。

屠岸是我 50 年代就很敬重的人，举止文雅，彬彬有礼。我与他同住城北和平街，同一个文联大楼上班，常常见他和章妙英手挽手上下班或者散步，儒士风度兼有西洋礼仪，我辈好奇又羡慕。

屠岸童年就背诗、吟诗，“吟咏唐诗就像唱山歌一样”，我国至今能吟咏者，唯文怀沙、屠岸诸公耳！屠岸学问弥深，写格律诗，又写自由体诗。而且译诗，是高水平的翻译家，翻译过莎翁的十四行诗，引进济慈灵府之唯美。他中译英何其芳的《花环》，其神韵旋律之美让人叫绝。作诗难、译诗难，戴上脚镣跳舞更难。他发表在《文艺报》的《译事七则》足见其用心精微、造诣之深，他把“信达雅”提升到相当高超的形式美。

他是诗评家、戏剧评论家，也写小说评论。他还是老黄牛一样无私奉献的编辑家，大处着眼，出版了多少“不大合时宜”者的作品集啊！又是小处着手，终审书稿一丝不苟，不放过一个错别字，我劝他留给责编齐清定，他说成习惯了，不改眼睛难受。在主义之上他选择良知，是个理性的人道主义者，爱妻子、爱儿女、爱人，诲人不倦，爱一切力求上进的文学青年。

1982 年，我的《小说论集》出版，屠岸一时性起，撰写了将近六千字的长文《热情和义愤的喷发》，在《读书》杂志上发表，后来被责任编辑作为《文坛徜徉录》的序言。知遇盛情予我自然是受宠若惊，但我把它当作屠岸视诗歌为“教父”的“诗的宣言”。

屠岸梦寐以求的“当代诗”“不是周颂，而是国风和小雅；不是宋玉，而是屈原；不是王维、储光羲，而是杜甫、白居易——不是白居易的后期”。也就是鲁迅所说的“热烈的好恶”。君不见“热情”加“义愤”喷发出了诗人的气质吗？也就是“评论诗的历史责任感和诗人的时代激情”。

屠岸发现年轻诗人小山之后，深表关切，通过手写的信函彼此交往多年，切磋琢磨，教学相长。屠岸于 2005 年出版“中国现代诗名家集萃人文诗丛系列　珍藏版”《那拉提诗篇——小山世纪诗选》。

2006 年，屠岸慨然为小山出版的长篇散文《圣经中的女人》一书（著名油画插图本）作序，序言充满对神的敬畏和对人性美的礼赞。他表扬诗人小山从《圣经》的众多女性中选出十多位自成系列出版，十分独特，史所罕见。作者以诗性的文笔倾注丰富的想象力，发挥道德批判的功能，展示女性的人性美，抒发自我人生的感悟，智慧与愚昧相交织，品行与天性相抵牾，有些词句太美丽、太精彩了，全都汩汩地从心底流出来，最后完成玛利亚从人性到母性的营造。

83 岁高龄的屠岸视诗为“教父”，并以“圣经爱”自律的老者之心细读小山“圣经中的女人”，写下散文诗般美的序言，足以见其对年轻诗人孜孜教诲之用心。

他喜不自禁，撰写《析小山的诗〈火山是怎样爱〉》，短短的千字文说理透辟，本身就是一首诗：

小山的诗具有独特的品格。诗人不写水，不写火。她写火山。她把水与火的意象，融于同一首诗中。爆发如火，静默又如凝固的“水”。水是流动的，火是跃动的，火山却是静止的。

奇妙的是：“我的心脏 / 是一颗冷却的五彩矿石”，“另一颗宝石就在我心脏的旁边 / 两颗心喁喁私语”。两颗心在私语，回忆着爱的爆发，爱的奔流，爱的交融。私语如水浪，似嵌在腰部的河流中；私语如火花，已凝结在岩石的固态里。是回顾？是赓续？是遥瞻？龙卷风掀天撼地！

我也没有忘记，屠岸还是位爱画如命的画家，从青少年一直画到耄耋之年。

屠岸精通古典文学、现代文学和英语文学，古今中外文化、文言白话英语一概为我所用，都在他身上完美地积淀和发酵。然而，他虚怀若谷，谦恭下士，不整人，是个不大像有些领导似的共产党员，被人民文学出版社公推为“模范党员”。

诗贵风骨，兴观群怨，自由抒发，中国诗歌最重要的传统是“怨”——“诗可以怨！”文学根于爱，无怨则无爱，正如鲁迅所说：“在现在这‘可怜’的时代，能杀才能生，能憎才能爱，能生与爱，才能文。”屠岸虽不是猛士型的诗人，却也明白憎其所应憎，爱其所当爱。大爱必有大憎，屠岸是大好人，但不是老好人。

女儿去世，我写了《我吻女儿的前额》，屠岸很伤心，安慰我。拙作《美丽的夭亡——女儿病中的日日夜夜》出版，送屠岸和他的女儿作纪念，他回我一信：

……书中写尽人间的至情至性，催人泪下。我女儿章建读了您的书，感动，激动，以至心灵悸动！

由您的书名，我想起何其芳的一首诗：

花　环
——放在一个小墓上

开落在幽谷里的花最香，
无人记忆的朝露最有光，
我说你是幸福的，小铃铃，
没有照过影子的小溪最
　　清亮。

你梦过绿藤缘进你窗里，
金色的小花坠落到你发上，
你为檐雨说出的故事感动，
你爱寂寞，寂寞的星光。

你有珍珠似的少女的泪，
常流着没有名字的悲伤，
你有美丽得使你忧愁的
　　日子，
你有更美丽的夭亡。

您的书名《美丽的夭亡》，与何其芳的这首诗的最后一行“你有更美丽的夭亡”，我想该是巧合。

祝阎荷在天国安息！

屠岸也有女儿。当我联想到他自杀倾向的一段文字时悲愤欲绝。

在“反右”的压力下，屠岸罹患焦虑症，“文革”乱起，他不想活了。跳楼吧，形象不好；投水吧，护城河水浅，最终选择了上吊。“我已经把脖子伸到绳套里试了试，但我最后没有死，因为我看到我 4 岁的女儿、我最宠爱的小女儿她看着我，她不知道我是在寻死觅活，她看着我的眼神里充满了依恋，我感到她很爱我，我不能走，不能让她当孤儿。”“我也怕死，但我遭受的精神侮辱太厉害了。人格全部扫地。那时，死亡对于我来说是亲切的、甜蜜的，我想要去追求它。”像达摩克利斯剑一样悬在头顶的精神虐待，不论是他虐还是自虐，都远远超越了皮肉之苦。此刻，也只有恐惧达摩克利斯剑行将掉落的紧急时刻，便渴望自杀。他“想到死神，就有甜蜜的感觉。可是我不能去追逐甜蜜，我还要继续忍受苦难”。

读到这些地方，我真正理解了父女之情，真正理解屠岸对我的理解，相拥同一哭。

历经世乱、两次“自杀”，屠岸挺过来了，比鲁迅健康，比托尔斯泰命大。思维敏捷，生活规律，不生闲气，每日坚持七小时工作，文章老更成，无韵之离骚，诗意盎然。屠岸这样奇缺的人才终于被保护下来，国家之幸、文苑之幸！

愈到后来愈深沉、愈精到。

试观文苑诸老者，或因贪赃枉法而怒起，或因劫后余生而苟活；或因贫困羸弱而鼎新，或因明哲保身而慎独。扶危济困者有之，怡神养气者有之；积极进取者有之，发挥余热者亦有之。

屠岸似乎着意于先贤的精神、名士的情分、学者的气度、大家的风骨，温润亦刚强。

屠岸是高水平的翻译家。他在1945年日本投降前半个月，把《花环》译成英文。写道：

何其芳的这首《花环》，是一首半自由体的格律诗，每行顿数不一，有的四顿，有的三顿，有的五顿，逢偶行押尾韵，韵式为 aaxa xaxa xaxa。我的英译遵循了较严格的格律要求，每行都是抑扬格五音步，韵式是 abab cdcd efef，都是交韵。内容也遵循“信”的原则，只是第二诗节第二行“金色的小花坠落到你发上”，英译成：Threw their gold blooms to kiss your cheeks so bright（“落下金色的小花亲吻你亮丽的双颊”），把原来的含意做了一些调整。

作诗难、译诗难，戴上脚镣跳舞更难！我对屠岸诗性的修养和译诗的高见感佩不已，望其丰赡精确的文字功力，更加深了对他的仰慕之情，便匆匆致书，表达我两层意思：一、欲得其神韵，唯全心地投入文本的内里，感受情绪的意蕴；二、体会其把如梦如画的《花环》汉译英时经营的苦心，特别是把“信达雅”提升到非常高超的形式美。

收我信，何其芳的《花环》又勾起他一段诗旅之忆，他回我一信，很美，颇有理论的光彩：

阎纲吾兄：

大函奉悉，已经拜读。

多蒙奖誉，其感惶愧。

《文艺报》的《译事七则》等，仅一得之见。吾兄虽不从事翻译，但深谙文艺理论三昧。诚盼批评匡正，不吝指谬。

何其芳诗《花环》，洵为佳构。何早年诗作如《刻意集》及与卞之琳、李广田三人合集《汉园集》，诗风柔韧、缠绵、温煦、浪漫。曾被讥为“小资”。何后赴延安，特别是参加文艺座谈会，聆听毛泽东讲话后，诗风转变，接近工农兵，歌颂新社会。新中国成立后，参与创建中科院哲学社会科学部（后改社科院）文学研究所，任所长，致力于文学理论的研究，撰写理论文章，对中国的马克思主义文学理论之形成与发展，作出重要贡献。当年我奉命撰写批田汉文章，情绪抵触，思想涩滞，文不成篇。上峰曾让何修改或另写，何始终不改一字，顶多说两句不着边际之语，他肯定有自己的看法。其芳同志于65岁时因病逝世，令人十分惋惜！何在文学理论上有卓越贡献，但我记忆中至今印象深刻者仍是他早年的诗作，如《花环》，尤其是“美丽的夭亡”这样美丽的诗句。

我有一本黑色封面的簿子，是20世纪40年代初我读大一时购得，用来抄录我喜欢的诗歌作品，至今保存。上面就抄录了何其芳的诗《预言》《多候病》《罗衫怨》《秋天》《花环——放在一个小墓上》《关山月》《休洗红》《脚步》等八首……不，还有《欢乐》《昔年》《梦歌》《爱情篇》《祝福》《赠人》《圆月夜》《夜景（二）》《扇》《风沙日》等九（十）首，加上前面的八首，我抄了十七（八）首。当年我对何其芳的诗确是十分喜欢。但也不盲目崇拜。我抄这些诗时是1945年4月。我在抄录后还写下我的评语，我说：“何其芳诗作的特点，是把抽象具体化、色彩化（散文也是如此）。但有些太过于雕琢了，他的塑像太现实了，反把情绪的不可捉摸性丧失。譬如把他的《祝福》和王汶的《苜蓿》一比，就立刻可以分辨出不同来。”虽然如此，我对“美丽的夭亡”仍然倾心。真没有出息，我只能一辈子“小资”了！

祝福寿康宁！女儿建感谢您的关爱。

屠岸

2013.8.13

这，就是“内里”，就是“神韵”，就是“情绪”，就是“意蕴”——诗的艺术、诗的审美。

中国历史走了一段大弯路，一番轰轰烈烈的胡闹之后，再回过头来重温何其芳对爱的追求，以及为爱而忧伤的形式美，别有一番滋味在心头。

白桦的长诗《从秋瑾到林昭》流传，小引是：

> 天上的父啊，原谅他们吧，他们不知道自己在做什么。
>
> ——十字架上的耶稣

惊世骇俗的诗句有：

> 除非是让我死，
> 不，即使是死，我也不会
> 　　忘记你，
> 我的灵魂会把记忆交给
> 　　悬崖峭壁，
> 以化石的方式留传后世。

2009年，屠岸读到白桦的长诗后，怒火中烧，写道："中国新诗当前出现双轨现象。颠覆英雄，颠覆崇高，甚至颠覆语言，成为时尚。下半身写作，口水诗、垃圾诗，不断冒出来。"进而呐喊："《从秋瑾到林昭》是当前诗坛上出现的一首闪耀着炫目的思想光辉和艺术特色的难得的杰作！是中国新诗的脊梁之作！有这样的诗作，中国新诗不会灭亡！这样的诗作，使我们听到了中国新诗的先声！"

痛极而言之："《从秋瑾到林昭》所代表的是中国知识分子——中国人的最高良知，是人类灵魂的最终颤动。""作为一名读者，如果他的血还有一点热度，如果他的心还有一点红色，那么，他读这首诗时，就不可能不流眼泪，不可能不思考，不可能不自省。"话说得很重，鸣叫之大胆，力度之强劲，情感之激越，岂止是面对诗坛。

这是屠岸金刚怒目的一面，是很容易被人忽略的一个重要方面。他积怨很久很深但不激烈，因为他是大儒、博大的人道主义者，讲宽恕，不伤生，期待人的忏悔和自赎。

2010 年，三联书店推出屠岸的《生正逢时——屠岸自述》，是兼有思想深度、学术深度和人性深度的真确记忆，是历史的延续又是历史的新发现，是个人心灵史又是正史之外不可多得的文坛野史，夫子曰："礼失求诸野。"

总之，不论是中国传统道德的温柔敦厚、文以载道、怨而不怒、敬惜纸字，以及谨守做人的本分，还是西方文化的敬畏神明、赞美仁慈，颂扬对苦难的忍耐、对拯救的祈求、对人格的尊重和对自由的向往，以及五四以来德先生、赛先生和个性解放的传统，都在屠岸的身上得到较完美的体现，造就他成为灵肉绝配的通才达人。

有道是：一生唯谨慎，大事不糊涂；为人恭谦让，作诗真善美；古今中外皆备我，修得诗家老更成。

怎么"修"？内修！正好同所谓的外在呈现所源于的"内在修为"相契合，亦是心形炼极所现之象，言近旨远，既有深厚的造诣，又有高尚的情操。在《生正逢时——屠岸自述》里作者全面解密，他引用鲁迅的话示意说："倘要论文，最好是顾及全篇，顾及全人，顾及他所处的社会状态，这才较为确凿。要不然，是很容易近乎说梦的。"《生正逢时——屠岸自述》提供了传主全人、全过程的面貌和心理，成就一部完整的心灵史。

屠岸走了，心香一炷，为老师敬燃。

雪里梅花，道德文章，先生之风，山高水长。

刊于《北京文学》2019 年第 12 期

沁源绿

杨晓升

森林是大自然的名片，绿色是这张名片最耀眼的底色。

人类生活最初依托于森林，进而离开森林走向更广阔的原野，开拓更崭新的疆域。而在获得日新月异发展和生活富足的今天，人类又开始回望绿色，向往森林。我也一样。

此刻我就置身在国家森林公园、山西沁源县灵空山的原始森林深处，眼前植被茂盛，草木葳蕤，空气清新，鸟叫虫鸣。参天的古木将灿烂的阳光和湛蓝的天空切割成无数炫目的碎片，宛若天安门国庆大典的礼花正在高空纵情绽放，那绚丽的色彩和光晕令人目眩。我不由得闭上眼睛，贪婪地做着深呼吸，一次次让清新的空气和负氧离子冲洗自己的肺部，几近陶醉，思绪也不由自主飘至远古年代。

人类的祖先，依赖森林栖息、取食、劳动，甚至用来作为防御敌人（其他动物）进攻的场所。树叶蔽身，摘果为食，茹毛饮血，钻木取火，刳木为舟，构木为巢，弦木为弧，剡木为矢，森林成为人类繁衍进化的发源地。

人类在脱离森林后的社会生活中，仍然依附于森林资源，从中攫取森林财富，并依赖于林业创建了人类社会的文明。然而，人类对森林与大自然无节制的掠夺，也使森林资源枯竭的危机与日俱增，由此带来的危害正不断惩罚着人类自身。大规模的城市化开发，当代人对自然资源的过度掠夺和对物质生活的过度消费，城市里密集的人群，拥挤的交通，喧嚣的市声和日渐污浊的空气，每日每夜无不刺激着人类的神经，逼迫着越来越多的人渴望绿色，向往森林，回归自然，返璞归真。

是啊，如今久居都市的人们，谁不想感受大自然绿树簇拥、花草环绕的美景？谁不希望能尽情呼吸森林里清新的空气、醉人的芬芳？

以森林为代表的绿植对人类的好处，如今已经众所周知。

据科学测定：每 667 平方米的树林每天能吸收 67 千克的二氧化碳，放出 49 千克氧气。每公顷森林每天吸收 1000 千克二氧化碳，产生 730 千克氧气。每公顷绿地每天吸收 900 千克二氧化碳，产生 600 千克氧气。一个成人每天需放出 0.9 千克二氧化碳，消耗 0.75 千克氧气，每人约需 10 平方米的绿地。树木覆盖的地面比裸露地面减少粉尘 20%。每公顷杉林每年可吸附灰尘 36 吨左右。长期在森林中生活的人，很少患支气管炎、哮喘、肺结核等疾病。绿色植物不仅可以吸收、过滤放射性物质，而且还可消除生活中的噪声。实验证明，有树木的地区噪声比无树木的地区可减少 10 分贝以上。70 分贝噪声通过 40 米宽的林带，可降低 15 分贝。生理学则提示：人在森林、花卉丛中静养，可以神清气爽，精神放松，心率减缓，血压、体温均相应降低，其综合效应可使人的寿命延长……

——森林如此有益，谁不向往森林呢？

可反过来问，谁又能愿意远离都市、长期隐居于偏远的森林呢？

这是一对矛盾，对任何一位现代人来说，恐怕多数人都难以做出两全其美的选择。但无论如何，现代人对绿色的向往，如今已经逐渐成为生活中的潮流与时尚。

绿色是森林的底色，也是春天和生命的颜色。它象征着生命、复苏、活力、健康、平衡、和平与和谐。正因如此，古往今来，古今中外，无数的文人骚客是那么的钟情绿色，讴歌绿色。

单说唐诗的鼎盛时期，众多的诗人就争先恐后推崇过绿色，赞美过绿色。贺知章有《咏柳》：“碧玉妆成一树高，万条垂下绿丝绦。不知细叶谁裁出，二月春风似剪刀。”高骈有《山亭夏日》：“绿树阴浓夏日长，楼台倒影入池塘。水晶帘动微风起，满架蔷薇一院香。”裴迪吟出《辛夷坞》：“绿堤春草合，王孙自留玩。况有辛夷花，色与芙蓉乱。”杜牧更是赋出《江南春》：“千里莺啼绿映红，水村山郭酒旗风。南朝四百八十寺，多少楼台烟雨中。”……

提起绿色，人们或许首先会联想到江南春色，内蒙古草原，大兴安岭郁郁葱葱的森林，恐怕很少人会将绿色与印象中黄土裸露、尘土飞扬的山西联系。然而，假若你有幸深入太岳山东麓的沁源，将会改变成见，因为那里有山西最美最炫的一大片绿。

沁源也即沁源县，隶属于山西省长治市。地处山西省中南部，太岳山东麓。沁源县森林覆盖率超过 56.7%，居山西省之首，是全国“油松之乡”，沁源也因此被誉为山西最绿的地方。

2019 年 5 月底，正值山西的初夏时节，我随中国作家看沁源采风团，平生第一次来到沁源。

沁源县为沁河的发源地，因沁河而得名。沁河为黄河的一级支流，属山西省境内第二大河流，仅次于汾河。沁河的主要出水源是王陶乡河底村后的二郎神沟。因沁源县境内多处有源泉涌出，不断汇聚壮大了沁河，因此沁源县有沁河六个源头的说法。

真正置身于森林的时间只能是短暂的，我也一样。

此刻，我徜徉在灵空山的密林深处，心旷神怡，流连忘返。萦绕在我身边的，依然是鸟语花香，蝉叫虫鸣，无数的树木像好客的主人争先恐后列队映入我的眼帘，不时向我微笑致意。

姓焦的护林员是一位黝黑瘦小却精明能干的中年汉子，他指着身边的树木如数家珍：我们这一带的天然林以油松为主，最有名的古油松是九杆旗，树龄近千年，已经载入基尼斯世界纪录。其他的树种有白桦、山杨、漆树、槭树、山柳等等，多着呢。仅国家珍稀濒危保护植物就有五种：胡桃楸、野大豆、刺五加、水曲柳、无喙兰。省级濒危保护植物有八种：漆树、膀胱果、刺楸、流苏树、锦带花、党参、桔梗、文冠果。山林里的野生动物也很多，有褐马鸡、野雉鸡、戴胜、苍鹭、狍子、野兔、山猪、刺猬、獾子、狐狸、豹猫、金钱豹等珍禽异兽。其中最有名的是褐马鸡，是国家一级保护动物。

姓焦的护林员这么一说，我们都来了兴致，纷纷问哪里能见到褐马鸡？护林员说了声稍等，便快步穿越树木向山坡下走去，手里还假装抓着饵食四下寻觅，试图将褐马鸡引过来。我们很好奇，都小心翼翼、伸头探脑地跟在他后面，渴望能一睹褐马鸡的真颜。焦护林员边走边介绍说，他平时给褐马鸡喂食，就是这么招呼它们的，褐马鸡往往会成群结队而来，最多的时候会来一二十只，它们已经与他成为朋友。

我们一行被吊足了胃口，数十只眼睛齐刷刷跟着他的身影，四下里不断寻找着褐马鸡的踪迹。但就像世间的许多事情一样，往往是你希望越大，失望也越大。或许是褐马鸡生性腼腆，也怕人多的缘故，焦护林员找了一会儿，四下里均不见褐马鸡的踪影，大概是褐马鸡听闻森林里忽然间来了这么多人，早就躲得远远的，故意跟我们捉迷藏吧。焦护林员有些歉意，但为弥补我们的遗憾，他掏出手机找出褐马鸡的照片和视频，甚至还调出手机里的录音放出褐马鸡鸣叫的声音。褐马鸡的叫声清澈悦耳，再看看它的照片和视频，红脸被白色羽脖围绕、映衬，小眼睛宝石般明亮，色彩各异的羽毛和孔雀一样五彩缤纷的长长羽尾，使它整个儿看上去如公主一般，举止优雅，气质高贵，不愧禽中珍品，沁源珍宝。

没能目睹褐马鸡真容，我们有些遗憾，毕竟这是灵空山的动物珍宝。此时我们不由记起焦护林员介绍时说到的沁源植物珍宝、近千年的古油松九杆旗，纷纷嚷着去看九杆旗。

穿过密林，沿着曲折蜿蜒的山路小道，我们来到灵空山圣寿寺后面的须眉山顶。山顶的岩崖处，一株粗犷高大、气势雄伟的古树鹤立鸡群，赫然耸立在我们眼前。那粗大的主树干拔地而起，半腰即派生、分叉出九支方向不同的树枝，雄赳赳地向天空挺拔。及至高处，茂密的枝干松针高傲地四下展开，宛若甩出九面随风飘扬的猎猎旌旗，九杆旗因此而得名。九杆旗实际是一株古油松，2004 年 6 月，上海大世界基尼斯组织实地勘测立碑，碑文如此记载：“树龄600年，胸径1.5米，高45米，树冠幅34.6平方米，立木材积48.6立方米。”如此看来，九杆旗确实是名副其实的“油松之王”，因而载入当年的基尼斯纪录。即便如此，当地人认为基尼斯的记载有些保守，沁源县文化旅游产业发展有限公司2018年夏编撰的一本《灵空山》，书中的文字记载却显示：“九杆旗树身通高50余米，主干直径1.6米，树冠冠幅70余平方米，木材蓄积量近50立方米，树龄大约在800年以上，是中国油松中最壮观最奇特的巨松。”九杆旗古油松一树成林、独树一帜，近千年来它像灵空胜境中的森林领袖，守望森林，俯瞰万物，向宇宙苍生昭示着生命的珍贵与传奇。

在灵空山的森林防火瞭望台，我们登高望远，目光所至，灵空山松涛呼啸，绿浪翻滚，方圆数十公里，漫山遍野仿佛披着一张巨型厚重的绿色地毯，被无形的巨人不断抖动。在山西的土地上，这确实是一片难得一见、超乎想象的翠绿，这片源于灵空山森林的翠绿，绿得葱茏，绿得威武，绿得壮观，绿得耀眼，绿得意气风发生机勃勃。

数百年来，这片沁人的翠绿滋养着沁源的土地，涵养着沁源的万物苍生，同时也浸润着沁源人民的性格与心灵，培养着他们勤劳勇敢、坚忍不拔、爱国护家的家国情怀。

史书记载，沁源这片绿色的土地历史上也曾无数次遭受过外敌的入侵、洗劫与蹂躏，沁源人民也因而无数次经受过血与火的考验。但沁源的朋友不无自豪地告诉我，沁源历史上从未出过汉奸，即便在最惨烈的抗日战争时期也是如此，这在全国几乎绝无仅有，可以说是一个奇迹，也几乎令人难以置信。

当地的史料白纸黑字，有着明白无误的记载：沁源是中国唯一一个没有出过汉奸的县份。在抗日战争期间，沁源人民付出了极大的代价。他们弃家别舍走入深山，把日军陷入一个“没有人民的世界”里，实现了“谁是最后的顽强者，谁就是最后的胜利者”。仅有8万人口的沁源，1万人被日军残杀和俘走不知下落，还有1万人参军或随军南下，成为新区的开辟者和新中国的建设者，但却创下了一项前所未有的纪录，沁源人，抗战时期硬是没有一人投敌当汉奸。

当年延安的《解放日报》也发表《向沁源军民致敬》的社论，指出从日军占领沁源的那天起，敌人天天受到沁源军民的打击。“沁源，成了日寇坚甲利兵所攻不下的堡垒，成了太岳区的金城汤池。”“模范的沁源，坚强不屈的沁源，是太岳抗日民主根据地的一面旗帜，是敌后抗战中的模范典型之一。”了不起，沁源人，抗日不屈的精神高地，中华民族的忠骨脊梁。

史料同时记载：抗战时期的延安《解放日报》，对沁源军民浴血奋战英勇抗日的报道竟然达到了百余篇，由此可见抗战时期沁源人民的壮举在全国抗战中的贡献与位置。

沁源人不屈的民族精神，还感染了万物生灵，他们像沁源人民一样葆有绿色健康的心态和感天动地、可歌可泣的家国情怀。

在全国重点文物保护单位太岳军区司令部旧址，沁源的朋友指着门口的一株高大杨树，不无自豪地说：“这棵也曾经历抗日烽火的杨树，当年一直守卫着太岳军区司令部，与抗日军民一样精忠报国。”说着他随手捡起树底下的一支小树枝，“咔嚓”一声折断，指着横截面指给我看：“您瞧瞧上面是不是有一颗五角星？”我将信将疑，凑近却发现，树枝的折断面果真镶嵌着一个五角星。五角星虽然不是红色而呈浅绿色，但这已堪称奇迹。五角星其实是杨树枝的木质部分，木质是树木的吸水器官，木质被折断处呈五角星形状，我确实闻所未闻，更从未见过。看来宇宙万物，天地良心，心心相印。人间世事万物，得道多助，失道寡助，公道自在人心，正义必将战胜邪恶。当年国难当头之时，沁源人民不畏强暴，英勇杀敌，保家卫国，就连杨树都与沁源军民同仇敌忾，同心同德。冥冥之中，莫非是公道天理对这片绿色土地的天然守护？

拥有光荣革命传统的沁源人如今也与全国各族人民一样，奋斗在文明富强、民族复兴的现代化征途中。

历史上，沁源除了拥有傲人的绿色资源，同时还拥有丰厚的矿藏资源。迄今为止，沁源已发现的矿藏有 18 种，储量大的有煤、铁、铝矾土、石灰岩 4 种。煤炭总贮量 128 亿吨，可采贮量 90 亿吨，是全国重点产煤县、山西省主焦煤基地县。铁矿总储量 5800 万吨，铝矾土储量 1.5 亿吨。改革开放 40 多年来，丰厚的矿藏为沁源经济的发展提供了强大的支撑。截至 2018 年末，沁源县实现地区生产总值（GDP）122.97 亿元，人均地区生产总值 75099 元，在山西全省 119 个县（市）中位居前列。然而，再丰富的资源，若只顾无休止开采，也总会有枯竭的时候。日渐富裕的沁源人在不断审视、反思、选择……

如今进入新时代，沁源也与全国各地一样，秉持绿色发展的理念，坚定不移实施产业调整、生产结构转型。沁源这片绿色土地，如今到处都在实施乡村绿色振兴战略。沁源近年来因此也曾获“中国最具投资潜力中小城市百强县”“中国生态魅力县”“中国深呼吸小城 100 佳”“全国森林示范县”等称号……

在位于沁源东北部的交口乡长征村，我亲眼看到他们正在打造的“三园”（果园、花园、药园）和“三谷”（绿荫谷、生态谷、康养谷）。这是一个绿色突出，特色鲜明，充满生机与希望的村庄。在该村村头矗立的那幅《沁源合欢生态谷》平面布局图，其中一些地标极富特色的创意名称就很吸引眼球：芍药园、拈花园、撒欢乐园、孙思邈文化园、百草禅意馆、百香云水间、梨花醉观景台、药王文化广场、百草茶加工车间、植物纯露提取车间、寿比南山禅修静养中心、“沁兰舒”天然植物护肤品体验馆。更多的还有各种中草药名字命名的花海，如柴胡花海、黄芪花海、连翘花海等等。该村村主任不无自豪地介绍，他们村仅中草药就达 600 余种，是名副其实的中草药村。

俗话说靠山吃山，长征村靠中草药致富，既突出本村产业特色，又绿色环保，重要的是向四面八方的患者输送健康，造福于民。在该村沁源县连翘产业协会，办公室二层的护栏悬挂着这样醒目的巨幅标语：“村有特色产业，户有致富门路。”我不由赞叹，该村的发展真是知己知彼，号准自己的脉了！

而如今的沁源，因地制宜，正致力于发展绿色农业、特色产业和生态观光旅游的乡村比比皆是。我亲眼见到的这类乡村，还有岭上村、龙头村、黑峪村……

如此看来，绿色不仅是森林的底色，如今也是沁源经济发展的底色。绿色为沁源赋予了优美良好的生态，由此也为沁源奠定了发展生态旅游、绿色农业和以开发绿色产品为导向的特色产业。这既是大自然对沁源的恩赐，也是沁源人民在新时代的正确选择。

花坡，是沁源除森林之外的另外一张绿色名片。

花坡位于沁源县西北部王陶乡，是沁源县一处著名风景区。这里平均海拔2000米至2835米不等，山坡平缓无崖，林木稀少，遍地生长着矮草类高山植物，是华北境内极为罕见的亚高山草甸、天然的优良牧场，面积蔓延万余亩。山顶坡度平缓，呈馒头形。据悉每年春、夏、秋三个季节，各种花草适时盛开，五颜六色，争奇斗艳，犹如花的海洋，享有“天然花园”之美誉。相传隋朝末年，唐王李世民率军路过此地，见万紫千红，不禁随口说道：“好一个花坡！”花坡由此而得名。

我们慕名来到花坡，爬上花坡。

时值初夏时节，花坡下的沁源大地已是热气渐升，各种植物长势渐盛，绿色沁源已经呈现生机勃勃、绿荫葱茏的景象。而此时的花坡虽也天高云淡、阳光普照，却凉意未尽，厚厚的草甸仍睡眼惺忪，懒洋洋地或闭目养神，或伸着懒腰打着呵欠，漫不经心地驱赶着身上的懒意和冬的气息。花坡的草甸，又密又厚，或柔或梗，踩上去，几乎深至膝部，宽厚柔软得像覆盖于山坡上的巨型棉垫。此时的草甸虽然大都仍呈暗黄色或黄灰色，但毕竟夏天已经来临，或绿或黄，或红或紫，或白或粉的花草此刻已经不甘寂寞渐次开放，探头探脑四下顾盼，好奇地打量着天空与大地。放眼望去，巨型的草甸在蓝天白云和灿烂的阳光映衬下，如一幅工艺精美、制作优良的巨幅锦绣，熠熠生辉，美轮美奂，光彩夺目。

我忽然意识到，眼前这一幅花坡的美好图景，不也象征着绿色沁源未来的美好前景吗？

刊于《青年作家》2019 年第 8 期

去株洲，为秋瑾安魂

刘兆林

能不去株洲？2019年5月，如孙悟空一连两个筋斗，我便从大东北辽河之滨，飞抵一向流淌新风良俗的湘江畔。方圆上百公里的老工业基地株洲，至今安寝着炎黄始祖炎帝。新中国开国领袖毛泽东，最早开辟的革命根据地，重要组成部分也在炎帝安寝的炎陵县，他老人家的出生地湘潭，离炎陵很近！

说这些似乎有点离题，其实并不离。我去株洲，是为巾帼英烈秋瑾安魂的。行前，我已用意念无数次在心头写过“千秋一瑾”。传书有载，1907年7月15日凌晨，刽子手手起刀落，就已宣告革命志士秋瑾永远32岁了。这位永生了的巾帼英雄，是在浙江绍兴刑场被反动清政府杀害的。当夜，虽已停止呼吸但英魂却不肯离体的女杰，被同志冒死买动只认钱不讲良心的刽子手买下她的遗体。须知，她体内，仍附着虽已停止呼吸，但仍不肯离去的魂，那是延续着千年炎黄子孙灵魄的大美之魂！她曾有愿，死后最想与民族英雄岳飞之墓相望。所以，她的莫逆同道们，绝不忍自己战友尸身抛掷荒野，或被刽子手辱埋于乱葬岗。于是，一条凝满悲愤的乌篷船，在夜色掩护下，秘密驶往绍兴府卧龙山西北麓，潜伏般暂时掩葬了。此处离岳飞墓不远。当时，肯定是没有哀乐和迎魂灯的！但我想，离此不远的岳飞之魂，会为秋瑾吟一遍他的《满江红·写怀》吧？三个月后，其坟又被偷偷迁至绍兴府鉴湖亭山山麓，稍稍离岳飞墓近了一截。1908年2月，秋瑾灵柩仍是被秘密移葬至西湖边的西泠桥下，这里已能与岳飞墓别别扭扭地相望了，虽不十分理想，也算遂了秋瑾之愿，但不久便被清政府觉察。1908 年 12 月，秋瑾的同志们不得不偷偷又将其坟迁回原址。迁坟的同志们被清政府逮捕了，但在狱中得知反动政府还要掘墓毁坟，又密商迁墓至湖南湘潭双峰山附近，依当地风俗与她生前最不志同道合的腐败官吏丈夫合葬，这虽有违烈士夙愿，但能掩人耳目，较为安全。直到辛亥革命胜利后的 1912 年夏，秋瑾遗骨才从与丈夫的合墓中，独自迁葬至长沙岳麓山下。1913 年秋，是新创建的国民革命政府，把孙中山极为赞赏的秋瑾女杰之坟，豁然雕了“秋瑾烈士墓”，迁至杭州西泠桥西，这已是第七次迁葬。而最能让炎黄女杰遂愿的安葬，是中华人民共和国诞生后。先是 1965 年将“秋瑾烈士墓”迁往离西湖不远的杭州鸡笼山麓，西泠桥西。但最终的第九次迁移，是改革开放新时期的 1981 年 9 月，秋瑾遗骸，终于被安葬在她最渴望之地：杭州西湖孤山南麓，西泠桥东。东与西，一字之差，却可令烈士遗愿尽遂了。桥东是尽可望透岳飞墓的最佳角度，秋瑾之魂，可以千秋万代地安息了！

但是，炎黄子孙的大家庭，该让自己最优秀儿女之魂，安进中华大地的千家万户每个人心啊！而今天，新中国，已进入中国特色社会主义新时代。再次旧貌换新颜的株洲，又发生历史性巨变。如今，京广南北铁路大动脉，和沪昆东西铁路大干线，在此交汇，株洲已成为全国客货运输特级站、全国重工业基地返老还童重点区。曾诞生过新中国第一辆电力机车、第一台航空发动机、第一枚航空导弹、第一块硬质合金等等中国工业史上 200 多个“第一”的综合性重工业区，还被誉为“中国动力谷”“中国电力机车之都”。开放性和包容性极强的株洲，与 168 个国家和地区有贸易往来，已吸引 80 多个世界 500 强、中国 500 强大型企业落户，成为国家级文明城市、森林城市、园林城市、卫生城市、交通管理模范城市。株洲人民的生活从来没有像今天这样富裕。于是，株洲人民和政府，不由共同想到：一方没栖息过伟大灵魂的土地，文化土层岂能深厚？栖息过伟大灵魂，却不被足够尊敬的土地，岂能生出美于先前的新花果？伟大的秋瑾烈士，曾在株洲石峰山谷安过一个家呀！而且是她最美好年华所安新婚之家，且自命美名“槐庭”。她曾在槐庭读书、赋诗、习武、生儿育女，那是一段曾令她寄予希望，也最令她失望和伤心的封建包办婚姻生活。恰是那段既不幸又激发了她新思想的槐庭经历，使槐庭成了她理解封建道德残酷性的学校，和争取男女平等妇女解放的演兵场。是槐庭最初孕育了秋瑾的革命理想。后来的离家出走，投身革命的经历，都是她留给株洲人的不朽精神财富。已有了足够心力与财力的株洲人，怎能不请秋瑾安于杭州之魂，也常回株洲栖息，与安居乐业的株洲男女老少，魂融一体，使她曾在这里饱受苦难的冤魂，在安息中得到新生？于是，秋瑾故居纪念馆如一座殿堂，为绿水蓝天的株洲，加厚了文化土层，提升了文明高度。

株洲之行，使故去一百余年的秋瑾，在我心中活成了不朽。石峰山谷，青峦叠翠，四季花海，大冲村那座新得很旧，又旧得很新的槐庭，刚刚住进的英年秋瑾，似一手提剑，一手握张新诗稿，朗声迎接远道而来的我们。我个连诗也不会写的小小文人，被婉约女性的豪放诗篇所激动，似觉白发变青丝，使时光又一次倒流。槐庭，始建于风雨如磐的 1891 年。1896 年，崇拜花木兰和穆桂英却又未经世事的女诗人秋瑾，遵在当地为官的父命，由曾国藩之孙为媒，与小自己 5 岁的陌生阔商子弟成婚，安家于此。善诗书、爱习武的单纯才女，满以为父亲为她包办的婚姻会有如槐花般高雅如诗，所以才诗意地将婚居提名槐庭。不想，婚后令她失望至极。丈夫竟是个只图一己享受，连小志也无的浪荡少年。她曾满怀良愿，苦口婆心规劝，却不见半点良效。后来公公为丈夫花巨资在朝廷户部捐买了个京官，秋瑾以为丈夫进京为官，有朝廷管束，或可改邪归正。可这不愿读书、不思国事却一身大男子主义的小丈夫，因有了京官之位而更加不思正道，秋瑾由规劝无果，而改为抗争，甚至以出走威胁也无济于事，遂痛苦写下“彩凤随鸦鸦打凤”的诗句，形容她男尊女卑封建包办婚姻的不幸。一腔为国捐躯的男儿魂，偏偏只附给了女儿身，这让秋瑾郁郁寡欢至极。恰此时期，秋瑾从《中国教育会》《爱国学社》机关刊物上读到著名女革命家邹容的《革命军》一书。该作振聋发聩地指出，必须用革命手段推翻清朝统制，打破奴隶根性，争取人与生俱来的自由平等权利，并直接喊出“中华共和国四万万同胞自由万岁”的口号。秋瑾由衷的革命激情被引发，切感“人生处世，当匡济艰危，以吐抱负，宁能米盐琐屑终其身乎”。可用金钱买京官当的无耻丈夫，仍整日忙着阿谀奉承，拜官晏客，巴忘升迁，夫妻间半句相投的话也没有。丈夫大怒时竟抡圆手掌狠狠抽她耳光，使她痛心疾首感到“革命应该从家庭开始”，因而横下一条雄心，卖掉自己的一切金银首饰和衣物当学费，几经周折，乘上“独立号”商船，漂洋过海，去日本留学，寻求妇女解放的新出路了。读读她当时写下的一首胜似男侠的《泛东海歌》吧：“登天骑白龙，走山跨猛虎。叱咤风云生，精神四飞舞。大人处世当与神物游，顾彼豚犬诸儿安足伍！不见项羽酣呼钜鹿战，刘秀雷震昆阳鼓，年约二十余，而能兴汉楚；杀人莫敢当，万世钦英武。愧我年二七，于世尚无补。空负时局忧，无策驱胡虏。所幸在风尘，志气终不腐。每闻鼓鼙声，心思辄震怒。其奈势力孤，群才不为助？因之泛东海，冀得壮士辅。”秋瑾在日本留学期间，接触了许多新思想和志士仁人，从此立志，终生献身革命事业。

秋瑾故居纪念馆开馆仪式那天晚上，我从《秋瑾传》中读知女英雄就义时的许多细节后，不由热泪盈眶，想到铡刀下仍不改口的山西女英雄刘胡兰。秋瑾从日本回国后，得知与自己一同组织救国军，谋划武装起义的首领徐锡麟惨遭砍头，很快就会祸及己身，有同事已为她找好避难所，劝她赶紧逃走。作为筹备救国军起义的副首领，秋瑾竟寸步不移，为战友哭泣了一整天没说半句话，尔后下定决心，以死昭告天下，以期唤醒后人前赴后继。她挥泪说：“怕死就不会出来革命了！我不入地狱，谁入地狱！”随后写下《绝命词》：“痛同胞之醉梦犹昏，悲祖国之陆沉谁挽？日暮穷途，徒下新亭之泪；残山剩水，谁招志士之魂？不须三尺孤坟，中国已无净土；好持一杯鲁酒，他年共唱摆仑歌。虽死犹生，牺牲尽我责任；即此永别，风潮取彼头颅。壮志犹虚，雄心未渝，中原回首肠堪断！”不久，清政府派新军包围了秋瑾准备起义的大通学堂指挥所，部下再次劝她逃离，但她指挥诸同志将枪支弹药紧急藏好，仍继续掩护同志撤离，最终与断后的几名救国军成员一同被捕。当夜，面对清政府官员的审讯威胁，秋瑾誓死不供他人。第二天，清政府知县大人再次亲自逼她招供，她只在供纸上蔑视地写下一句“秋风秋雨愁煞人”，以此表达对救国军起义失败的痛切惋惜，便再无他言。当日清晨，秋瑾在无供词情状下，被押赴刑场。临刑前，监斩的县官只答应了她的两点请求：一是施刑时不脱衣带，二是死后不砍头示众。只因答应了女革命者维护女性起码尊严的小小请求，知县大人竟也受累被革职，并于秋瑾被处决一月后，不堪良心折磨之苦，竟三次寻死：一次在家投井未遂，二次于自家院中老树上吊被家人救下，最后于深夜在卧室偷偷悬梁自尽。可见秋瑾壮烈牺牲的震撼力。

秋瑾就义后，绵延百多年的九次迁坟安魂事件，便是她精神威力无穷的佐证。秋瑾牺牲后，全国受其激励的武装起义和各种形式的斗争风起云涌。曾就任过中华民国临时大总统的孙中山先生，亲临西湖秋瑾墓祭拜女英雄，由衷称赞她是“最好的同志”，并亲笔撰写挽联：“江户矢丹忱感君首赞同盟会；轩亭洒碧血愧我今招女侠魂”，又题“巾帼女侠”匾额。新中国成立后，在纪念秋瑾殉难50周年时，政府把她的和畅堂故居辟为秋瑾纪念馆，并重建因她而立的风雨亭。1981年又在秋瑾墓竖立了秋瑾全身雕像，并在浙江省博物馆辟设秋瑾纪念室，让秋瑾之名家喻户晓。

株洲此行，槐庭，也牢牢筑进我的心庭。我又深受一次经典的洗礼，竟失却害羞之心，挥笔留下可笑拙言：“千秋一瑾株洲人，株洲人人爱秋瑾。我个东北男子汉，伏首甘拜巾帼魂。”

刊于2019年6月17日《中国艺术报》

三角洲

何立伟

夏夜，等暑气稍稍降下来之后，我就往一公里之外的三角洲去散步。

我有个朋友叫马佗佗的，每天晚上都会在朋友圈发一条九宫格微信，标题永远都是四个字：散步，观景。九张图片的地方每天都不大一样（或许地方一样，而拍照片的角度却不同），但都没有明确的地标，不晓得他这是在哪里散步观景。

我在三角洲散步有时偶尔也会发一两张图片，标题也是四个字：到此一游。但朋友圈里的人肯定晓得我这是在什么地方散步，因为三角洲有三馆一厅的建筑群，博物馆、图书馆、规划馆同音乐厅，那种地标性的建筑语言太过鲜明，没有谁不认识。何况三馆一厅脚下是一条湘江大河，夹岸灯火跃入水中尽情濯浴。银盆岭大桥同福元路大桥一前一后，如两条鳞甲闪亮的长龙横卧波心，低头饮水。这样的地标不言自明。

所以这也常常给我惹来小麻烦，比方我昨天刚刚一边散步一边发了张到此一游，立即就收到一条微信：你到了我们定江洋旁边呵，上来坐坐喝杯茶么？定江洋是江边的北辰大楼盘中最大的一幢江景楼。我有好几个朋友买了这幢临江的楼王，要么住家，要么开公司。不管是干什么的，打开窗子，都是一江碧透，山河入眼。

这位发短信的朋友我是年初在一个老同事的女儿的婚宴上认识的。他和我同席，坐在我身边。漫长的婚礼仪式过程中，我们有一句没一句地聊天，慢慢就聊得入了港，原来我们有好几位共同的朋友（一般同陌生人聊天，最后都会有这样的结果）。他晓得了我住的地方离他的定江洋很近，就说来玩呵，我喜欢收茶，收了好多八几年的普洱，在家里搞了个日式茶室，窗子外头就是湘江，视野蛮开阔，好多朋友都喜欢来我家里品茶，你随时来，我随时欢迎。

我们互相加了微信，于是他看到了我刚刚发的到此一游。

我只想散步，并不想上他家里品茶。我不咸不淡地回了他一句，下回一定来，今天就算了。谢谢。

定江洋不只他向我发出邀请。有位朋友看到我发的图片就邀我上去打乒乓球，他的公司在顶层，整整一层楼。他没事要么在跑步机上跑步，要么打乒乓球。这位体育爱好者的公司的小食堂饭菜还蛮好吃。厨师是新化的，做得一手杰出的三合汤。

还有一位朋友早年在深圳做生意，后来生病，回到长沙，买了江景房，坐在轮椅上，从早到晚望着窗子外头的河水，也不晓得他想些什么。他太太和他离了婚，但他们还是住在一起。我去过他们家，看上去，他们根本不像离异的夫妻。他们都发微信叫我上去坐，我都婉谢了。

我年轻的时候晚上喜欢出去串门。现在这样的爱好基本上都被我戒掉了，包括搓麻将。我青春的不少时光同囊中不多的银子，都浪费在了麻将桌上。我并不后悔，生命是一个起伏的过程，有些事情总会出现在过程中的某一时段。必然地来，也会必然地去。

我现在倒是喜欢每天饭后出去走一走，尤其喜欢走到三角洲一带去，看看江水，吹吹晚风，猛一回头，万家灯火被一个深呼吸吸入了胸襟，于是意绪廓然。

先前城北这一带，比较萧瑟。弯曲延伸的河堤外，是一块块癞痢般的菜土。毗连着大片的裸地，在季节里长满疯狂的芦苇。芦花开的时候，宛如积雪，风一吹，雪絮朝脸上颈上拂来，躲闪不及。三十多年前三角洲有个化工厂（有毒的工业废水直接就朝湘江河里排放）。我有位非常要好的少年朋友当时在化工厂的子弟学校教书。有天我和另一位少年朋友一人骑一辆单车去看他，沿着凹凸不平的河堤，下了单车，骨盆同前列腺颠得生痛。扶住把手，吸了两支烟，才看到朋友在黄昏的昏黄中拍着手迎面走来，脸在最后一抹夕阳里像一枚柿子。

我们在他的食堂里吃了辣椒炒田鸡和丝瓜。然后跟着他拿了小板凳到子弟学校的操场上看露天电影，放的是南斯拉夫的二战片《瓦尔特保卫萨拉热窝》。年轻人血液里都有英雄主义。所以我们都喜欢瓦尔特，尤其喜欢他穿的那件烟色的皮夹克。

深夜回去的路上，英雄主义还在我们的血液里燃烧。我那位同行的朋友一路狂奔，除了铃铛不响车身架四处叮叮咣咣地在我前头响个不停。我在后头追，屁股颠得不忍落座，只能立起身子悬空蹬踩。忽然里他的单车撞到堤上一块大石头，趔趄一闪，嗬的一叫连车带人甩到了河堤下。我跑下去扶他，问他有没有事。他骂了一句粗口，甩开我的手，扶起单车就往堤上推，一瘸一瘸。蓝蒙蒙的夜天里，他黑色的剪影一截一截朝上升。我记得我朝他的背影喊了一句：瓦尔特！但我不记得那天晚上有没有芦花。

90 年代初银盆岭大桥建起来时，你往三角洲这边来，会看到引桥的桥洞下有渔民站在路边朝你招手。渔民手里提了河里打上来的大白刁子鱼和比菜碗还大的甲鱼，还有就是他在家里焙干的火焙鱼。大白刁子鱼和甲鱼都是活的，在尼龙网丝袋中不断挣扎。我一般会买一两条刁子鱼或者半斤火焙鱼带回去。这些野生鱼比菜市场里的鱼要好吃得多。菜市场的鱼有一股煤油味（那一定是和养鱼的水质有关）。火焙鱼炒辣椒，或者豆豉茶油清蒸，皆极可口。

现在依然有渔民站在桥底下卖河鱼，但不容易看到了。就算看到，到跟前问价，往往大吃一惊。

“咯贵呵？”

“那就是咻，如今这鱼难得打到手了咻！”

时间正在悄无声息改变一切（包括河鱼的价格）。起码，我当初搬来城北的时候，我家阳台上可以望得到三角洲一带的湘江，和银盆岭大桥上过往的甲虫般的车辆。过了两三年，阳台上看到的全是二三十层高的住宅楼。湘江被屏蔽了，只能在记忆和梦中流淌。

待三馆一厅建成后，我常常去那些宏大的现代建筑群下散步。有时候也去博物馆看古玉展，到图书馆听某位学者的演讲，或者，在新年的时候，到音乐厅听一场来自伦敦交响乐团的新春音乐会。这样的地方，无古无今，看得见空间的延展，却听不到时间的流淌。

不过，相对空间，我更喜欢感受时间。中国传统的诗词，随手翻翻，寓目的无不是对时间的浩叹。古人对时间来去的敬畏心，对白云苍狗的感知力，读来让人起栗。站在湘江边上，你会对孔夫子的“逝者如斯夫”感同身受。

夏夜，河面吹来的风有些薄凉，将一身暑气轻轻拂去。河边的石头上坐了情侣们的影子，像一尊尊雕塑。少年时候，我和一群院子里的小伙计常常在三角洲的上游游泳，站在趸船上，把双臂紧贴两股朝水里笔直地跳，溅起浪花同尖叫。这样的跳水动作我们称之为“丢炸弹”。那时的湘江水是乌青的，少年人呛过几多的水呢？我们呛水的时候，时间同江水就那么汩汩地流走了。我们于是长出胡须，及至长出茎茎的白发了。

现在三角洲一带很少看到在河里游泳的人了。湘江河每年都会淹死人。河水是无情的么？但不是因为会淹死人，人们才不去游泳，而是河水已不是我们儿时的那种乌青了。河水很脏，像这个时代混乱的思想。

但夜晚的河水是有欺骗性的。在夹岸灯火下，它闪闪亮亮地流，像一条澄练，美得让人致幻。如果一个第一次来长沙的外地客，你带他在湘江边夜游，他一定会觉得这是一条透明、澄澈、磬如碧玉的河流。

他当然上当了。就像迷人的口号总会让人上当一样。

夜已迟了，依然有不少人在河堤上跑步，白色的耐克鞋像河堤上奔窜的兔子。我听到了他们的喘息声（就像我听到了河水的喘息声）。河堤还是我的少年朋友骑单车甩下堤岸的那条河堤，然而加宽了，加高了，并且平坦如大道了。这样的堤坝，在 2017 年夏天，挡住了三十九米多高的历史最高洪峰。那些涨水的惊心动魄的日子，我每天都往三角洲河堤上跑，黄色的警戒线内，到处都是市民自发组织的抢险队，到处都是红臂章和三角旗。在陡然燃烧的民气中，我也站在了百米长的传递沙袋的人群中。回到家，鞋子倒出来一摊泥沙，脚趾是肿的。

洪水退去，三角洲和湘江安静下来。仿佛一切都没有发生过一样。

河水亘古不变地流。但岸上的世界永远都在变。

从前我们喝的都是湘江河里的水。现在，我家里每天的饮用水，是买的宁乡沩山的山泉水。不便宜，五块钱一小桶。山泉水乌青的，就像我少年时游泳，呛到口里的湘江水。

我在朦胧的夜色里看到了一张熟悉的面孔。我想迎上去招呼，但立即又放弃了。我还是一个人散步的好。我不想说话。在三角洲，在湘江边，在无垠夜色里，我想起了毛泽东的一句诗："故国人民有所思。"真是应了景。

刊于《新湖南》2019年8月28日

父亲的草原情怀

尹汉胤

1945年重庆国共和谈破裂后，父亲尹瘦石向周恩来提出想到延安鲁艺去的愿望。周恩来赞许地告诉父亲，现在延安鲁艺的艺术家都到晋察冀解放区去了，你可以去张家口的华北联合大学与他们会合。在中共代表团秘书长齐燕铭的具体安排下，1946年3月6日，父亲以执行部中共工作人员名义与梁漱溟、邓野、伍必端等人从重庆飞抵北平。军调部中共代表团的贺龙、王稼祥、滕代远、罗瑞卿、饶漱石等领导人会见了父亲。11日由军调部工作人员护送父亲通过国民党八达岭封锁线到达了晋察冀解放区张家口，晋察冀军区政治部主任蔡树藩接见了父亲，并安排父亲到华北联大美术学院任教。在华北联大父亲结识了成仿吾、周扬、江丰、艾青、丁玲、萧三、萧军、张仃、莫朴、古元、彦涵、马达等一大批从延安鲁艺来的艺术家。置身于解放区清新的环境中，使父亲对即将开始的教学工作充满了期待。然而在美术学院任教不久，4月8日传来了不幸消息，由重庆返回延安的叶挺、博古、王若飞、邓发等中共代表团成员乘坐的飞机在山西境内的黑茶山遇难。回想起几个月前在重庆中苏友协举办“柳诗尹画联展”开幕式上与王若飞等人会面的情景，父亲不禁唏嘘不已。晋察冀边区为遇难烈士举行了追悼会，父亲满怀敬意地为博古绘制了遗像。

5月28日，适逢柳亚子先生六十大寿，《晋察冀日报》为此出版了庆祝专刊，发表了父亲为柳亚子绘制的画像以及萧三、董鲁安、邓拓等人的贺诗，同时展出了父亲从重庆带来的“柳诗尹画联展”的部分作品。

来到解放区后，父亲很快适应了教学工作，并在工作中与鲁艺来的艺术家们建立了深厚的友谊。他们身上坚定的革命精神、豪迈的艺术激情都强烈地感染着父亲，从而使父亲更加坚定了从事革命文艺的决心。教学之余，父亲与他们一起交流艺术，勤奋创作，共同憧憬着中国的美好未来。然而，这种充满艺术氛围的教学生活仅维持了半年，内战阴云又压城而来。国民党军队从三面迫近张家口，华北联大被迫开始向东北转移。父亲没有随联大转移，而是参加了新组建的内蒙古文艺工作团，往草原牧区宣传演出。文工团离开张家口后，一路向东转移，到达林东时与内蒙古东部文工团合并为一个团，进一步壮大了队伍，文工团由汉、蒙古、达斡尔、鄂伦春、鄂温克、回、满、朝鲜等多民族演员组成，是一个多民族的大家庭。出生于江南水乡的父亲，平生第一次策马在天苍苍野茫茫的内蒙古大草原，眼前的一切都是新鲜的，当他望见草原上往来如风纵横驰骋的马群时，心驰神往地爱上了这片广阔无垠的天地。在赴草原牧区演出中，每到一处，父亲便带着速写本兴奋地画个不停，一路上创作了许多反映蒙汉团结的宣传画。向懂汉语的蒙古族同志深入了解了草原的风俗习惯，搜集了许多有关蒙古族历史文化、宗教禁忌、生活习惯的信息，通过对牧民生活的仔细观察，使父亲深刻地认识了蒙古族与蒙古马彼此建立起的真堪托死生的生命意义。

1947 年 3 月文工团到达王爷庙（乌兰浩特）。乌兰夫率领的内蒙古自治运动联合会总会机关及所属单位也进驻到了王爷庙，4 月 23 日内蒙古人民代表大会在内蒙古人民的期盼中拉开了帷幕。大会会场设在成吉思汗庙山下的兴安陆军军官学校礼堂，为庆祝代表大会隆重举行，父亲为大会主席台绘制了乔巴山（蒙古人民共和国部长会议主席）、斯大林、毛泽东、朱德的彩色画像，同时为大会会场画了巨幅宣传画。5 月 1 日内蒙古人民代表会议庄严宣告：内蒙古自治政府成立了。

自此，父亲便投身到内蒙古的文化建设中，先在《内蒙古日报》编辑副刊，后创办了解放区第一本画报《内蒙古画报》并任社长。新中国成立后，父亲担任了内蒙古自治区文联副主任、美术家协会主席。至 1957 年奉调北京中国画院，父亲在内蒙古整整工作了 11 年。在我的记忆中，父亲每当谈起在内蒙古的生活时，脸上便会流露出一种自豪之情。的确，在内蒙古度过的那段峥嵘岁月，不仅开启了父亲生命中一个全新的艺术阶段，同时也是父亲绘画取得丰硕成果的重要时期。抗战一爆发便离开家乡的父亲，在战乱频仍中颠沛流离于西南各地，直到奔赴解放区进入内蒙古草原，才使父亲获得了一个相对安定的绘画环境。雄浑辽阔的大漠，苍茫深情的草原，勇武彪悍的牧民，自由驰骋的马群，都强烈地感染触动着父亲的内心，激发着父亲的创作欲望。从而使父亲重新定位了自己绘画的创作方向，开始以手中的画笔追随着草原上的马群，力图将这片雄浑土地上传承着的蒙古民族精神表现出来。

在内蒙古工作的岁月中，父亲经常深入草原深处，追踪着狂放不羁的马群，聆听着苍凉的蒙古长调，栖身在牧民的蒙古包中挥毫创作。为了画好蒙古马，父亲特意拜当地兽医为师，系统地了解了蒙古马的解剖知识，熟悉了蒙古马的骨骼、肌肉以及生活习性，画下了数千幅马的解剖图及蒙古马各种姿态的速写。在此基础上，父亲开始探索以中国水墨表现出蒙古马的新形象。1953 年，父亲创作完成了大幅绘画《暴风雪》，横阔的画面上，父亲以细腻传神的笔触描绘了上百匹蒙古马奔驰在暴风雪中，一位刚毅的蒙古牧人挥动着套马杆，引领着飞鬣扬蹄的马群不畏风雪奋力狂奔着，将蒙古马坚韧不拔的形象，蒙古民族不畏艰险的民族精神生动感人地呈现于画面。此画一经展出立刻得到了蒙古人民的认可喜爱和美术界的高度评价。

在内蒙古工作期间，父亲不仅自己创作了大量优秀作品，还倾心培养了一大批少数民族美术人才。父亲到北京工作后，家中经常有内蒙古来的朋友，见到他们父亲总是异常兴奋。尤其是当年内蒙古文工团的老朋友来访，父亲更是高兴，大家一起举杯畅饮，追忆着共同经历的难忘岁月，仿佛又回到了当年的时光。告别时，父亲总会以书画相赠，那份特殊的民族友谊令我记忆深刻。父亲在内蒙古工作的 11 年间，为新中国的内蒙古美术事业打下了坚实的基础，被蒙古族同胞赞誉为新中国内蒙古美术的奠基人。

1978年秋，阔别内蒙古20年的父亲再次回到了草原。经历了漫漫无情岁月中人生沧桑际遇的父亲，到达呼和浩特的第二天，便迫不及待地奔向了草原。当车窗外出现了熟悉的草原、蒙古包、马群、牧人时，父亲不禁感慨万千地泪流满面。20年光阴倏忽而过，父亲仿佛依然沉浸在当年的岁月里，只有这片古老的草原懂得父亲此时的心情。进入到草原深处，父亲满怀思念地遥望着远处游动的马群、勒勒车久久站立在那里，心中思绪如潮。他来到一座蒙古包中，一边寻问着牧民的生活，一边不停笔地画着速写……此时的父亲似乎又回到了那个激情的草原岁月。

当我到中国作协《民族文学》杂志做编辑时，父亲特意与我进行了一次谈话，他叮嘱我要在工作中尊重少数民族同事，多向他们请教学习，尽快熟悉各民族的历史文化、风俗习惯，与各民族作家交朋友……讲至此，父亲不禁感慨道，我们家与少数民族有缘，我在内蒙古工作了11年，你母亲从中央美院毕业后，在中央民族学院任教至今，如今已是桃李满天下……

我始终牢记着父亲的话，至今已从事少数民族文学40年了。在民族文学岗位上，我不仅感同身受地体会到了父亲当年与少数民族建立起的真挚情感，而且到达了更广大的民族地区，接触到了丰富多彩的少数民族历史文化，拥有了众多的各民族作家朋友。尤其令我难忘的是那一年到内蒙古东部采风，行进路线正是当年父亲随内蒙古文工团赴草原演出的路线。一路上我遥望着若隐若现蜿蜒伸向远方的草原路，那路好似一条飘浮在草原的哈达，引领着我追寻着父亲当年的足迹走去……

时值父亲百年诞辰回顾展之际，面对父亲笔下气象万千的奔马图，一股生机勃勃的草原气息扑面而来。是内蒙古博大的天地赋予了父亲强大的艺术生命力，才孕育出了父亲笔下奔腾不息的骏马形象。

刊于《画界》2019年2期

高峡平湖

王　彬

从秭归县的向家坪上岸，我们去瞻仰屈原祠。

屈原祠有很高的石阶，上面是高峻的牌楼门，六柱五间，中间辟门。柱子是土红色的，墙壁涂垩雪白的颜色。门楣上端的门储匾曰“光争日月”，再上面，天明堂竖匾曰“屈原祠”，两侧额枋之上分别镌刻“孤忠”“流芳”。进门后又是高峣的石阶，大殿内站立着屈原的青铜雕像，佩剑、俯首、沉思，而面如削瓜，身材是清癯的，神情是抑郁的。这尊雕像在未修葛洲坝之前位于旧县城附近，那时的江水没有这样高涨，江岸陡峭，要爬很长一段石阶，上岸之后又是很长一段石阶，之后是屈原祠。那时的雕像置放在大殿外面，有一座很高的基座。总之，在瞻仰的过程是一路仰视，不像今天，视线基本平视，我总觉得缺了些什么。

灰色的云朵迤逦浮动，细雨沾颊，大坝宛如一座巍峨的山峦横亘在大江之上，把长江截为两节，水面的高处与水面的低处，二者相差近百米，船只穿行要通过特殊的闸门。客船走一道，货船走另一道。江流平缓，近处的山峦是浅灰色的，远山则深灰婉约与灰白的流云交集。灰白之间，矗立着不少传输电力的铁塔，突然想到关于大坝的种种流言与传说，想到古人与今人，想到曾经的三峡与现实的三峡。往者已已，而雨雾开始浓郁，大坝变得朦胧起来，甚至看不清泄水的孔道，只感觉像是一条一条粗糙的乌黑的褶皱。那一晚住在三峡大坝工程酒店，无意间透过窗户看到大江的晚景，山峦黛色横卧，云缕宛若乳白的帛带，把山峦装点得有些斑驳有些迷离；对岸的人家灯火玲珑，可以看到一处类似舞台的灯箱上面赫然写着“三斗坪”。三十年以前我曾经路过此处，那时大雾弥天，我们乘坐的船触到了礁石不能动弹，第二天才搭其他船离开，没有想到今天竟然住宿这里，却再也听不到浩荡的江声了！夜色微明，不时传来江轮低鸣。江水苍灰，纤细的驳船慢慢地把江面划开，在船尾处制造出凝重的涡流。一座跨江的大桥灯光如链，把大江的夜色勾画出几分妖娆。

自从大江截流以后，湍急的峡江风光已然不存。大江变成了平稳的湖面，水流基本是静止的，偶然见到一痕微澜，给人的感觉仿佛是凝固的蜡泪。江水提升了一百多米，原来高耸的山峰变得低矮、平和。辛稼轩词曰，我看青山多妩媚，料青山见我应如是。应该是这样，一种平等的视角而无高下之别。不再是行于江上，高峡江激斗雷霆的感觉，而是“湖光秋月两相和，潭面无风镜未磨”，这诗的语境是秋季，秋风顿起，波澜如发扰乱了原本平静的水面。如今是夏季，没有秋天的症候，也没有风，但也没有镜未磨的感觉，只有上面所说的将要凝固的蜡泪的感觉。这当然只是我个人感觉，不能代表他人。而且由于夏季，为了防洪，释放了一部分水，因此将原本没于水面的山体裸露出很大一截灰白的颜色。如果是冬季，这些山体则再度沉入水里，又是另一番景色，或许要漂亮些。

船近巫山，山体的颜色开始发黑，山之名“巫”的原因就在这里。神女峰一带的崖壁异常光滑平整，仿佛用斧子劈开之后又精细打磨。翠绿的藤蔓在岩壁上交织，犹如一幅美丽的画图。那是一种什么植物呢？由于江水的提升，神女峰变得敛首低眉，峰顶上面的望夫石，也可以清晰辨认，不再窈窕神秘。后来听说，当地开辟了山路，可以爬至峰顶，有一位年轻人用了四个小时爬上去，搂抱那块石头，下山后说，哪里有神女，只是一块石头只感到石头的冰凉。这就使人不解。中国传统文化讲究留白，追求幽眇而朦胧之美，巫山神女是一个遥远的美丽传说，纤云弄巧，飞星传恨，我们为什么一定要破坏古老的神话呢？

晚唐范摅《云溪友议》有这样一段记载：

> 秭归县繁知一，闻白乐天将过巫山，先于神女祠粉壁，大署之曰："苏州刺史今才子，行到巫山必有诗。为报高唐神女道，速排云雨候清词。"

繁知一不仅预先粉刷了墙壁，而且自己也做了一首诗，对白居易大力张扬一番，恨不得把巫山的神女也请来助阵："速排云雨候清词。"痴心等待乐天先生莅临朗吟挥墨。但是，白居易却不答应，他望望新涂的明亮的粉壁，怅然久久，对繁知一说：做过夔州刺史的刘禹锡，在这里待了三年，一首诗也没有作，为什么呢？"怯而不为"，因为害怕而不敢做。离开夔州的时候，他将神女祠墙壁上的一千多首诗涂抹掉，只留下四首诗，而那四首诗是"古今之绝唱也"，我不敢造次为之。在前贤（沈佺期、王无竞、李端、皇甫冉）的诗作面前，白居易掂量难以胜出，而采取了回避做法，如同传说中的李谪仙，从白云缥缈的黄鹤楼下来一样交了白卷。

由于江水高涨，高度可达175米，白帝城从半岛变成孤岛，上岛与下岛均需乘船。但是白帝庙址没有变化，因为它原本就在山顶。也是屈原祠那样的牌楼门，只是四柱三间，中间辟门，门楣之上有竖匾曰"白帝庙"。两侧是拥墙，有一种秀丽的微凹的弧度。牌楼门的颜色是土黄色，镌刻着宝瓶与莲花一类的折枝花卉，两侧的拥墙则用大面积的紫色图饰缱绻的流云，显示了巴人的审美态度。庙内有人在吟唱刘禹锡的《竹枝词》，他曾经在这里，当时叫夔州现在叫奉节做过刺史，是一位有权势的官员。不像他的前辈杜老夫子，穷愁无依。杜在这里居住了将近两年。他为什么要长时间流寓于此？原因之一是当时的官员对他多有关照，还有其他原因吗？这是一个应该研究的课题。

我喜欢杜诗，喜欢他沉郁顿挫的风格，那是诗歌中的神品，但在当时似乎并没有太高评价。他离开时代过于遥远，不是时代抛弃他，而是他抛弃了时代。粉丝们崇拜的只是与其可以接触的近距离人物，相距太远超出了他们的接收能力而难以接受，这是一个无奈的传播学的规律，也是杜诗的不幸。杜甫在夔州创作了 462 首诗，约占他全部诗歌的三分之一，而《秋兴》八首则是他的代表作，吟哦了那里的高楼粉堞在暮色苍茫的绵延之中渐次消隐，而月光冰冷如镜，笳声悲凉浸透了密集的秋砧。落叶无边，鱼龙寂寞秋江冷，诗人的心绪是复杂而哀愁的，回想长安曾经的繁华与富庶，彩笔曾经干气象，五陵衣马自轻裘，那是怎样的瑰玮与神奇？

刊于 2019 年 8 月 15 日《南方周末》

格桑花姿姿势势

刘　琼

从张掖城区驱车两个半小时，然后弃车，爬上一道缓坡，用彩色藏文刻在石碑上的“马蹄寺”三字出现了。

愿意的话，停下来，转一转经轮。对面是祁连山，山顶的皑皑积雪此刻看得最清楚。马蹄寺挂在左边的石壁上，需要继续上坡。虽然深陷青藏高原和内蒙古高原合围的黑河冲积川地，毕竟海拔也有 2400 多米，这会儿节奏放慢点儿好。坡道两边，格桑花姿姿势势，在缺水少雨的西北高寒腹地，头顶八片纤秀的花瓣，浅粉，玫红，酱紫，橘黄……一枝一枝，一簇一簇，从意想不到的角落又一次冒了出来。

第一次看见这花，是在楼下邻居家的院墙上。小区落成不久，因为涉外，外国人不少。他们是英格兰人，一大家子，夫妻俩加上三个大男孩，还有保姆，体型都很健硕，看起来更像北欧人。健硕的女主人经常穿着白色长袍在庭院里走动，影影绰绰间，我总把他们当作印巴人。或许是有在印巴生活的经历吧？没有问过，碰面只是微笑。他们的英伦特点其实很典型，比如安静的性格，比如对园艺的热爱。对园艺的热爱，使他们即便在北京这样一个雨水少沾、风沙时虐的城市暂居，也不忘种花植草。庭院像一枚狭长的书签，栽在盆里、挂在墙上的，便是这种草花。在北京，它们叫波斯菊。波斯菊蓬蓬勃勃，又纤纤柔柔，从仲夏一直开到初秋。初秋之后，我看见他们家的庭院里曾种过另一种枝叶和花都十分细小的草本植物。

花有千姿百态，各花入各眼。比如土生土长的老北京，甚至包括我们这些已经被改造的一代二代移民，有了露天阳台或者院子之后，首先种的总归是月季之类。各种各类各颜各色的月季，构成了北京的花草背景。如果是在风清气朗的日子，又恰好是月季盛开的日子，你就会看到全天下的月季似乎都被栽到了北京城，单瓣的、双瓣的，大棵的、小枝的，有香味的、无香味的，杂交的、纯种的，应有尽有，饱满、生动以至完美。此时此刻，仿佛所有的辛劳、疲倦、不适，所有的怀旧、比较、不满，都可以灰飞烟灭，留下的只是眼前这北京的好。北京的好，当然不止这一条。我在北京三四环边上住了二十多年，眼瞅着人多了、楼高了、路堵了，间或有外地朋友特别是那些一直住在山清水秀地方的朋友会调笑，问，住在北京到底有什么好？北京的不好显而易见，可以枚举，比如房价高、交通拥堵、空气恶劣。但北京的好更好，比如冬天有暖气夏天干爽，比如开放包容，等等，难以言尽。只冬天有暖气这一条，江南的朋友就艳羡不已。四季分明的江南，一进三九，大家只能生扛着挨过潮湿寒冷的冬天，那种阴冷的滋味可真是刻骨铭心。北京的四季里，最令人挂怀的还是老舍先生曾经怀恋和吟咏过的“北平的秋”。北京秋季的好，也与植物有关，比如银杏，比如秋菊，比如火柿子。天安门城楼旁边的太庙劳动文化宫，以前每年秋天都举办菊展，熙熙攘攘，去看的人不少。比较起菊花，我更爱银杏。三里屯东五街的银杏大道，在我的眼里，真是比巴黎的枫丹白露还要美。银杏的美是高贵的美，精致的造型，灿烂的颜色，美得如此洋气，却不娇气，银杏比杨槐好养。有了银杏的北京，整整一秋，都散发着诗意。在这样的季节，在北京，再加上枝头挂着的那些火红的柿子，不需要去什么香山后海，随时随地，都可以入画。

比较起来，波斯菊是北京庭院的外来户，不常见。因此，第一次在英国人的庭院里看见时，我想一定是它们的主人把乡愁种到了北京，温湿的西欧才是它的故乡。它们的模样看起来即便不是长在“牛奶和蜜之所”，也应该长在水源充足的地方。波斯菊这个名字，听起来似乎也是洋妞在北京。所以，很长时间里，我都没有把它们与格桑花，与高寒联系在一起。虽然，格桑花在我的记忆里，像唐古拉山，像青藏高原，像珠穆朗玛峰，仿佛比传说还要久远。

使劲想了想，第一次接触格桑花，应该是很小的时候。从一个双卡录音机里，听到藏歌《格桑花》。“格桑拉，祝我们大家幸福哟，祝我们大家吉祥，格桑拉……格桑拉，今天我们在一起，手捧洁白的哈达，格桑拉……”一遍一遍，循环地唱，自此，记住了。格桑花，又名格桑梅朵，是藏语和藏文化地区的本地叫法，长期以来一直寄托着藏族人民期盼幸福吉祥的美好情感。格桑花名气大，大概也与“美好”之寓意有关。

格桑花究竟是不是波斯菊？为什么又叫波斯菊？争议不少。手头有广东科技出版社 2018 年 6 月刚刚出版的《中国植物（西北分册）》，从头翻到尾，既没看见“格桑花”字样，也没看见与波斯菊相关的图样。无奈，只能借助互联网，用“百度百科”搜索，在“格桑花”的词条下，图片很多，大致都是眼前这花的模样。“这是一种生在高原上的花朵，从植物学特征上讲，菊科紫菀属植物和拉萨至昌都常见的栽培植物翠菊，都符合格桑花的特征。”按这个解释，格桑花是个集合，即便在高原上，也还存在着大于一种的格桑花。那么，为什么会出现波斯菊的叫法？或者说是先有格桑花后有波斯菊，还是先有波斯菊后有格桑花？往下翻，看到一段补充，大意是说波斯菊植株要比格桑花高一点，只在七、八月份开，也属于格桑花的一种。这就对了。波斯菊，大抵是青藏高原以外的叫法，它不只是长在高原，在平原地带，在亚洲，在欧美，都是庭院草坪的主角。至于在西南、西北高寒地带，大概因为生长期拉长，实际开花时间要比平原地带更长一些。这是我的估猜，也不知道对不对。

不过，在干旱得滴水不存，连人畜吃水都要到十几里外的山上去驴拉肩驮的临夏东乡族自治县布塄沟村，几枝玫红色的格桑花——在西北还是叫它格桑花吧，突然从落成不久的食品加工厂的大门边上冒出来，至少是我，吃了一大惊。

布塄沟村是个自然村，它的有名是因为它的贫困。它的贫困主要源于干旱缺水，土质又差，属于湿陷性黄土，分子空间大，松软，一下雨立刻塌方，滴水难存。因此这样的绝望之地，又被称为“地球裸露的肋骨”。自然环境恶劣到令人绝望的布塄沟村，今年夏天，我们去的时候，赶上劈头盖脸的大暴雨，以为可以舔舔舌头解解渴，结果，立刻发生大规模坍塌，道路切断，住房被泥石流掩埋。新的更深的绝望来了。

没雨没得喝，有雨还坍方，如果不是村前的三座古老的拱北做证，说破天，我也不能相信这里是唐蕃古道，也即古丝绸之路。一千多年前，正是沿着村前这条黄土路，唐皇室送文成公主入藏的车马，进入青海藏区。“从唐王朝的都城长安出发，沿渭水北岸越过陕甘两省界山——陇山到达秦州（今甘肃天水），溯渭水继续西行翻越鸟鼠山到临州（今甘肃临洮），从临洮西北行，经河州（今甘肃临夏）进入青海境内。”这是如今能够查找到的关于文成公主入藏路线比较权威的一种说法。史书记载，文成公主从长安走的时候，带了大量的医药、农业、佛教等方面的实物和书籍作为陪嫁。路途遥远，整个行程艰难、漫长、走走停停。各种谷物和芜菁种子，沿途分送给当地的百姓，书籍和知识也分散传播。沧海桑田，这些植物的种子，和书籍知识一样走得很远，慢慢地，以他乡为故乡。

一千三百多年来，布塄沟村前的这条古道，不曾断过人气，慢慢地形成了村落和人烟。人类向来逐水草而居，人们愿意在此居住并能流传有序，可以想见，从前，这里起码是水源充足适合人居的。水源何时断了，不得而知。村前的那条古道，现在修得有点规模了，据说再过两年柏油马路就可以畅通。自来水开始入户。经济贫困，老乡家里却比想象的要整洁，特别是着装，男男女女穿得都不邋遢，也常常让人忘了他们实际生活的贫困。在东乡族和保安族人家做客，女主人端来漂着油花的奶茶。据说，当年文成公主的行囊里携带有君山银针，高原上喝奶茶的习惯，也是文成公主入藏后慢慢养成。

村庄的四周，漫山遍野，触目都是十五到二十厘米的黄土浮土。今年雨水偏多，向阳的山坳里长出了一丛一丛的绿色，是各种荆棘和小灌木，格桑花夹在其中。看来，人类对于美的事物的向往和追求是本能。

距离布塄沟村不足两百里的地方，就是马家窑。前溯五千年，到新石器晚期，临夏马家窑产生了世界艺术史上登峰造极的彩陶文化。艺术是生活图景的折射。在我眼里，马家窑出土的彩陶上，最神奇美妙的图纹莫过于蛙纹和水波纹。青蛙是水陆两栖，生活在水中或近水的地方。水波纹更不用说了。这两种图纹在彩陶器皿上大量出现，说明五千年前，临夏这一带还是水草丰茂、“听取蛙声一片”的水泽之地。蛙纹，也有说寄寓了先民对于生殖图腾的崇拜。今天，人类已经无法创造出马家窑彩陶这样无拘无束的艺术了。

美和文明都是相对而言。高原环境里的格桑花，冲击力源于其与粗粝的环境相冲突的楚楚可怜。漂亮的姑娘是不是生在江南？美丽的花朵是不是都长在肥美的土壤里？眼见为实。江南水土虽好，风华绝代的江南女子并不多见。相反，北方由于民族成分多样化，美女的成材率反而高。这也合乎生物学进化规律：单一物种，最终都会减产、衰退，人种进化同此理。民间流传的盛产美人的地方，比如陕西米脂、山西大同以及中原某些地方，历史上都属于南北中外民族交往频繁地带。做过都城的城市，比如杭州、南京、西安、洛阳、大同、北京，容易出美女，也是因为聚集了众多人种的缘故。

没想到，在民族成分多样化的西北，不仅姑娘长得好，花儿也生得美。土壤贫瘠的大西北，花儿不开则已，一开竟是花魁之姿，比如牡丹。西北人家的房前屋后喜欢种牡丹。牡丹是花魁，被誉为国色天香。玫瑰也是花王，娇滴滴的玫瑰在甘肃和新疆竟成了经济作物，许多地方大面积地种植，或观赏，或食用，或淬炼香精花油。若干年前，有朋友从新疆带回玫瑰干花，说可以食用。觉得特别意外，玫瑰难道不是生在富贵温柔乡吗？植物确实远比我们预料的坚强。这瓶玫瑰干花一直放在桌上，直到今天。

说起花儿，想起花儿。后面这个花儿，是西北特有的民歌。西北民歌，大众知名度高的，除了信天游，就是花儿。信天游和花儿都发源于沟川交通不便之所。男人和女人隔着山，隔着沟，扯开嗓子对话，所以调门通常很高，歌词也热辣，大约时间和自然环境都不允许一叹三回慢悠悠地抒情。其中，信天游主要流播区域在陕北，所以称陕北信天游。花儿则再往西往北，发源地是甘肃临夏，在甘、青、宁三省（区）各族都流行，且有流派，比如河湟花儿、青海花儿等等。不管划成多少流派，作为民歌的花儿，在歌词里都把美丽的少女比作花儿。所以，民歌花儿还有一个浪漫的名字，叫“少年”。对了，前苏联有首民歌就叫《花儿与少年》。不同国家不同民族的人，抒情方式竟能如此相似。

“红嘴鸦落的了一（呀）河滩，咕噜雁落在了草滩；拔草的尕妹妹坐（耶）塄坎，活像似才开的牡丹。”牡丹，是花儿里露面频率最高的词汇之一。花儿唱得好的女性，民间也称其为牡丹，白牡丹、黑牡丹……总之，到了牡丹，就是极致了，就是女神了。

第一次听到真切的花儿，是在柯杨先生的民间文学课堂上。民间文学界大咖柯杨先生，当时正是盛年，刚刚做中文系主任，风度极好，口才也极好。授课的诸多先生中，来蹭柯先生的课的外系学生最多。如今想来，柯先生可真是个妙人儿，极为儒雅，却又天真可亲，各种唱曲戏词烂熟于心，课堂上会随口吟唱。柯先生漫的花儿，是学院派对花儿的整理。对，西北人管唱花儿叫漫花儿。我听过的真正野味儿的花儿，也是三十年前在兰州读书时。三十年前的兰州很安静，沿黄河有一条长长的情人道。情侣没见几个，反倒是团团伙伙的青年学生一有空就去黄河边，捡捡石头，看看黄河里漂流的羊皮筏子。黄河石有特点，至今，我的书架上还留着一块。到了晚上，连羊皮筏子也少见了，中山桥上大半天都见不到一辆汽车。这个时候，整个城市都睡着了。突然，从对面的北塔山上传出一声高亢的男声，那个劲儿既放松，又粗暴，毫不怯场，悠悠闲闲地完成这一场独唱。临到末了，歌词一句也没听懂。唱歌的人长什么样，在干什么，黄河对面黑漆漆，看不见。隔着黄河，我们是完全被声音本身吸引。现在因为工作关系听过各种花儿，从技术上讲，肯定是现在听到的更漂亮，但场景不对了，饭桌上也好，舞台上也好，本来都不是花儿的原生地，所以，这些花儿都没有让我的听觉恢复到从前的满足。生在土里的花儿大约要回到土里，才更像样。

关于格桑花到底是不是波斯菊的争议还在继续。有人说，波斯菊不是格桑花，波斯菊又名大波斯菊、秋英，学名 Cosmos，希腊文原意有宇宙、和谐、秩序、名誉、善行等正面意义。原产美洲墨西哥，系一年生或多年生草本，通常高一至两米。欧洲是它的第二故乡，在哥伦布发现美洲大陆之后，船员们采下种子，带回欧洲栽种。由于它长得美，又容易栽培，很快地从花园伸向郊野、山林，在欧洲大陆落地生根。英国人务实，藤本植物和草本植物好种，也好看，是庭院里的主角。这个逻辑，我信。

那它什么时候到达青藏高原？爆料者说，波斯菊进藏，与驻藏帮办大臣张荫棠有关系。这个张大人 1906 年受光绪皇帝任命，以副都统之身领驻藏帮办大臣之任入藏。当时，西藏各地政令多出，危机重重。张荫棠是实干家，入藏后严厉查办腐败的吏治兵制，极力进行整顿，并亲自起草上奏了“治藏十九条”。他的思想和做法得到了朝廷和西藏地方政府以及僧俗民众的赞赏。相传张荫棠爱花成癖，进藏时带来了一包波斯菊种子，分别赠送给了当时的权贵和僧人，撒播在寺院和僧俗官员的庭院中。这种花生命力极强，自踏上这片高天阔土，就迅速传遍西藏各地。西藏人因此称之为张大人花。

这个花的寓意，与格桑花一样，都有美好之意。这大概也是容易混淆的原因。真正的格桑花也叫翠菊，与波斯菊不同，是重瓣花。

从古至今，植物在流传中，早已渗进了彼此的根脉，哪里还分得出原初的基因。叫格桑花，还是叫波斯菊，还是叫大波斯菊，现在看来并不重要。重要的是，这种美丽且生命力极强的花，会在高原上安下自己的家，能从东海岸一直走到西海岸。

2015 年春天，时隔二十多年，在北京再见面时，82 岁的柯杨先生依然长身玉立，谈笑风生，说着说着，竟然又漫起了花儿。这晚的记忆永久地保留在视频里了。

刊于《雨花》2019 年 2 期

大提琴手

肖复兴

遗传这玩意儿真的很厉害，因为杨家老爷子大杨拉一手好京胡，杨家的孩子个个都会耍弄乐器。受父亲的影响，老大老二和老三，都能拉一手好京胡。每天晚上他家门前总围着一群戏迷，凑着大杨和三个孩子此起彼伏的京胡声，嘶哑着嗓子唱京戏，一会儿老生，一会儿青衣，一会儿马连良，一会儿梅兰芳，热闹的劲儿，像过去阔人家的宅子里唱堂会，成为我儿时住过的大院里的一景。

北京城刚解放那年，杨家来了一个亲戚，穿着解放军的军装，挎着把盒子枪，带着个警卫员，像是个当官的。他看见杨家居然有十个孩子，直皱眉头，对大杨说：你倒是能穷欢乐！你看看你这么多孩子，日子过得这么紧巴，不如让孩子跟我当兵去！

大杨是个火车司机，他家老大早早就跟着他在铁路上干活儿，下面的孩子还小，老二和老三一个十八一个十七，年龄正合适，就真的去当兵了。军装刚穿上没几天，跟着部队南下。那个当官的亲戚让老二和老三都去当警卫员，老二愿意，老三不愿意。亲戚问他想干什么？他说想拉琴。亲戚知道大杨一家都会拉琴，一甩手说：那你就去文工团吧！

三年过后，老二和老三都从部队入了党，然后复员回到北京。老二分配到一家工厂当工会干事，老三分配进了一家歌舞团。工厂的头头儿是老二首长的老战友，没过一年，老二就被提拔当了工会主席。几年之后，工厂头头儿升职，提拔他顶替当了工厂的头儿。老三在部队文工团时因为不需要京胡，改学了大提琴。好在音乐是相通的，老三聪明，学得很快，到了北京的歌舞团，正缺一名大提琴手，像是虚席以待，专门在那里等着他一样。老二老三，都算是人尽其才，工作都很满意，杨家自然要感谢那位当官的亲戚，没有人家的仙人指路，两个孩子只能和他家老大一样，先当司炉，最后当火车司机。

回京这一年，老二和老三前后脚结婚。对象不难找，哪家的姑娘不喜欢这样的男人呢？喜欢当干部的，找了老二；喜欢文艺的，找了老三。第二年，各家的媳妇跟比赛似的，先后脚地生了胖小子，两个人算是顺风顺水，日子过得挺美。

老二当了工厂的一把手之后，就搬出我们大院，住进了厂子的职工宿舍里原来老厂长曾经住的一套三间的楼房。老三的歌舞团没房子，暂时还住在我们大院，和他妈他弟妹挤着。结婚之后，搭了一间小房。日子仿佛又回到以前，每天下班回来，饭由他妈做，老婆在一旁织毛活儿，儿子在一旁看书，他大撒把，大松心，照以前一样，跟着他爹大杨操琴为戏迷伴奏，一家子各忙各的，其乐融融，日子像胡琴奏出的小曲一样，有韵有律的。

这样的日子，如果没有那场运动的到来，杨家老二和老三会过得如鱼得水，各有各的滋味。对于杨家，是逢年过节的时候总能得到老二的司机开着吉普车送来大包小包的年货。对于我们大院的街坊，可以得到老三好多赠票，不花钱看好多歌舞节目。

但是，运动还是来了。各家孩子插队日子到来的时候，杨家最后的两个小九和老十，跟我年纪相差不多，头一批报名去了陕西延安。没有想到，杨家老二和老三的孩子比我们小好多，也没有逃脱插队的命运。那时候，两家的孩子一走，家里一下子都空落落的。如果只是空落落的，也只是日子过得寂寞而已。关键是运动牵引着人心起伏不定，让人觉得像是风暴里一只飘摇的小船，不知道前途在哪里，不知道什么时候就会被浪涛打沉。

那时候，老三的日子好过些，歌舞团改演样板戏，缺一把懂京戏的京胡，老三的京胡派上了用场，重新操练起来，成了团里一把行家里手，谁也离不了。老二却走背字，正作为走资派整天在工厂里挨批斗。本来因为老厂长的关系，已经让他成为和老厂长绑在一起的“黑线”上的人物，又加上老厂长自杀，让他更是罪加一等，在劫难逃。老二的妻子到我们大院找到老三说：就让我家的小军跟你家的小辉一起走吧，两人在一起，彼此有个照应，我和他爸爸也好放心。

老二的小军跟着老三的小辉，一起去了小辉学校同学去的山西稷山县插队，在同一村里落了户。不管怎么说，亲不亲，打断骨头连着筋。小辉比小军大两个月，自觉担当起哥哥的责任，事事会想着小军。那时候，大家都年轻，谁能想到以后会有什么变化，都以为不能永远这么乱下去吧？没准儿几年就能够平定下来，一切恢复正常，甚至还能重新考大学呢。那时候，小辉和小军心里都少不了有几分这样的幻想。

他们做梦也没有想到，这一去山西，两年多没有回家，再回家的时候，命运已经发生了翻天覆地的变化，他们的幻想，不过如小时候吹的肥皂泡一样破灭。小军的父亲杨家老二，因为实在忍受不了每天戴着高帽子挂着黑牌子站在高凳子上遭批斗的屈辱，走上和老厂长一样的道路。老三给两个孩子拍电报的时候，没敢对孩子说实情，只说是爷爷病重，让两个孩子赶紧请假回北京。

那时候，老三的孩子小辉，已经不在村里了。因为自幼受父亲的影响，也会拉大提琴，而且，已经可以完整地拉全套的巴赫无伴奏的大提琴组曲。在我们大院的时候，我听他拉过这些曲子，尽管不懂，却觉得无比美妙。他从北京刚到村里的第二年，就被县上的剧团调去为演样板戏伴奏，这是可以想象得到的事情。别看只是个县上的剧团，还挺正规的，舞台和乐队，都和正规的剧团差不多。演员和乐手大多数是从知青里挑出来的。小辉从父亲那里学会的大提琴帮助他跳出苦海，临别的时候，小军羡慕死了，连连对小辉说：我爸也会拉胡琴，你说我爸当初怎么不让我也学一个乐器呀！小辉安慰他说：别瞎琢磨了，早知尿炕不就睡筛子了吗？谁也没长着后眼。再说，我这也只是借调，样板戏一演完，我还得回来，和你就伴儿！

可谁想到呢，还没等到小辉回村和小军就伴儿，先等来了爷爷病重的电报。小军好请假，从村里立刻到县里，找到小辉。小辉拿着电报找剧团请假，剧团死活不放他回家，说是一个萝卜一个坑，乐队里本来大提琴就少，再缺一把，样板戏还怎么演？演出样板戏可是政治任务！

小辉只好把小军送到火车站，眼瞅着小军孤零零地挤上了火车，独自一个人踏上返京之路。小辉哪里想到，小军更是哪里想到，迎接他的会是这样的打击。

大概就是从这时候开始，小军不想再在村里待下去了。梦想回北京，回不了北京，起码能像小辉一样，调到县里也好。却不想处处碰壁，一烧香，佛爷都掉屁股。而小辉却已经正式调到了县剧团，成了每月拿工资的国家干部。这越发刺激他，让他无法接受。心灰意冷后，小军和当地农民的闺女结了婚。山西晋南的女子长得水灵，又懂得风情，那个女子一门心思就想找个北京娃，一直对他不错，知疼知暖的，熟鸡蛋，大红枣，炒花生，压花的鞋垫什么的，没少往他的衣袋里和炕头上塞。她家里的人对他也不错，彼此有个照应，起码每年冬天盘火炕、堆柴火垛、挖菜窖等一堆让他头疼的活儿，不用他操心了。

他们结婚，是在村里摆了几桌酒席，然后回的北京。小辉特地从县里赶回村里，喝了他们的喜酒，那天，他看见小军挺高兴，搂着俊俏的媳妇，喝得醉眼蒙眬的。小辉只是没有想到，小军这么快就结了婚。搞的这个对象，连带到县里让自己参谋参谋都没有一次，说办事就办事了。小辉喝完喜酒，当天晚上没有返回县城，小军的媳妇家让他住下，说家里有地方住，小辉还是住在了知青点里，躺在烧得滚烫的热炕上，半宿没有睡着。月亮很亮，清水似的，透过窗户，淌进屋来，照在炕上。原来这铺炕上，旁边睡着的就是小军；现在，小军已经离着他很远了似的，小辉第一次感到他们哥俩之间存在着隔膜。他有些伤心。

小军带着新媳妇回北京，家里冷清清的，他妈并没有一点儿欣喜之情。小军的结婚是先斩后奏，纵使儿媳妇长得再像个天仙，毕竟是农村的婆姨。这样把媳妇一娶，不是在农村扎根彻底回不来了吗？这话，他妈不说，憋在心里，系成了死疙瘩，哪里有什么心气，由他们小两口自己，爱怎么折腾就怎么折腾，自己没有怎么操持。杨家也只是派来老三，带来当时流行的两床鲜红的线绨被面，到家里看看他们，表示祝贺。小军带着媳妇，提着从稷山带来的小米红枣土特产，到我们大院看了看爷爷奶奶而已。又到颐和园香山和长城转了转，拍了几张照片，买了些北京的点心，就回山西了。

谁想到第二年就是粉碎“四人帮”的 1976 年。如果小军再坚持一年，等到知青大返城的到来，他也许就不会这么匆忙结婚了。当时，小辉这样想。当然，如果他父亲不是自杀，而是熬到落实政策官复原职，应该更会是另一种结局了。好长一段时间，我和我们大院好多街坊都这么说。

杨家老三的孩子小辉，是 1977 年恢复高考之后，凭着那把大提琴考入了中央音乐学院。他的巴赫无伴奏大提琴组曲，让考官眼睛一亮，这个时候，能拉下这样六首全套的巴赫大提琴组曲的人不多。考官问他还会拉谁的大提琴曲？他说还会拉海顿的两首大提琴协奏曲。考官喜悦之情无以言表，当场就定下录取他了。说心里话，那时候，听到这个消息，我真的感慨遗传的力量，平常的日子看不出来，但在关键时刻，点石成金一样，立刻能改变一个人的命运。

那时候，我考入了中央戏剧学院，艺术院校的学生彼此走动得挺多的，特别是我们班上的同学有找音乐学院的学生谈恋爱的，彼此消息相通很频繁，很及时。在我们戏剧学院的校园里，或者在音乐学院的校园里，我和小辉相见好几次，最初让我感喟命运，小辉比我要小七八岁，却是同一届大学生。那时候，学校里的学生，真的是爷爷辈孙子辈都有，混杂一起，让人啼笑皆非。

我向他打听他家和小军的情况。他告诉我，小军还在村里。脸上现出的表情很复杂，有遗憾，有伤心，也有无奈。望望小辉身边的那把大提琴，我心里有些感慨，只是缺少了这样一把大提琴，小军还留在山西稷山县一个无名的小村里，让他们哥俩的命运竟然有了这样大的差别。

我和小辉是同一年大学毕业的。毕业后，我留在学院里当老师，小辉分配到北京一家乐团拉大提琴。以后，各忙各的，我们没有再联系。

前几年，我偶然路过我们大院。大院正面临拆迁，大多人家已经搬走，好不容易碰到位老街坊，向他打听，还有谁住在大院里。他告诉我杨家老三的小辉还在。我叩响杨家的大门，走出的小辉，让我认不得了，一脸病恹恹的样子。细问才知道，他得糖尿病好多年了。从音乐学院毕业到乐团，开始的日子还不错，经常有演出，后来乐团被推向市场，他自己又得了病，日子每况愈下。乐团当年分配给他的房子，给了孩子结婚住，自己和老婆只好又搬回我们大院，就等着和拆迁公司最后的谈判，争取多要点儿房子，或者多要点儿拆迁补助款。

我问他小军的情况。他告诉我：小军前些年带着媳妇孩子，调回北京了。那时，街道办事处还有知青办，按照知青返城政策办回北京的，他家就剩下老母亲一个人了，完全符合政策，但办得也挺不容易的，因为他老婆不属于知青，为了他老婆也能调回北京，来回拉抽屉，扯了好多的皮，送了好多的礼，跑了好多的门路。回到北京之后，幸亏他爸爸的那些官复原职的老战友帮忙，解决了他和媳妇的工作问题。他家里有他爸爸留下来的那套三居室的楼房，一家子一直就和他妈妈住在那里。

我对他说：甭管怎么说，日子总算安定了下来。

他点点头说：是啊，是安定下来了，你看，我们也都老了！

我说他：你还老，那我怎么办！

他又点点头，苦笑说：是啊，都有一颗红亮的心，都有一本难念的经！小军的孩子和我的孩子，也都到了结婚的年龄了，正跟他闹房子的事情呢！你说，他一家子住在老妈那里，就那三间房子，怎么再给他孩子腾出一间房子结婚吧！他也正挠头呢！

我知道，以前他们哥儿俩一直有隔膜，便问他现在怎么样了。最初，那把大提琴让他们哥儿俩拉开了距离；现在，大提琴的作用消失了，两人又都回到了原点，是不是好点儿了。

他说：好多了！我现在糖尿病整天趴窝趴在家里，比小军还惨呢！小军倒是常来看看我！我们有时会扯起以前那些陈芝麻烂谷子的事情，都是呵呵一笑。笑完过后，我就对他说：你还记得样板戏《红灯记》里鸠山说过的一句台词吗？真的是人生如梦啊！我给《红灯记》伴奏，那里面的唱段和台词，我到现在还能一句不差地背诵，最难忘的就是鸠山对李玉和说的这句——真的是人生如梦啊！

说着，他笑了，我也笑了。

他叹了口气说：现在，都扯平了！命运阴差阳错，谁也不知道哪块云彩有雨，哪块云彩没雨。

临走的时候，我问他：还拉大提琴吗？

他苦瓜一样咧嘴苦笑道：还拉呢！琴早都卖了。

卖了？我分外惊讶，那是跟着他从北京到山西，又从山西回到北京转战南北的大提琴，那是他能拉六首全套的巴赫无伴奏大提琴组曲和两首海顿的大提琴协奏曲的大提琴呀！

他一直把我送出大院，站在我们都曾经那样熟悉的大院的大门口，破旧不堪的大门显得那样的颓败。而我们曾经是那样的年轻，甚至是那样的童稚，沉醉于我们的梦想之中。大院成了我们生命的参照物，残酷无比，映照着生命的流失。真的是人生如梦啊！

很久，很久，我总想起在大院门口和小辉分手的情景，怎么也难以想象，当年那么年轻，那么富有才华的他，竟然一下子苍老得这样厉害。我也想起小军，想起他的父亲他的爷爷，当年在他家门前琴声悠扬伴奏的热闹场景，竟然云飞烟散那么快成了遥远的历史。

不知怎么搞的，想起穆旦曾经写下的诗句：

多少人的青春在这里迷醉，
然后走上熙攘的路程，
朦胧的是你的倦怠，云光和水，
他们的自己失去了随着就遗忘。

但愿，我们不会随着就遗忘。

刊于《当代人》2019 年第 7 期

击溃围墙的杏花

蒋　蓝

杏花是比较寻常的花，在成都平原很容易见到。每年 2 月底到 3 月上旬次第开花，至寒露而落叶，桃树、梨树则在清明节前后开花萌芽，故民间有“桃花开、杏花败，李子花儿才开开”的农谚。也许当地人更看重桃树的经济利益，龙泉山著名的蟠桃树漫山遍野，硬枝盘空，撑开一蓬红花，一座山都似乎变轻了，俨然成了春天的风标。杏花在成都平原则不那么显眼，它们往往小规模地存活着。在那些万年青、蔷薇围合起来的花圃里，透过篱笆，可以见到杏花的演变术。花开时像梅花，每朵五瓣，枝上无叶。含苞之际是红色，开放以后逐渐变淡，最后变成白色。这方面，诗人杨万里的描述无疑是最具实证主义色彩的：道白非真白，言红不若红。请君红白外，别眼看天工。在靡丽的色泽之上，只有那十几茎花蕊，像血红的倒刺，述说着从某个搏杀的梦境历险脱危的故事，而满树繁花俱为故事吸引，开得丰满而静谧，一团团妖冶的火焰把整个枝条都包起来；为了得到进一步凸显，杏花竟然不需要一片叶子的衬托。所以，杏花的枝条总让我奇怪地联想到梅花，有关老枝开花的奇异现实，就立在我眼前。

《太平广记》《董仙》条，引用《神仙传》记载，三国时吴董奉隐居匡山（今庐山），为人治病分文不取，但叫病愈者植杏五株，积久成林，达十余万株，这就是杏林的出典。但杏林吹拂的仁者之风，在唐代以后，就遭遇到了“妖风”的渗透与侵袭。同样在《太平广记》里，转录了《会昌解颐录》中《刘立》一条，刘立见一杏园，花盛发，中有妇女十数人。立驻马观之，有一女，年可十五六，亦近垣中窥。这就出现了一个动人的画面：男人伸长脖子往杏园里张望美色，而一个美女也正在近垣中窥着男人。围墙，成了一个吹气如兰的道具。这种欲近故远的修辞策略，在古典文学里本是家常便饭，但我们一当读到此，还是忍不住心旷神怡。这就让我觉得，所谓杏园、杏花，与女色的纠葛本就是浑然天成的。因此，围墙就绝对不是皇帝的新衣。

宋朝诗人吴文英在《思佳客》里咏叹：

“钗燕拢云睡起时。隔墙折得杏花枝。青春半面妆如画，细雨三更花又飞。轻爱别，旧相知。断肠青冢几斜晖。断红一任风吹起，结习空时不点衣。”

这隔墙折得杏花枝肯定是美妙的，其肢体美学的造型，主要是得力于隔墙，尤其是宽而厚的江南庭院里的白墙。因为没有白墙的衬托，杏花似乎就容易成为无根之木，成为寒风的妹妹。再仔细一点，那些蜿蜒而绵亘的女墙，俨然成为传统文化为杏花铸造起的一道美学屏风，不然的话，杏花就难以笑立春风。在难以记述的有关杏花的诗词里，容易让我们发现，装饰主义的围墙，反而是以实用主义的骨架出现的，它不但与杏花互为彰显，以半遮半蔽的朦胧，进一步激发了雨雾里的古典氛围，也为攀枝折花的登徒子们，搭建了情欲的阶梯，成了斜刺里插入伦理的传帮带模范。

很值得注意的是元代白朴的杂剧《墙头马上》。它的源头是《井底引银瓶》的素材，早就受到民间艺人的重视。元陶宗仪《辍耕录》载金院本有《鸳鸯简》及《墙头马（上）》各一本，《南词叙录》载南戏有《裴少难墙头马上》。而宋话本《西山一窟鬼》中更有“如捻青梅窥小（少）俊，似骑红杏出墙头”的插词。在此基础上，白朴的剧本也大大丰富了原诗的内容。更重要的是，白朴虽然以传统故事为围墙框架，他却把人物置身于围墙之内，围墙由爱情的道具，再变为情欲的保护者，直到红杏与伦理的围墙彻底合璧。红杏李千金竟然在裴少爷家后院躲藏了长达七年，生了一男一女，这种伟大的“淫奔”，这种现在看来老掉牙的藏娇故事，为什么一再获得民间情怀的咏叹？说明了杏树的风化，在进一步撑开一树风月的同时，也得到了民间文化的认可。

堆积在杏树沃土里的文化养料如此丰厚，就难免让人对杏树产生一些拟人化联想。清代褚人获《坚瓠续集》卷二也说：圃人于元旦日初出时，反斧斑驳锤枣树数下，祝曰：汝若不实，我必伐汝，名曰嫁枣。果木居然开嫁，李树亦然，后更有嫁杏、嫁橘之说。具体证据就是，宋代李冠卿在扬州所居的堂前，有杏树一株，花多而不实，好看而不实用。媒婆就说了：来春与你嫁了此杏！冬日，忽携酒一樽来，说是婚家"撞门酒"，乃索处女红裙一条系在杏上，然后奠酒辞祝再三，春果结子无数。（见宋庞元英《文昌杂录》）而从杏花围墙突围到女性的春情漫溢，从杏子的外观到女性的眼睛以及性器的隐喻，与其说是杏的天性，不如说是男权主义的文化欲求，将杏树培植成了自己性情的偶像。

奇怪的是，风流成性的才子李渔在《闲情偶记·种植部》里颇为横蛮地评论道：种杏不实者，以处子常系之裙系树上，便结累累。予初不信，而试之果然。是树性喜淫者，莫过于杏，予尝名为风流树。噫，树木何取于人，人何亲于树木，而契爱若此，动乎情也？情能动物，况于人乎！必宜于处子之裙者，以情贵乎专；已字人者，情有所分而不聚也。予谓此法既验于杏，亦可推而广之。凡树木之不实者，皆当系以美女之裳；即男子之不能诞育者，亦当衣以佳人之裤。盖世间慕女色而爱处子，可以情感而使之动者，岂止一杏而已哉！

说这话都不想想，成年把石榴裙当作卧榻的李渔，怎么如此痛恨起杏花来了呢？莫不是有人勾引走了自己心爱的女人，转而对着树木歇斯底里？哲学家说没有无缘无故的爱，自然也没有无缘无故的恨，而对动植物进行阶级、道德成分的分析，看来并不是后来者的发明，李渔早就是实践者了。

宋祁的词今仅存几首，以一句"红杏枝头春意闹"就足以傲视千古。为什么说绿杨烟外晓寒轻，红杏枝头春意闹？对此，李渔在《窥词管见》里再次横蛮地评论道：争斗有声之谓闹。桃李争春则有之；红杏闹春，予实未之见也。闹字可用，则吵字、斗字、打字，皆可用矣。显然，李渔并不认为"闹"有何高明。红杏之闹，是否只跟叫春近之呢？过于拘泥于现实之象，李渔自然容易为现实所累了。相反，王国维《人间词话》则盛赞说："着一闹字而境界全出。"

我的看法是，很显然，李渔的确是受到了红杏的深度刺激所致，显得过于孟浪了。

在唐时吴融的《途中见杏花》“一枝红杏出墙头，墙外行人正独愁”的开启之下，墙头红杏频频激发骚人墨客的灵感。当然，我们最熟悉的自然是叶绍翁《游园不值》。此诗应该是脱胎于陆游的《马上作》：“平桥小陌雨初收，淡日穿云翠霭浮；杨柳不遮春色断，一枝红杏出墙头。”叶绍翁写园的一角，宛如窥视女性之一点也。在出墙来的前面加上了提示性的关不住，突出了春意的奔涌，自然让我们联想起那些从宫阙流水里漂出的红叶题诗之类。

中国古人历来有将“花”与“鸟”并称的审美倾向，与杏花、海棠密切相关的鸟，往往是白鹇。白鹇自古就是名贵的观赏鸟，唐代诗人李白曾写下“请以双白璧，买君双白鹇。白鹇白如锦，白雪耻容颜”的名句，在我看来，白鹇之色与杏花的红艳，构成了一种隐喻的转折，而“鹇”之“闲”，又昭示了古人的隐逸、孤洁向度。清朝文官的官服上，五品官的图样便是白鹇。

在平民生活中，庭院一般不种杏树，因而又有杏树不兴人的民俗。乡村种植杏树多在村外，杏耐贫瘠干旱，收获早，在五月的大麦成熟时，杏子也成熟了。杏子因为软，与女人的脸面近之，农人将谷草铺在树下，摇动树干，杏子就不会跌烂。其实，古时民间是广泛种植杏树的，因为杏也是染料，这主要是指杏树根和杏树皮。杏树的寿命约 20 年，树老干枯，人们将根和皮取下，捣碎煮烂，再晾干，就成了杏黄的膏子。

《本草纲目》载，杏仁甘苦温冷，有小毒。两仁者杀人，可以毒狗。可见，具有情欲燃素的东西，有毒，不过是其威力的一种体现罢了。

每到春末，杏花、桃花、梨花都凋谢了，疯狂的油菜花犹如经历起义似的消耗之后委顿下来，也渐渐为葱绿的叶片所淹没，绿色主宰了大地。我行至那些篱笆墙边，那不再逸出墙头的杏花，使得篱笆墙空空如也，近乎稻草人。

刊于《当代人》2019 年第 8 期

这条河还有吗？

任芙康

朋友问我："京杭大运河，还有吗？"

对方三十几岁，正是迷恋脑筋急转弯的年纪。因博士身份，其满脸狐疑，让人相信不是玩笑，便回答："应该……有吧。"他却索性摇头："我开车找过，从北京动身，经天津、河北，到山东，没见着一条南北向的大河呀？"我亦走过同样的路，起过同样的疑，其实认同他的话。

这是数年前，大运河斩获"世界文化遗产"时的一段往事。朋友伶俐，见我有些结舌，便用话岔开："既然称作遗产，或许已经消失了吧。"我亦不再坚持，但这条河的来龙去脉，就此成为下意识里一桩心事。

前年秋天，我到了北京通州大运河源头。旧时的石坝码头，乃康熙、乾隆数度登船南下的皇家船埠。1855 年黄河大决口，成为大运河南北断航的象征。之前的 1851 年，安徽姑娘兰儿（另有一说，这孩子压根儿就出生京城），由此上岸进宫。说来难以假设，如果晚了区区四年，未赶上运河繁盛的尾巴，兰儿便无缘水上漂来，而只能经陆路赴京。悬念在于，千里迢迢，风吹日晒，还会有一笑百媚的成功"面试"么？进而，还会有赫赫有名的慈禧太后么？

通州人颇会装点环境。昔日老码头四周，另有旧桥、旧塔、旧河道，加上新添仿古龙船、文化广场及运河公园，遂与全国重点文物保护单位、世界文化遗产的名号有了样式上的配套。我一一掠过，只是关心眼前水面淌入的河道，叫北运河吗？方向感又告诉我，北运河平缓的流向，是东南方的天津三岔河口。

在此与南运河交汇，成为海河，径自东去入海。这半路脱逃的水道，还算得京杭大运河的序列吗？

再反身瞧瞧。由三岔河口，南运河逆水西上，至古镇杨柳青，改向朝南。途中时而收纳一道溪，时而断于一条河。磕磕绊绊的南运河，而今唯在“引黄济津”输水时节展现些许余勇罢了。

究其实，京杭大运河殁于鲁、冀、津、京一带，恰恰缘于海河水系的株连。众多自诩“海河儿女”的人，未必晓得，海河全长仅七十公里，其流域面积，则广达三十万平方公里。照习惯说法，排在长江、黄河、珠江之后，位列全国老四。盘点五大洲水文地理，主干之短促，水系之宽泛，不可思议的反差，让海河稳坐全球头把交椅。

面对海河的怪异，不妨放胆想象，做一外行的梳理。其流域西至太行群山，北含蒙古高原。难以计数的大小河流，如经络密布，在华北平原扇状散开，面朝低洼的渤海湾天津一带，呈归顺般倾斜。承接水量最为集中的海河，顺理成章，成为浩瀚水系的领衔。

华北西部及北部高地，植被甚差，夏日太阳赤裸裸地照着，一片巴掌大的树荫都成稀奇。每遇暴雨，不论持续长短，皆有山洪裸奔作祟，致使中下游水患频仍。1963年秋，一场凶险的洪灾刚过，雄才大略的毛主席，发令根治海河。矛头所向，并非见头见尾的短短主干，而剑指庞大水系。流域上下，自此进入热火朝天。每逢秋汛收尾，数十万、上百万劳力，开进大小河谷地带。红旗招展中，使用锨、镐、推车之类，筑堤挖河，建库扩湖。如此治理，一干二十载。百业萧条的“文革”中，亦未曾停歇。1970年年底，我随部队疏浚首都机场西侧的温榆河，天寒地冻中，抡锨半月而斗志不衰。炊事班有大队送来粉条、白菜（还曾给过半扇猪肉），晚饭后则观看“铁姑娘队”的慰问演唱：

想亲人，望亲人，山想人来水盼人，盼来了老八路的接班人。你们是咱们的亲骨肉，你们是咱们的知心人……见了你们总觉得格外亲。

其时涉世未深，却已能分辨出，朴实、活泼，才叫作顶级可爱。她们的歌声，像含着灵丹妙药，足以抑制怕苦怕累，有效缓解腰酸腿疼。

如今的海河流域，“根治”已成为现实。四十年间的大小河道，成为太平盛世的佐证。间或夏雨滂沱，终因水利设施步步设防，犹如节节截流，中下游河道，纵然涌现滔滔波浪，亦多为有惊无险的点缀。

风雨，升级为风浪，在降水历来金贵的华北大地，早成奢侈景观。一条雄赳赳、气昂昂的大运河，走到这块火运健旺的地盘，仅靠残汤剩水的补给，踉踉跄跄，直至最终倒下，完全符合天时地利。故而，可以断言，失却自身造血功能的海河流域，正是京杭大运河折戟沉沙的伤心地。

却说这几年，因俗务游走，巧遇扬州、无锡、苏州。我总会不由自主，打探运河种种。有的主人，满脸茫然，三言两语，搪塞过去；有的主人，则如数家珍，意犹未了，往往还会带上你，去看一段运河的“真身”。

又凑巧，一个薄衣单裤的春日，经湖州到杭州，与水量充沛的运河数度结伴而行。杭州拱宸桥，三孔石拱古桥，长约百米，横跨东西，公认为京杭大运河终点标志。倚桥头，朝北望，无想象中的宏阔。但见水面从容，既无赶路千里的疲惫，亦无末日来临的凄惶。再南行短短一程，大运河将告终结，汇入钱塘江。我心下敬佩，只有见过大世面的大运河，在这告别“人世”的时刻，方能如此气定神闲。

大运河见过大世面，绝非虚说。我这几年走走看看，不经意间，脑子里多少添了些运河的皮毛。西高东低的地形、地貌，决定着华夏大地的大江大河大多西向东流。大运河挣脱制约，背离天意，由人工挖掘出来，不管不顾地，自北朝南流淌，且两千里的路途，已抵达两千岁的古老。其长度与久远，遍览古今中外运河史，均属举世无双。

我曾见识过几位运河行家，对若干细节，满腹经纶而又莫衷一是。便晓得，于大众而言，无须去做专业考古，晓得点轮廓，即可自得其乐矣。为着南粮北送、北货南输，大运河从隋朝的杭州登程，终点洛阳。通了七百多年，元朝到来，洛阳陨落，遂截弯取直，朝向偏东，再正北前行，终点北京。

途经浙江、江苏境内，俗称江南运河。此段水网交错，分分合合，如欢喜冤家打架。运河竟也入乡随俗，腾挪有致。比方，为抵消长江、淮河、黄河等天敌的阻碍，陆续翻越大大小小的船闸，借以消弭水位的落差。又比方，流着流着，从南端融入某片湖，再经北端穿出；流着流着，从西头结交某条河，又由东头分手。再比方，一段明明畅通的河道，突遭洪峰决堤，或因天旱断流，三两年间凋敝、废弃，面目全非。但无碍，哪怕东闪西避，数十数百里地绕行，依旧默默顺从，辗转前行，寻得机会再北回南归。实在走投无路，还曾有过舟楫顺流入海，沿海岸北去，至天津，进海河，上北京。反正，表面的随遇而安、落拓无羁、相忘于江湖，乃着实的审时度势、忍辱负重、构思于本能，就为坚守初衷，将南方与北方之间，贯通出一片活泼的景气世界。

京杭大运河，远不是寻常概念里的水道，你永远不可以惦着，自起点登船，有个三天五日的篷窗观景，顺溜溜儿就到了终点。“孔雀东南飞，五里一徘徊”的故事，出自汉代，又分明是为四百年之后兴建的大运河状物言情。运河表象飘逸，实质坎坷。好似孔雀奔东南，若比喻五里一徘徊，距离过短，眷顾得就有些琐碎。但要说百里一徘徊，则大体符合实情，且很是传神了。一言以蔽之，运河柔韧的迂回，同样在古今中外，算得江河湖溪的楷模。

已经不止一年两年，我有种莫名念头，总想目睹一段畅畅快快的大运河。河是河，岸是岸，不要揉搓，不要缠绵，不指望地，不依靠天，百舸争流，渔舟唱晚。两个月前在南京，一位朋友听罢我的“宏愿”，扑哧一笑：“你这大大志向，只需人到徐州，便可小小实现。”

隔日中午，我到了徐州，到了城南的窖湾。窖湾，本是荒野一片。很久很久的从前，随运河通来，几户人家顺水而至。然后，人烟袅袅，鸡鸣狗吠。日子如水，路过的船多了起来，投靠的人密了起来，便积攒起苏北“小上海”的盛名。镇子排场甚大，尽是老街、老屋、老树、老庙、老作坊、老门楼、老学堂。跨进山西、山东、江苏、福建几大会馆，繁复的明清建筑群，无一不高楼深院，还原着昔日“移民”云集的商埠盛况。此刻，混迹于挨挨挤挤的人流中，穿行在土特产的商铺间，样样吃食是可以拈起来尝的，种种货品是可以拿过来瞧的。最终不合你心，未成交，亦无妨，店家似乎全不懂嗔怪为何物。我看中一把竹质提子（用于坛罐取酒），造型那个简洁，打磨那个圆润，让人讨价还价的游戏都懒得一玩，窃喜中爽快掏钱。窖湾的声响和颜色，似乎别处少见，溢出大码头的气场与遗风。进得一家洁净的小店，品尝鲜蔬、鲜鱼、鲜豆腐。汤足饭饱，众皆开开心心，乘兴去往运河码头。而我沉默，心里的喜悦只愿独享，而不肯急着说给旁人。

跨上几级石阶，仿佛一下傻掉，难以置信的景象撞眼，长长宽宽的运河，居然成了连串船舶的锚地。然而又即刻自叹，竟生出这等低级错觉。大小载重船只均未静止，都运动着，且呈急速之状。

心头疑窦丛生，这是大运河吗？怎有如此的生龙活虎？

徐州李雷，运河里戏水长大，少年怀揣的理想，是成为一名运河的守护者。升学时阴差阳错，让他学了中文。毕业分配又善解人意，让他“归队”进了运河徐州航道管理站。三十年过去，已成为站长的李雷，说起大运河，语速平稳，词句简约，让人听不出惊叹的调子。因河道的宽度、吃水的深度、桥梁的高度等诸多因素，徐州至扬州段的苏北运河，定位为二级航道。但是，包含所有一级航道在内，盘点全中国，乃至全世界的版图，苏北运河的繁忙，首屈一指。

“这怎么可能呢？”我无知，又极孟浪，甚而想到，热爱家乡，大不必作如是登峰造极的美言，质疑脱口而出，近乎无礼。然李雷不以为忤，稳稳当当说出两个数字：“与国内一级航道中的老大做比较吧。2018 年货物运量，长江三峡枢纽 1.44 亿吨，而苏北运河呢，3.17 亿吨。”

我相信李雷。但我惊诧莫名。

时见各地报章，常有开掘、光大运河文化的消息。从北到南，各有千秋。就连久已废弃的故道，都能做出锦绣文章。一个 3 月天，细雨下常州。诗人余光中的外婆、母亲、妻子，都是此地人。常州运河文化的主题，遂切入乡愁。余光中在那头，曾吟出邮票、船票的乡愁诗；我们在这头，曾谱写布票、粮票的心忧曲。乡愁奇异，须得与陈年往事勾连，方有敲击心灵的魔力。于是，浓浓思念背景的一台音乐剧，顺理成章，成为常州运河文化的华章，成为我们这些外乡人离别龙城时，一步三回头的牵挂。

这条河还有吗？回到文章的标题，显然应予删改才妥。但略为斟酌，终究想不出新句。又其实，众多不曾与运河谋面的朋友，可能不会嫌弃我这份无心插柳的禀报。大运河成为世界文化遗产，并非整体凝固成了化石。其活蹦乱跳，展现出巨大的传统价值、观赏价值、资源价值、功能价值。最终，不是由我们为运河献上景仰的凭吊（永远不是），而是大运河将庇佑、恩惠、陪伴人们，甚而福延子子孙孙，在这块悲喜交加的土地上，执拗地延续下去。

刊于《文学自由谈》2019 年第 2 期

那天去做“下放佬”

徐南铁

我的“下放”是在1968年，迄今已经半个世纪。当时初中二年级的课程还没有读完，但因为“文化大革命”，学生们一时走出课堂闹革命，一时“复课闹革命”，进进出出，已经在中学校园里混了四年。

虽然我们都说是去“下放”，但是所有的正式文件和报纸杂志都叫我们“知识青年”，最高领袖的话也是说“知识青年到农村去”，并没有什么“下放”之说。各级政府都成立了专门管理我们的机构，叫作“上山下乡知识青年安置办公室”，也找不到“下放”两个字。

“下放”一词似乎是给干部专用的，那些城里来的干部叫“下放干部”，带薪。我们这些学生在正式的社会体系内根本沾不上这两个字。

但是民间话语力量强大，而且直抵本质和核心——从高高在上的城市到社会底层的农村，放到下面来，不就是“下放”吗？所以农民坚持认为我们就是被下放的，即使叫我们“知青”时，也一定加上一个修饰词，叫“下放知青”，或者直呼“下放佬”。

“佬”是当地话对某类人统称时的后缀，比如屠夫是“杀猪佬”，阉鸡的叫“阉鸡佬”，做裁缝的叫“车衣佬”。还有“木匠佬”“泥水佬”“打铁佬”“剃头佬”等等。此外，还有外来租地种瓜种菜的“广东佬”、打石造桥的“福建佬”。这些“佬”虽然都是身怀技艺的人，但仍是农业人口，并不比农民身份高。但对于那些直接下田从事传统农业生产的农民来说，这些人不需日晒雨淋，平时却比农民手里多几个活钱。农民们看这些“非我族类”的人总不免心情复杂，因而存在疏离感。这也许和中国历朝历代的重农轻商、轻手工业者有关？

“下放”的人何以也成为“佬”？也许是因为在农民的眼中，我们只是悬浮的一群，同那些游走四方的手艺人一样，同样不是正宗的农民。农民们还认为，我们是不会久待的，不会像他们把根扎在土地上。尽管他们并不能决定我们去留的命运，但是他们有这样的观念，我们作为“下放佬”还是很感到安慰。

有意思的是，对周围那些吃国家皇粮的人，农民不会给他们添加一个“佬”字。农民用掺杂着卑微的热情称他们“粮库的老王”“商店的老张”“信用社的雷会计”等等。看来农民对体制的内外还是区分得很清楚的，只是我们当时意识不到其中细微的不同心理倾向。它藏在意识深处，就像流水多年冲积而成的小洲，被芦苇覆盖了。

记得很清楚，离开家去做“下放佬”的时间是秋天，8 月 19 日，但是好几个月前学校就开始筹划布置，比如学校的领导们认为，分在同一个生产队的学生必须按他们眼中的“好中差”搭配。他们似乎忘记了，知青们“下放”不是转一圈就走，他们可是要长年累月地待在一起。这些十六七岁的年轻人来到恶劣的生存环境里，亟须互相爱护和鼓励。把一些合不来的人强行放到一起，就为“知青点”的分裂、争吵和最终崩塌埋下了伏笔。可惜权力总是无所不在地傲慢，青年人的悲欢并不在它的思考屏幕上。

幸好把大家撒在那个“广阔天地”里之后，生活的重压立即碾碎了过去的生活模式。学校负责把我们送到农村，就切断了我们与学校的关系。从这一天起我们就不再是学生，学校强行给我们划分的所谓“好中差”已经毫无意义，谁也管不了谁，谁也不想管他人。免不了的各种分歧、争执、吵闹之后，就是各管各的了。

与校方紧锣密鼓的布局同时，开赴农村之前，我们被办了一周的学习班，内容是听文件、读报纸、请老工人“忆苦思甜”，大家还按要求纷纷写了扎根农村的决心书。我居然找到了当年自己的决心书草稿，只见上面写道："坚决到农村去，高高兴兴地去，去当一辈子新式农民。"还要求到革命最艰苦的农村去，要去农村"恭恭敬敬、老老实实、认认真真地向贫下中农学习，大搞阶级斗争"。所有的决心书都是青春热情的激荡，只见誓言漫天飘飞。一时间，大家都似乎相信这一切都是真的。

学习班结束那天开大会，学校让我负责布置会场。在即将"下放"的那些学生里，我的毛笔字据认为写得还比较好，所以我就亲自撰写了主席台的对联。当时国家向青年学生发出的号召是"四个面向"：面向工厂；面向农村；面向部队；面向基层。但是到我们学校就只剩一个"面向"了——全部毕业生被安排去农村插队落户。于是我给会场写了一副对联，上联是"面向农村、面向农村"；下联也是"面向农村、面向农村"。整副对联表达的就是"四个面向"。我认为这样突出"面向农村"，既是现实，也表达了我们的决心。

开会时，学校领导——当时叫"革命委员会"主任来到会场，看到对联就沉下脸来。后来听说，他认为这是对上山下乡运动不满。但是我并不在意他的态度，反正要去农村了，还能把我怎么样？

颇感意外的是，"革命委员会"倒也没有把这事怎么样，也许主任只想把这事快快完结，打发走我们。于是就站在那副对联的中间，给我们作了热情洋溢的号召和嘱咐。我估计他和我的想法大致一样——反正要去农村了，还能把他们怎么样？我们这些被"文革"风暴席卷的学生，既没有课可上，又没有大学可考，却也无法毕业，已经在学校里"兴风作浪"好几年，估计学校也希望我们早点离开吧。

选择 8 月 19 日出发，是要在前一个晚上开一场声势浩大的上山下乡誓师大会。8 月 18 日是毛主席第一次在天安门接见红卫兵的日子，在这个日子里誓师，政治意义自然是异常地饱满。曾经有人提议将这一天立为红卫兵节。当然，随着"红卫兵"的灰飞烟灭，此话后来不谈。

誓师大会之后，我按照母亲的嘱咐，踏着月光去父亲单位的办公大楼。父亲被囚禁在一间被作为临时监狱的办公室里，母亲要我去给父亲送生活用品，其实是让我下乡前向父亲告别。父亲被囚禁在那里多日，根本不知道我将要去被告之“有诗意”的远方。

那个年代，如果有人被批斗，家里其他的人总要担心他自杀。因为按照那时的社会政治模式，不管有没有问题，不管问题大小，只要自杀就是“自绝于党，自绝于人民”，家属也就从此再抬不起头。那天晚上，就在监管人员的监视下，我婉转地向父亲表达了我的担心，结果是生平第一次见到父亲的眼泪。父亲说：我不会做对不起你们的事。听了他的话，我既感到一阵轻松，却又感到一阵愧疚。那年头，没有坚持是非观念的勇气，大多人更害怕的不是丧亲之痛，而是害怕自己受到连累。如今回想起来，父亲当时说的是“不会做对不起你们的事”，可见他明白我的担心是为了谁。他是为家人而活下去啊，心里是不是会生出世态炎凉的感伤？

当时“文化大革命”正如火如荼，远没到结束的时候。接下来生活之路怎么走，大家的心里都没有底。作为 17 岁的少年，并不太懂离别的沉重，只是闷着头循着社会划定的路线前行。那个夜晚被匆匆抛在脑后，第二天一早我们踏上征程，生命由此开始了另外一个阶段。

我们下放了，有了永远跟随人生而磨损不了的社会符号——“知青”。

因为我们是最早的一批下放知青，是新事物，所以受到了“当地干部和群众的热烈欢迎”。

在县城，县委、县政府举行了欢迎会。我们一百多学生济济一堂，听县里的领导做重要讲话。这位领导无非是说了些上山下乡的重要意义，还有就是欢迎大家到农村来接受贫下中农再教育，等等，都是些报纸上的套话。大家没有什么兴趣听，见桌上摆了花生、瓜子和糖果之类，也就毫不客气地开始享用起来。

领导不管不顾地讲得太长，最有趣的一幕发生在他终于讲完的时候。他的结束语是：县里没有什么好招待的，准备了些花生瓜子，下面请大家随便吃点。他把手向桌子这么一挥，却一时收不回来，因为桌子上的吃食都已经没有了，吃完了。场面有刹那的尴尬，但是这种尴尬在我们这些准农民这里，马上就转换成了带有戏谑成分的窃笑。“文化大革命”已经将“温良恭俭让”扫地出门，年轻学生心里早没有了“斯文”的概念，早没有了礼仪的顾忌。更何况，见识过甚至参与过那么多批斗会的红卫兵，岂会在意一个县领导？

这个小插曲并没有影响我们“下放”的进程，县里按原计划请我们吃了一餐饭。下到人民公社，又被请了一餐。饭后同学们就被拆散，各自奔赴农村的最基层单位生产队。

来到分配给我们的生产队，我们几个插队落户的学生又享受了一餐款待。那时的农民一年到头没有肉吃，要吃肉只有等到过年申请杀猪。为了有点荤腥欢迎我们，农民们特意从山塘里打来过年才会捕捞的鲤鱼，切大块，盛大碗。那里的饮食习惯是不去鱼鳞，我们和生产队的干部们一起，嚼着带鳞片的鱼块谈笑风生，做出很兴奋、很熟络的样子，用互相半懂不懂的语言。还一起喝了几口土烧酒。

完成了仪式的隆重之后，我们正式开始了并不浪漫的知青生活。

因为没有电，晚上我们点起了生产队为我们准备的小煤油灯。那种很不熟悉的亮光打在土墙上，微有风动，映出的影子就忽闪忽闪，跳跃不定。据说好几个高中生哭了，包括男生。我们初中生还小，不懂离愁，但是望着昏暗灯晕之外的沉沉夜色，一切恍如梦中，久久无所适从。

从那时起，“八一九”这个日子就成为我们的私有财产，成为一种相互之间的沟通和身份认同。当时有一首流行的革命歌曲《松花江上》，其中有一句歌词唱道：“九一八，九一八！从那个悲惨的时候……”我曾即兴将“九一八”改为“八一九”，在一个下雨天，和几个知青一起敲着饭盆大声地吼唱。

“下放”是悲惨的开始么？当时我们或许并没有那么沉重的忧伤，只是沉浸在巧妙修改歌词的兴奋中。这种兴奋，是迷惘中的发泄，是类似于摇滚的原始力量。

但是前途无望的心理压力已经匝地而来。不多久，谋求离去的浪涛悄然涌起，大家全然忘记了自己当初写的那份决心书。学校领导心目中的“好中差”界限全然消失，一个个被生活的大棒搅和成同一种物质，都在纷纷寻找理由和机会“回城”。

“下放佬”终于认识到，农村绝不应该，也不可能成为自己的归宿，就连农民也不欢迎这些人的到来，认为这些人既不会农活，却又要分食他们本就很少的那份口粮。

星散，就成为插队落户知青们的必然结果，也微观地展示了知青运动的终结。

“下放佬”只是飘过中国广阔原野的过眼烟云，对于那一代农民来说，这些人只是他们心中掠过的短暂记忆。这些年轻“下放佬”留在“广阔天地”里的忠贞、幼稚、迷茫、躁动，还有他们戴着桎梏的初恋，以及他们被视为社会不安定因素的苦难，渐行渐远，很快就在时光的淘洗中模糊不清。

几十年光阴转瞬流过，“下放佬”们在生活的大海重逢，发现几乎没有人还待在山村，尽管山村已经不是原来的山村。

但是“八一九”那个日子大家都还记得。那是一种生命的符号，一种文化的印记，更是一种生命的认同。想想这个日子，眼前就是几十年的春夏秋冬，心里就是一千次的提起一万次的放下。

没有人追逐苦难，甘愿荒废。那一段被有些人高调称为“青春无悔”的日子，似乎是人生长河中的一个巨大漩涡。从漩涡中挣扎出来，却还是要从那里重新开始，继续默默前行。这个漩涡于生命意义何在？或许它锻炼了人的意志，但是不但耗费了青春，而且阻滞了生命力的流畅。有多少人被漩涡甩到岸边的泥沼里，甚至被深深卷入水底。更多的人因为这个大漩涡而耽误，遗失了追求的精神、奋斗的勇气、生命的灵动，遗失了本来可以达到的高度、深度和广度，遗失了人生种种辉煌的可能。但是历史的重负总要有人承担，这个重负就落在了我们“下放佬”的身上。

由于做思想文化杂志的主编，近两年我多次接触到关于知青是否应该“青春无悔”的话题。我虽然对这种说法不以为然，但是我并不想批评说这些话的“插友”。因为我认为这是一种无法拒绝的心理需要。

原谅过去而尽力从过去的日子里搜寻、提炼与旧时代和解的理由，即使这种理由相当的虚伪，这或许是乱世之人取得人生慰藉和灵魂安宁的途径。无奈的人要想回答生命的巨大叩问，总不得不借助马虎敷衍或自我欺骗。当青春早已经溃散，任何对往事的遗忘和粉饰也许情有可原，无可厚非。但是不能以为这种马虎敷衍和自我欺骗真的就能够完成青春的救赎，更不能当作历史的真实到处张扬，甚至写进教科书和文艺作品，嵌进整体的生活记忆。微观的个体得失感受，永远代替不了宏观的历史。

社会纷繁，人生无序。我庆幸自己拖泥带水地摆脱了漩涡，并且经历了 20 世纪 80 年代思想解放的洗礼。“八一九”似乎没有成为我的沉重历史包袱，但是我清楚地知道自己有无可挽回的缺失。我甚至总认为，那一年我要是报考研究生会有几成把握。可是在那山沟里，没有人告诉我可以报考研究生。当时能够离开那里就是万幸，虽然我的高考成绩较高，语文分数全省第二，但我报志愿时眼光只敢盯着师范院校，因为听说在同等条件下，报师范院校的民办教师可优先录取。我就是一个渴望改变命运而不得不患得患失的民办老师。

离去多年后，“下放佬”们结伴回了村子一次。村里的模样熟稔而陌生。不少旧房子倒了，但是新建的房屋很多。儿童相见不相识。小芳早已经不见踪影，而昔日的大队书记听说我们中间有两个人从广东来，拉着我们介绍项目，希望我们投资。我知道，乡亲们绝不可能想起“八一九”这个日子。他们不知道我们关心的是那些流散在此的青春岁月，故地重游只是想拾取记忆。

在岁月长河中反复出入的“八一九”又一次来临。

带着这日子印记的“下放佬”都已经退休，竟然有人起兴想排几个节目庆贺这个日子。“排节目”几个字猛然触动了半个世纪前的记忆，把我带回到过去。原来往事并没有走远，还残留在心的褶皱之中。我想起那个“八一九”的前夜，誓师大会之后也演了几个雄姿英发、意气飞扬的节目。

有人打电话来约我参加“排节目”，因为当年我也曾是学校宣传队的队员，也曾活跃在舞台上。

我问：打算排什么节目呢？那位老兄说，跳《忠字舞》。

我无言。我觉得这似乎不应该是经历过“八一九”的人的提议。后来想一想，又觉得这似乎就应该是经历过“八一九”的人的提议。

可叹的“八一九”！

那天晚上的习字时间，我写了苏东坡的“大江东去”：人间如梦，一樽还酹江月。

刊于《秦岭》2018 秋之卷

房客田老蔫

张映勤

田老蔫，本姓田，不知其名，老蔫是他的外号，是说他不爱说话，性格懦弱，内向，不善交际，属于三脚踹不出屁来的主儿。这样一个老实人，后来的变化却导致了悲催的后果。田老蔫直到离开小街也没有自己的房子，仍然是一个靠租房住的房客。

小街最早拆除的房子是马家大院，那是改革开放刚刚开始，城市第一批修建新楼的四十年前。

马家大院不是平房，是前后带院的两座二层老楼。主人姓马，楼下一层六间都是他们家的房子，楼上住着四五户杂姓。

为什么叫马家大院？因为当初这所院子都是他们家的，可见过去马家是有钱的剥削阶级。新中国成立，老马的风光不再，买卖充公，收入大减，一家人靠变卖家产维持生活。老马将家里的房子先租后卖，只留下了一楼这一层。周围的街坊叫随了口，延续原来的名称，马家大院在小街上人尽皆知。

田老蔫就住在马家大院里，与别的住户不同，他住的不是自己的房子，他是这里的房客，租的是老马家的房子。房子在后楼的一楼，十几平方米，阴暗潮湿不通风，原来是老马家堆放杂物的储物间。老马过去经营茶叶，生意火爆，买房置地，家道殷实，解放后买卖每况愈下，公私合营时，店铺归了国家，老马也由老板变成了职工。家里人口多，就他一个人养家，入不敷出，坐吃山空，卖了房子维持了几年，然后又将家里多余的房子租出去，以贴补家用。这样，田老蔫就搬了进来。

田老蔫结婚生子都是在这间租来的房子里。他在一家集体小厂上班，生产纸箱子。单位小而穷，根本没有能力为职工福利分房，他的收入也不高，老婆接连生了两个孩子，工资勉强用于糊口，夫妻俩也没有富裕的钱买房，一直靠租房生活。好在老婆常年带着孩子住娘家，只在周末才回来和他团聚。田老蔫得过且过，不以为意。平时就经常在单位值班，单位有食堂，有床位，喝水用电还不用自己花钱，何乐而不为。所以老婆不回来的时候，他就把家当成了旅馆，偶尔住一两天。久而久之，他也习惯了这种准单身的生活。除了经济原因，房子的使用率不高，也许是他长期租房不买房子的原因之一。

田老蔫人很老实，本本分分，没有任何不良嗜好，不抽烟，不喝酒，在外面连个亲戚朋友也没有。在单位，每天除了干活，他脑子里就不想别的事，他甚至连打牌下棋都不会，生活平淡得像一杯白开水，少滋寡味，无趣之极。小时候，他们家极其贫困，经常饿肚子，如今不仅解决了温饱，而且娶妻生子，有一个安身睡觉的地方，田老蔫已经很满足了。

在单位，老蔫工作兢兢业业，认认真真，从不会偷懒耍滑，厂里又脏又累的活，人们第一个想到的就是老蔫。领导为了安抚他，还让他负责记考勤，说是对他的信任。田老蔫听了，心里十分高兴，几十号人的企业，领导偏偏选中了自己，这不就是重用吗？这份工作虽然权力不大，好歹也算是管理岗位，干好了说不定就有转干的希望。田老蔫信心十足，就像忠于职守的看门狗一样，一丝不苟，铁面无私，盯着每一个人的动静，一笔一画地记在本上；谁迟到了早退了，都记得清清楚楚。有人编一些理由或给他一点小好处，让他睁只眼闭只眼，记考勤时能放过一马，老蔫却毫不通融，秉公办事，照记不误。那时候值班没有值班费，老蔫都是自愿替别人的，大部分时间吃住在厂里，别人不愿意干的脏活累活交给他，干起来毫无怨言。即使这样，他也没混出个好人缘，死性、固执，抵消了他的老实厚道。受累不讨好，说的就是他这种人。他公正无私，忠于职守，傻干实干，监督着每一个人的出勤动向，得罪了厂里不少职工，活干了不少，却没有一个人说他的好话。

领导对老蔫这样的人也只是使用，并不真心待见。有一次，他在值班时巡夜，看见厂长屋里的灯亮着，老蔫心疼领导，心想这么晚了还在工作，我得关心关心。他提着一壶开水拿着个馒头给厂长送去。走到屋外，听见里面传来一个女工的呻吟声，那声音结了婚的老蔫能想象出里面发生了什么。夜深人静，孤男寡女，两人在屋里能干什么？他心里一清二楚。田老蔫先惊出了一身冷汗，厂长平时不苟言笑，一本正经，这个女工却风骚轻浮，不太检点，这不是腐蚀干部吗？遇到这种情况，聪明人假装没撞见悄悄走了也就算，偏偏老蔫是个死心眼，不仅偷听了好一会儿，最后还轻轻敲了敲门，把开水放在门口走了。

这件事，老蔫事后和厂长信誓旦旦地表示："我那天什么也没看见，绝对没和任何人讲过，您放心，保证不讲……"

话没说完，厂长板着脸没好气地数落道："你讲什么讲，你看见什么了？我们就是正常的谈心，做思想工作，你要是造谣生事，小心我告你……"老蔫没想到好心当成了驴肝肺，厂长不仅不领情，还记恨自己，最后把考勤员的职位给撸了，让他去干又脏又累的搬运工。

田老蔫在厂里没人待见，在家里也不受重视。他爱人在街办幼儿园当阿姨，身体弱，常住娘家。每到周末，老蔫都到老丈人家去接老婆孩子。岳父岳母跟随大女儿生活，每次见了他都没有好脸子。吃饭时，岳父和大女婿在那喝酒，岳母不停地给大女婿夹菜，老蔫就像受气的小媳妇，没人搭理，不受待见。老婆每周回来住一天，也像是极勉强，恩赐一样老大的不情愿。老蔫无能为力，心里有火，不敢发泄，只能强忍着。一周就团圆一天，两口子还时常拌嘴，两句话不对付就吵上一架，盼了一周的好日子经常被一些琐事搅得昏天黑地。老蔫有时一个人生闷气，老婆孩子是有了，可自己的日子还像个光棍一样恓惶。

自打结婚就没有自己的房子，老蔫受着娘家人的数落："没本事的东西，娶妻生子，连个窝都没有，干什么吃的！"他当然想有一间属于自己的房子，可是钱呢？几百上千块钱，当年都是个大数目，两口子每月几十块钱工资，他没这个能力，时间长了也就无心再改变现状；虽然每个月五块钱的房租交得有点不值，但至少让他有了家的感觉。

房东老马是规矩本分的老实人，胆小怕事，唯唯诺诺，出来进去连头都很少抬。过去老马怎么有钱，怎么风光，人们不清楚，自打解放以后老马就没过过一天好日子，一有运动就被修理一次，他实在是被整怕了，整够了，心惊胆战，谨小慎微，见了谁都是客客气气，低三下四。相对而言，女主人马婶倒是性格开朗一些，为人热情，对老蔫一家不错。房子租了几年，房钱一分钱也没涨过，好在当年的物价也没涨，工资更是没涨，一切都好像是原地踏步，停滞不前。偶尔，老蔫回家住两晚上，热饭烧水用的都是房东的炉子，尤其是到了周末，马婶知道他们夫妻晚上带着孩子回来住，两瓶开水早早地放在他们家的门口。那年月，家家户户用的都是煤球炉子，点炉子烧水很麻烦。

两家人，一户房东，一户房客，相安无事，相处和谐，多少年没红过脸。老蔫虽然节俭仔细，从不浪费一分钱，但是到日子准把房租交过来，从不拖欠，两家人一直都是和和气气的。老蔫不爱说话，老马不敢说话，各自心安，少惹麻烦。

说话就到了“文革”，老蔫出身红五类，是造反派倚重的对象，他原本无心掺和派性斗争，可是在一次批斗厂长的会上，人人都要表态揭发，都要表明立场。老蔫被逼无奈，想了半天，在别人的挑唆下，就说出了撞见厂长与女工偷情的那件事。这消息就像往滚烫的油锅里浇了一碗水，立即就炸了。厂长竟然还乱搞破鞋，竟然就在厂里……本来厂长就被批倒批臭、打翻在地了，老蔫踏上的这只脚，让他罪上加罪，一顿拳脚立时把他打得满地找牙。

田老蔫举报有功，成了单位里造反派依靠的骨干力量，他就像坐上了一辆没有闸的战车，一路狂奔停不下脚来，压抑多年的性格一下子得到了释放。老蔫那时就像是变了一个人，浑身有使不完的劲，整天出来进去戴着红袖标，昂首挺胸，趾高气扬。

小街上的邻居都心生好奇，真是世道变了，一向老实巴交不说不道的老蔫怎么如同打了鸡血一样亢奋异常。倒是房东老马一家像患了鸡瘟，低眉顺眼打不起精神，成天龟缩在屋里连大气都不敢出。到了月底，老蔫的房租没有交，忍了三个月，马婶这才小心翼翼地试探着问过一回，老蔫心里早有准备，理直气壮地说：“你们的房子都是靠剥削得来的，一块砖、一片瓦都是劳动人民的血汗，早就应该物归原主了。这个时候你还敢提房租，还想不劳而获，还想继续剥削我呀？”马婶碰了一鼻子灰，吓得目瞪口呆，不敢再言语。

拒交房租，两家的关系骤然紧张，老马家大人孩子都敢怒不敢言，心里有气但不敢发作。老蔫的老婆看不过去，劝他道：“住人家的房子哪有不交房钱的道理，你亏心不亏心呀，这么住着我心里不踏实，要不你就和老马商量商量，咱们干脆买下来得了。”这时候的老蔫脾气见长，顶撞媳妇道：“你懂什么？现在到处都在压缩房产，多余的房子老马就得交出来，让我这时候花钱买，门儿都没有。”

老蔫一不做二不休，很快找到房管站，逼着老马上交所有的房地契，办理相关手续。从此以后，他把房租交到房管站，以为住上了国家的公产房。

老蔫在单位表现积极，又是多年的无房户，有一年赶上分房，论条件他可以分到一间远一点的房子，但前提是得交出现有的住房。老蔫考虑来考虑去，分的房子还是一间，地点又远，孩子上学不方便，不如放弃，等待下一次机会。就这样，他继续住在马家大院。

让他没想到的是，“文革”结束，开始落实政策，老马家的孩子都已长大成人，谈婚论嫁，自然想要回属于自己家的房子。为此马家的孩子和老蔫发生过几次冲突，连吵带闹，赶他不走，最后竟动了武。老蔫势单力薄，被打得鼻青脸肿。事情最后闹到了法院，几经审理，判决下来了，房子确系被强占的“文革产”，国家有明文规定，房子应该无条件地退还原房主，但是考虑到老蔫一家又无处可去，经协商，每个月他必须付给老马家房租，直到找到住房为止。

老蔫立时就傻了，“文革产”，折腾了半天，敢情房子还是人家马家的。转来转去，生活又回到了原点。他年过四十，房无一间，地无一垄，还得继续当他的房客。在单位，田老蔫成了被清理的“三种人”，分房的机会错过了一次，永远没有了第二次，本来收入就不多，每个月还要交一笔可观的房租，老蔫这一回算是彻底蔫巴了。

老话说得好：屋漏偏逢连阴雨，行船又遇顶头风。老蔫命运不济，倒霉事一件接一件，法院的官司判下来没两年，旧城区改造危旧楼房，马家大院被列为拆除的第一批。那时候还没有商品房，旧地重起盖新楼，老住户按房本面积登记，老蔫没有任何手续，成了无房户。他找遍了所有相关的单位申诉反映，但是毫无结果，房子本来就是人家老马家的，他始终都是租住的房客，回迁房根本就没有他这一号，没办法，他只能卷铺盖走人。

老蔫虽然也疯狂过一小段时间，但说到底骨子里还是个老实人，他不会无理取闹赖着不走，他当不了“坐地炮”“钉子户”，唯一的办法就是接着再租房子。

马家大院还没拆迁，老蔫就早早地搬走了。临走时，他像是落荒而逃，和任何邻居都没打招呼。

刊于《鹿鸣》2019年第6期

隐匿的王城

杨海蒂

站在高高的石峁古城上，耳畔猎猎作响的朔风仿佛来自上古洪荒。

放眼四望，东面是奔腾咆哮的黄河，西面是苍凉的黄土高坡，南面是沧桑的古长城，北面是苍茫的毛乌素沙漠。亘古不息的秃尾河、窟野河，从城址两侧浩浩荡荡流过。

在这片比国家还要古老的土地上，在这比人类还要久远的“两河流域”，被定义为“改写中国文明史”的石峁遗址横空出世。

这儿是陕北神木市高家堡镇，游牧文明与农耕文明的交错区域。“天之高焉，地之古焉，唯陕之北。”神木充满了奇迹，名称就是一个传奇。极富特色的明代古镇高家堡，古时为边陲要塞兵家重地，是全国历史文化名镇、陕北四大名堡之一，尤以“城小拐角大”“城小神灵大”闻名。

“两沟夹一峁必有遗迹”是陕北民谚。六十年来考古、文物专家对石峁遗址的调查和试掘几起几落，直到 2012 年，陕西考古研究院一行人马的到来，意味着尘封于历史尘埃中的石峁遗址终于等到了它的“真命天子”。以哪儿为突破口下手，考古专家慎之又慎。准确的判断来自灵感，灵感的启示来自经验。或许还有石峁先祖在天之灵的引领，他们走在了正确的道路上。从外城东门开始试掘，事实证明这是神来之笔。当他们拨开层层泥土，大量龙山时期的陶片不断显露，他们知道，一个里程碑式的考古发现已经诞生了。

更大的惊喜还在后头。一座三重结构的石城，以石破天惊之势赫然出现，面积至少一千万平方米。想想看，一千万平方米是什么概念，有十四个北京故宫那么大！石城的核心区域是外城、内城和“皇城台”，面积超过四百万平方米。这是一项超级工程，后来被确认为迄今“中国乃至东亚最大史前古城”。一场颠覆考古学传统认知的重大考古发现，就这样伴随着考古专家辛勤的汗水和激动的泪花到来了。

“皇城台”是今人赋予的名称，它类似于玛雅金字塔结构，是王的宫殿，是他的权力高台，历经几千年风雨洗礼依然傲然屹立。等级分明“宫禁森严”的建筑格局，昭示威严的王权凌然不可侵犯；类似北京紫禁城的环套结构设计，开中国古代都城建筑格局之先河。

壮观的皇城台下，构筑精良的城墙绵延数十公里，Z字形门道连接着内外瓮城，门道两侧有两两相对的四个门塾（岗哨），门道内侧是两座高大的南北墩台，距城门不远处有马面、角台等城防设施。这是一座完备的军事防城，是整个东亚地区史前最完善的城防体系，说明四千多年前此地战事频仍、政治格局复杂。看来，人类天生就是政治动物。

宏伟的宫殿式建筑、强大的军事功能、严谨的规划设计，足以证明石峁王者的权力、财富与智慧，让看惯了考古奇迹的考古人员也感到震撼。它引起了全世界考古学界的关注——人们总是对最大或最小、最好或最坏的事物感兴趣。

是哪位盖世英豪建造起这座宏伟都城？是谁站在庄严的皇城台上号令天下？

它是黄帝之墟。它是夏启之都。它是羌人之城。它是匈奴鬼方城。它是上古西夏都邑……众说纷纭莫衷一是。每一个可能性的背后，又有多个其他的推测或疑虑冒出来。著名历史学家提出的“黄帝之墟”一说，最引人注目，最令人兴奋。很多人愿意相信：这座众星拱月的塞上之城，这座气势恢宏的史前城池，这座上古时期的建筑巅峰之作，正是《山海经》中描述的“昆仑之墟”“黄帝的昆仑城”。对黄帝在陕北的行踪，《史记》《汉书》都有记载，况且石峁古城的初建年代与黄帝在陕北的活动时间大致吻合，而邻近石峁的桥山、肤施就有黄帝冢墓、黄帝祠堂，在时空上都接上了轨，由此似乎更能确定石峁古城即为黄帝之都。

当然，这只是推测而非考证，至少证据还不够充分。考古界虽然少门户之见，却向来有信古派、疑古派之别，“石峁古城是黄帝之都”结论的产生，自然会引起国内外学界的广泛兴趣，也必然带来学者的质疑和争议。最激烈的反驳，依据于石峁古城“不见于历史文献记载”、黄帝“只是一个传说”。

哪个才是正解？被掩埋湮没数千年的石城缄默不语。或许，对于尚未确证的事情，最好的态度是偏向于怀疑？

文字、城市、青铜器、礼仪性建筑的出现，往往作为文明起源的标志。毫无争议的是，史证如山的是：石峁古城是现存史前最大城址，或为四千多年前中国北方及黄河流域的权力和宗教中心，它改变了中华文明的早期格局，为探索中华文明起源掀开了新的篇章。

过去相当长一段时期里，人们被长城遮挡了视野，把中国古代史看作是长城以南的事情，过分夸大了中原文化的作用。其实，早在 20 世纪初，人类学家就在英金河畔的红山上嗅到了远古文明的气息，现代考古学家李济六十年前也排众而出，提出“长城以北列祖列宗”的观点并敦促同行：“我们应当用我们的眼睛，用我们的腿，到长城以北去找中国古代史的资料，那里有我们更老的老家。”

石峁遗址的发掘实在不简单，印证了李济先生的“先见之明”，体现了中华文明起源的多元性，对“中原文化中心论”形成了强烈冲击，对实证中华文明五千年历史有重要意义。因而，石峁遗址被纳入“中华文明探源工程”，并顶着“中国文明的前夜”之桂冠，入选“世界十大田野考古发现”“21 世纪世界重大考古发现”。

我们还是凭自己的想象，去感受几千年前的王宫气派吧。

石峁遗址开掘不久，我慕“石峁古玉”之名，从府谷顺便前往匆匆拜谒过石峁王国。那时它几乎没有建造任何保护性设施，给我留下的深刻印象是它的荒凉，还有讲解员难以抑制的激动语气。现在旧地重游，欣然看到重要遗迹被护卫起来了，气派的展览馆建起来了，一砖一石都作为珍贵文物保护起来了。无厘头想起杨门女将穆桂英的唱词：“几年我没到那边关走，砖头瓦块都成了精。”诞生杨家将故事的宋城遗址，也距石峁古城不远。

在多到难以想象的石峁遗址出土文物中，数量最多、品类最全、工艺最高的是玉器。石峁玉器的发现，远远早于石峁城址的发掘。

20世纪20年代，外国汉学家萨尔蒙尼就著有《中国玉器》一书，详细记载、描述了石峁牙璋。从那时候起，流失海外的石峁古玉有数千件，欧美多家博物馆都有收藏。流落到民间的石峁古玉更是不计其数，经常是一场暴雨过后幸运的当地村民俯首即拾。1975年，考古学家戴应新在石峁从民间征集到一百多件玉器，现都存于陕西历史博物馆。

红山文化、良渚文化以出土玉器闻名天下，但是与石峁文化中的玉器相比，实乃小巫见大巫。石峁玉器以数量巨大取得压倒性胜利，器类多到让人眼花缭乱，其中牙璋风格非常突出，牙璧造型奇特，专家称之为“精美绝伦，独一无二”。那时候的石峁玉匠，竟然掌握了当今玉器加工的一整套技法，甚至打磨出了针孔可以穿引麻线的玉针，工艺精美到不可思议，有的雕刻艺术对今人来说都是高难度挑战，真是太了不起了，不知道那些伟大的工匠有着怎样聪明的大脑和灵巧的双手。

玉器本是上流社会的奢侈品，令人费解的是，石峁玉器数量多到不可想象，石峁连建城都使用玉器。在石峁遗址的残垣断壁中，考古人员发现多件玉璋、玉铲、玉璜、玉刀、玉钺。石头墙里埋玉，古今中外只发现石峁古城一家，真是牛气冲天。或许，它佐证了史书中“玉门瑶台”的真实存在；或许，墙壁中嵌玉，为“石峁古城乃黄帝之都”论又提供了一个有力的证据——疑为子贡所著的《越绝书》云：“轩辕、神农、赫胥之时，以石为兵……至黄帝时，以玉为兵……”

这么多精美的玉器，这么多大件玉璋、玉刀，得耗费多少玉材！陕北并不产玉，玉料从哪儿来呢？

有人说由邦国进贡而来。有人说是战争掠夺而来。有人说从“玉石之路”贸易而来。近年有专家学者认为：早在张骞出使西域的“丝绸之路”之前，就有一条从西域到中原的“玉石之路”存在，丝绸之路由其拓展而来，石峁古城正是上古时期中国乃至西亚的玉石中心。

石峁玉器数量如此之多，不可能都是贡品，也不可能都从遥远漫长的“玉石之路”贸易而来，同样不可能是四处掠夺搜罗过来的战利品。有一个严峻的问题不容忽视，那就是，古代交通山高水长，古代运输靠牛拖马拉。那么，石峁古玉，有无可能来自距离最近的汉中玉？

大胆假设，小心求证。一位国外著名考古学家说过，“永远不要考虑理论，你只管去收集事实”。

令我感叹的是，王者在城防建筑中嵌玉以增加心理保障，企图使石峁古城同时成为一座巨大的精神屏障，然而，还是阻挡不了石峁王国的兴亡交替。任何王朝都会终结，历史规律不可抗拒。

惊人的发现远远没有结束，历史的遗存、文明的见证，如同沉积岩一样，在石峁古城地底下层层累叠。

城邦，是社会文明到来的重要标志。对跨过了文明门槛、进入了早期国家形态的石峁王国来说，筑城不仅是建筑行为，更是政治的体现和权力的宣示。石峁的城建中，已有排除雨水、保护墙基的散水处理设施，并且使用了横向插入墙体的纴木——这是城建技术的伟大创举，后世直到北宋才有《营造法式》一书有记载。考古人员在内城发现多处房址遗迹，其中一座石砌院落结构完整、错落有致，这个院落，被推测为石峁王国的“城防司令部”。

“事死如事生”的国人认为，墓穴是人死后灵魂的居所，所以对丧葬十分重视。在石峁城址西面，考古人员发掘出贵族墓葬群，这样选址意喻人死如太阳西落。对生命与死亡的态度，决定了他们的哲学观。考古学家习惯以墓葬形制、随葬品多少来推测墓主人的身份。有一个玉殓葬的墓主人，身体上摆满了玉器，他是为了让躯体不灭灵魂永生。有的墓中出土了青铜武器，墓主人生前大概是位武将。那时极其稀罕的鳄鱼骨板、鸵鸟蛋壳，竟然也在石峁墓葬中出现，它们来路待考，而墓主人非富即贵。

石峁王国已有了明显的社会阶层，是一个高度复杂化的社会：王公贵族穷奢极欲，死后还要极尽殊荣。农牧业者、手工业者属于平民阶层，死后只能石棺葬、瓮棺葬之。奴隶则被奴役被殉葬，是“被侮辱和被损害的”社会最底层。

手工业作坊遗迹在石峁古城有不少，这些作坊主要用于烧制陶器、加工骨器、雕琢玉器、制作青铜器、打造农耕石器。玉文化和青铜文化在石峁古城相遇，东西方文明在石峁王国汇合，农业与游牧业在石峁大地并重……对于破解黄土高原的远古文明密码，它们起着举足轻重的作用。石峁古城出土的大量炭化粟、黍和以种植苎麻织成的麻布，告诉我们：这里曾植被茂盛、环境优良，经过千万年狂风的扫荡、烈日的暴晒、暴雨的冲刷、冰雪的侵蚀，才被塑造成黄土高原。这也体现了地质学上的一个真理：任何地形地貌都不是永恒的。

“国之大事，在祀与戎。”对古代君王来说，祭祀非常重要，关系到国运和国事，否则何以“奉天承运”，何以“推天道以明人事”？根据文献记载，有宗教祭祀活动的城池为“都”，没有的话只能是“邑”。在石峁古城外，有一座同时期的祭坛遗址，是上下三层结构的建筑群，表明石峁王国的宗教、文化等文明要素已经齐备。

如果说皇城台无穷的玉器出土使人惊奇，在东城门附近发现的一百多颗人头骨则令人惊骇。六个头骨坑里排列整齐的这些头骨，经鉴定，都是十多岁女孩的美丽头颅。这儿发生过什么？她们是本邦少女还是异族俘虏？是建城奠基，还是为国事祭祀？周朝之前，人的生命被随意践踏，建房子要用活人奠基，权贵去世要用活人殉葬，开战之前要用活人祭旗。可是，在一个视女性为不祥之物的国度和年代，石峁王国为什么要用女子当祭品？面对这么多人头，考古人员能泰然自若吗？都是少女头颅，他们曾为之动容吗？

诡异的“石雕人面像”，大量出现在石峁遗址墙体，很有可能是一种巫术，说明神巫在石峁王国不仅存在，而且是上流社会人士。

“音乐是从原始民族的巫术中产生出来的”，这是法国音乐学家孔百流的观点，英国音乐出版家克罗威斯特则认为音乐起源于模仿自然界的声音，中国古代也有类似的见解：“帝尧立，乃命质为乐。质乃效山林溪谷之音以歌……昔黄帝令伶伦作为律。……次制十二筒，以之昆仑之下……”《吕氏春秋》也提到了黄帝和他的昆仑城，我相信黄帝绝不只是一个传说。从皇城台出土了大量制作精美的骨器，其中二十多件骨制口弦琴为国内年代最早的弦乐器，也是世界上最早的口弦琴。这算得上中国音乐史上的重大发现。与骨制口弦琴同时重见天日的，还有骨制管哨、陶制球哨，看来石峁古人的娱乐生活很是丰富多彩。

最大量级的中国史前壁画、已知陕西最早的壁画，在石峁古城惊艳耀世，引无数观者竞折腰。三百多块壁画残片图案清晰、颜色鲜艳，令人震撼的几何图案可能来自大自然的启示，使用的起稿线震惊学界——是绘画史上的伟大创举。

石峁古城存续了三百多年，留给我们一座隐匿的废都、一个王朝的背影、一部上古的史诗。它是黄帝肇启之都，还是一段文明孤旅？它因何废弃，人们去了哪里？石峁古城的伟大，在于它还只开掘出冰山一角，就已见证了石峁古人强大的创造力，展示了史前中华先民的历史足迹和文明历程。石峁王国的辉煌，石峁古城的衰落，还隐藏着无数的秘密，还有太多的谜团等待揭开谜底。古埃及、古希腊、古巴比伦文明已先后绝迹，石峁文明能登上人类文明史的世界舞台吗？

拭目以待。时间是最伟大的裁判者。

刊于《延河》2019年第9期

寻找一本书

董兆林

记忆深处的往事，总是难以忘却。也许在别人看开，那只是一些微不足道的琐事，但恰恰因为和你产生了某种割舍不掉的情愫，即便是一些琐事，也令人难以释怀。比如，有这么一件小事，总是蛰伏在我记忆的湖泊中悄无声息，但不知什么时候，它就像鲤鱼跳龙门似的偶尔跃出湖面，没来由地拨动一下我的情感神经。

其实就是一本书。一本我年少时读过的书以及对它的印记。时至今日，当年的这本书早已没了踪影，留下的只是一些难以忘怀的感念，还有对那本书寄托的浓浓情怀。曾经有一段时间，我痴迷于寻找这本书的执着中，这其中有对这本书的思念，也有对以往岁月的留恋。

现在回想起来，在我的年少时光，关于书的记忆有这么几件。也许这恰恰在冥冥中预示了在以后的岁月中，自己大半辈子所从事的职业要和书刊打交道了。

刚上初中时，有一天上课前，班里的一位同学打开书包，有些神秘地向周围的几个同学炫耀着什么。我们凑过去看，只见他从书包里掏出一本书。这是一本外文书，淡褐色硬精装的外壳，显得很厚重。这是我第一次看到精装书，没想到书还可以做成这个样子，这么精致。封面的外文书名，谁也看不懂，同学拿来也纯粹是为了显摆。这本书在同学之间传看着，我拿在手中，这本外国书的样子让我着迷。与一般书有所不同的是，这本书的外切口，也就是我们翻书页的那一侧，并不是直直地裁下，而是做成了人脸的侧面剪影形状，因此这本书并不是一般的长方形模样，看着真是有些稀奇。直到多年以后自己从事了出版工作，向老编辑请教才知道原委：原来有些书的制作者，会将书的外切口设计成不规则形状，以象形的手法将书的内容直观地展现出来，属于异形开本，当然这对制作的工艺要求很高，当年这样的书并不多见。少年时偶遇的这本书，难道是一本与人脸五官或人的大脑有关的书么？这成为一个永久的谜团。

初中快毕业的时候，我意外地得到了一本外国长篇小说，书名叫《汤姆的眼睛》。准确地说，我是用《外国名歌200首》这本“地下书”和同学交换，才读到了这部小说。

《外国名歌200首》是一本歌曲集，1958年由音乐出版社出版，在二十世纪五六十年代深受人们喜爱。到了六七十年代，这本书成为禁书，人们只能在私下里传阅。当时不少人在塑料封皮的笔记本里，大多抄录了一些外面不能唱的歌曲，这本书里的《山楂树》《喀秋莎》《莫斯科郊外的晚上》《伏尔加船夫曲》《纺织姑娘》《阿里郎》《老人河》《铃儿响叮当》《小路》等歌曲，成为人们传抄的首选篇目。我大哥上中学时是学校文艺宣传队的骨干，这本书估计就是他当时藏下来的“私货”。有一天，一位同学到我家里来玩儿，见到这本《外国名歌200首》，就想把书换走，送给他姐姐。他姐姐喜欢唱歌，人长得也好看，我们都见过。我犹豫了片刻，但禁不住同学的软磨硬泡；还有，说心里话，把这本歌曲集送给他爱唱歌的漂亮姐姐，又有什么不可呢？过了几天，他拿来一本书和我交换，就是这本《汤姆的眼睛》。

《汤姆的眼睛》是一部美国长篇小说。可能是封面已经破损，或者是传看的人太多，同学用牛皮纸将书的大半个封面糊了个严实，只留下上半部分的书名。这么多年过去，小说中的许多情节已记不太清了，但书中的一个细节，我却念念不忘。只因对小说里的这个细节，当时非常不解，也就一直没法忘记：汤姆将一枚硬币砸了个小孔，穿进一根细线系好，然后小心翼翼地把硬币投进煤气表的投币孔中，打开开关，等煤气炉燃起熊熊的火苗后，他又将硬币抻了出来下次再用。我读这部小说是在20世纪70年代，对于每天家里还需要点火生炉子做饭的日常来说，那时让我理解煤气表、煤气炉的概念还有些太早。这个模糊的细节折磨了我很长时间，一直不能确切明白到底是怎么回事。直到80年代中期，家家厨房通了煤气，我这才恍然大悟。汤姆的眼睛是在一次意外中受伤。他在砸一个玻璃瓶时，飞溅的碎玻璃击伤了他的眼睛，黑人男孩汤姆双目失明，从此陷入困顿之中，过上了悲惨的生活。《汤姆的眼睛》大致讲述了这么一个故事。

真正让我"废寝忘食"体验到阅读的乐趣，对我有所触动，甚至说和阅读产生融为一体的感觉，还是一本"无名书"。当时确实不知道书名，姑且先这么称之吧。

和这本"无名书"结缘，时间还要早些。那是在1972年，我上小学三年级。已经认识了一些字，不免对纸上的一些字感兴趣，可那时除了书包里的课本，想找一本闲书来看，真是一件很难的事。到新华书店买书，无异于天方夜谭。当时，家里的粮食似乎总是不够吃，生活的温饱问题就让父母愁上心头，哪还有闲钱去买什么书啊！有些书，虽然知晓书名，但也仅仅存在于"传说中"，根本看不到。比如著名的《西游记》，其中一些令人神往的故事，如"三打白骨精""真假美猴王"等，也只能在盛夏的夜晚，在街边路灯下坐个小马扎，从街坊四邻叔叔大爷们纳凉消暑眉飞色舞的闲谈中，听个一二。

临近年根儿，父母总是要把房屋打扫一番。用报纸把公房旁边自家接盖的一间小平房的顶棚糊一遍，是每年必需的一项劳作。父亲从单位卷回一摞旧报纸，一天的忙碌后，糊在顶棚的报纸让小屋焕然一新。在随后的日子里，躺在小屋的床上，在房屋顶棚的报纸上"找字"，成为我和哥姐乐不可支的游戏。认识的字越多，就越想找一本书看看。

当你对一件事情有了念想，每天视若无睹的情形，就会变得不同寻常。自从有了心之向往，这本书就神奇地出现了，而出现的那一刻不免眼前一亮，我觉得自己像发现了宝藏。可其实它一直就在我的眼前，像有句名言说的，只是缺少发现的眼睛。

这份宝藏就在母亲做针线活儿用的笸箩里。一年四季，母亲似乎总有做不完的针线活儿，那个盛着针头线脑碎布头的笸箩，和家里养的一只温顺的虎斑猫，总是忠诚地守候着盘腿在床头做活儿的母亲身边。笸箩里，一本夹着母亲做活儿用的各种鞋样子、绣花样子的书，就静悄悄地躺在那里，也不知待了多久，就那么默默无闻地为不识字的母亲服务着。如同哥伦布发现了新大陆，我将去年的旧课本拿来，替换了那些纸样子，把这本没头没尾的书据为己有。准确地说，这是我人生拥有的第一本书，只是不知道书名。这本书没有封面，没有封底，前面少了十来页，后面也不知道掉了几页，厚厚的一本书，斑驳的书脊上隐隐约约只留有"文学"两个字。前面几页还破碎成半页，但我如获至宝，急不可耐地翻阅起来。

后来，这本书我看了无数遍，对其中自己比较喜欢的那些篇章，几乎到了能够背诵的程度。这本书里有小说、诗歌、散文特写、科学文艺作品、童话和民间故事、曲艺等分类，由此我也知道了"文学"体裁的区别。

最喜欢在下雨的天气里看书。屋外的小雨淅淅沥沥时缓时急，空气也显得湿漉漉的，从窗户望出去，院子里空荡荡的，没有一个人影，靠在床头读这本"无名书"很是惬意。看书累了，抬头看看对面的房屋，雨水把红瓦屋脊冲刷得更加洁净，房檐的雨滴如串串珍珠，快速地向下落个不停，砸到地面形成花朵似的雨泡。躲雨的麻雀，在房檐下左顾右盼，叽叽喳喳，似乎在焦虑晚餐的无处着落。有时候，想到书里的内容，脑海里会天马行空般地遐想起来，幻想着自己成了书中的一个角色，或者看着窗外的某处场景，编织着一个什么奇怪的故事……这样的遐想，也许叫"瞎想"更合适。而晚霞的帷幕，也常常是在看书的不经意间悄然落下：一开始，你会觉得书里的字渐渐有些模糊，抬头眨眨眼，等眼睛适应了初现的昏黄，书里的字又显得清晰起来；再看一会儿，不由感觉到四周蜂拥而至的暮幛更加厚重，字迹也更加模糊难认，环顾四周，屋里的陈设已经开始隐入暗处，待眼睛适应了新的昏黄，又可以辨认出字来；几番挣扎之后，暮霭彻底包围了你，眼睛再也看不清书上的字迹了，夜幕倏然降临。

这本书里，《金钥匙的故事》中总是丢三落四的少先队员李小聪，为了集体的利益，和同学在夜半的星空下守护着仓库的经历，让人神往；《在灰色日子里》，三个小伙伴在国共对峙曙光即将来临的前夕，面对父辈对革命的抉择，他们的心灵也在成长；《在原始森林里勘测》中的地质队员们，滑溜索遇飞石，顶风冒雪，在雪线上风餐露宿，洋溢着崇高质朴的革命浪漫主义情怀；《一个天才的杂技演员》中，那个不思进取，一心沉醉在过去成绩上的杂技演员，最终成为可笑的“气球”模样；《摘草莓的故事》将太阳公公、雨婆婆拟人化，和孩子们在草莓园里的“游戏”，形象地让人认知了大自然的奥妙；诗歌《战马和竹马》《北京的声音》《我的秘密》《保卫红领巾》……让我第一次对诗歌的写作样式有了浅显的认知。

《失踪的哥哥》是这本书里我最喜欢的一篇作品。作者叫于止。待我知道笔名“于止”的作者是谁时，已是多年以后的事了。这是一篇科学幻想小说，当时标注为“科学文艺作品”，文尾注明选自《中学生》杂志。初读此作，令人大为惊讶。奇思妙想的情节，引人入胜的故事，悬疑推理的神秘，还有科普知识的深入浅出，让这篇小说写得生动有趣，每次读来都让我欲罢不能。《失踪的哥哥》讲述了哥哥在小学三年级的时候突然失踪了；十五年后，渔业码头冷冻厂速冻车间出现故障，工人们在检修时意外发现了一个冰冻的男孩。因速冻车间全部是自动化设施，自建成后就没有打开过，估计男孩是出于好奇，偷偷通过传送带进去的。报案后，弟弟见到了失踪的哥哥，科学家也利用“热波灯”的红外线快速升温技术，让冰冻十五年的男孩复活了，于是出现了哥哥还像个小孩、弟弟却比哥哥要高要大的奇妙结局。

相当长的一段时间，这本“无名书”成为我唯一的课外读物，翻来覆去地阅读，带给我无尽的满足。也许是阅读带来了一些潜移默化的影响吧，我对写作文不再怵头，甚至还喜欢上了作文课。因为在四十五分钟的时间里，自己可以尽情沉醉于自由的空间，在稿纸上书写着属于自己的快乐；而当自己的作文一再被老师在班上宣读时，除了脸颊微微有些发红，不免还有些小得意。少年的虚荣心啊！当然我知道，这一切都要归功于这本“武林秘籍”。现在看来，当年这本书不可避免地烙有时代的印记，但对一个少年来说，在书籍匮乏的年代，这已经是难得的雨露甘泉了。

不知什么时候，这本伴我多年的“无名书”也“失踪”了，不知丢到哪里，可当时并没有觉得有多懊丧。上初中后，我在区图书馆办理了一个借书证，这里书刊的海洋更加辽阔，可选择的余地也更大，渐渐地也就把那本书忘记了。

思绪不期然地撩拨，到了年岁渐长的知非之年，忽然有一天，我非常强烈地思念起这本书来。也许是时光流逝，或是一种怀旧心理作祟，让我开始留恋往昔的岁月，我想一定要寻找到这本“无名书”，或者至少要知道这本书的名字。

思来想去，觉得还是应该从我最熟悉的那篇《失踪的哥哥》入手。很快，通过网络查询到了一些相关信息，这本书的大致端倪也渐渐浮出水面。

“于止”是作家、编辑家叶至善先生的笔名，他是我国著名作家、教育家叶圣陶先生的长子，叶圣陶先生的次子叶至诚先生曾任《雨花》杂志主编，而叶至诚有个儿子叫叶兆言，当代作家，著有《追月楼》《花煞》《一九三七年的爱情》等，叶家的文脉得以传承。1986 年我曾经和“于止”先生有过一面之交，但当时并不知道面前这位平易近人的老人，就是我少年时读过且给我留下深刻印象的一篇作品的作者。

生于 1918 年的叶至善先生，在他二十二岁时跟随父亲学习写作，1945 年任开明书店编辑，编辑《开明少年》月刊和其他青少年读物。1952 年编辑《中学生》月刊，四年后中国少年儿童出版社成立，成为首任社长兼总编辑。叶至善先生对编辑工作有着自己的主张，他认为做一名编辑，除了做好本专业的工作外，还要有自己的创作实践，这样既可以提高思想业务素养，也能更好地体会到各种稿件的特点；有了创作上的感同身受，体验到作者创作的甘苦，在处理和修改稿件时，才会有的放矢。在这方面，叶至善先生可谓身体力行，率先垂范，特别是在编辑思路出现“新点子”后，他总要进行写作实践来尝试一番。基于这样的编辑思想，叶至善先生在1957年创作了这篇一万八千余字的小说《失踪的哥哥》。2005年，作家叶永烈曾经对叶至善先生有过一次采访，从中我们可以了解到这篇作品问世的来龙去脉。在谈到《失踪的哥哥》时，叶至善先生说：“我当编辑有个主张，要编哪方面哪种形式的东西，最好自己先写一写，试一试，尤其在搞什么新点子的时候，自己写过了，试过了，多少可以知道这个新点子搞得成搞不成，好处在哪儿，以后跟作者打交道就不至于瞎出主意。”作为探路者之一，叶至善先生的《失踪的哥哥》出现在1957年，也并非偶然。

当时，科技发展被纳入国家规划，科技氛围的浓厚也影响到文学领域。科幻小说《火星建设者》还荣获了1957年莫斯科世界青年联欢节大奖，这是中国第一篇获国际大奖的科幻小说。《中学生》杂志遂打算刊登科幻小说。这在当时就属于“新点子”，作为主编的叶至善便想亲自“先写一写，试一试”，这是他的创作动因，而触发叶至善灵感的是当时报上的一则新闻：苏联有一个人掉进雪坑，被雪埋了十八个小时，后来竟然被医生奇迹般地救活了。他由此浮想联翩，把十八个小时“扩大”为十五年，从而成为一篇科学幻想小说的创作素材。《失踪的哥哥》发表后广受好评，被选入1957年出版的《儿童文学选》一书。也就是我手边的这本“无名书”。

1986年，我在《小说月报》已经工作两年。临近岁末，编辑部主任带着我和另一位同事去北京拜访几位顾问，叶圣陶先生是我们刊物的顾问之一。那天临近傍晚时分，我们来到叶圣陶先生位于东四八条的家中。走进静悄悄的四合院，拐过一字影壁，进入二门口，庭院如平常人家。院内的那两株海棠树，已有些叶凋枝枯，但疏杈横斜蓄势待发，可以想见春暖花开时的茂盛和绿意葱茏。一位温和的长者在正房的廊檐下等着我们，待走进屋里，文雅的书卷气扑面而来。在客厅落座，这位长者说很不凑巧，“老爷子”因身体有些不适，正在医院住院。没有见到叶老，我们都感到此行有些遗憾。接待我们的这位长者，头发有些花白，慈眉善目，说话轻声细语。具体聊了些什么，已经忘记了，但言谈举止间他对《小说月报》也是很熟悉的，当我们将这一年的《小说月报》合订本送给他时，他站起身接过来仔细地翻阅着，然后小心地放到书架上。我注意到，书架上已经有前几年的合订本并排立在那里。他就是叶至善先生，我熟读数遍的小说《失踪的哥哥》的作者，他当时是和“老爷子”——著名作家叶圣陶先生——住在一起的。已是临近晚饭时间，我们不好太多打扰，就匆匆告辞了。这便是我和叶至善先生的一面之缘。叶至善先生生于1918年4月24日，2006年3月4日逝世，享年88岁，江苏苏州人。

我要寻找的这本书就是由作家出版社编选、出版的《1957（年）儿童文学选》。《儿童文学选》此前已经出版了两种，均是由中国作家协会编选、人民文学出版社出版，一种是1954年1月至1955年12月两年间的一个选本，另外一种是1956年的一个选本。

仍是借助于神奇的网络，在网上旧书店找到了这本书的下落。我是在新疆石河子的一个小书店下的单，买下了这本尚有七八成新、向往许久的少年读物。有些令人惊讶，当年的这本书还漂泊到了祖国的西北边疆，可见其影响之广。等待中有几分焦虑，也有几分期许的兴奋。不日，当书寄到我的手中时，打开贴心的包装后，见到既熟悉又有了几分陌生的当年熟读无数遍的那本书时，不啻遗失多年的宝物又重新回到了身边，这种喜悦自不待言。翻开书页，曾经的故事伴随着陈年往事渐渐浮上心头，有一瞬间，自己仿佛又重回旧日时光。

刊于《福建文学》2019年第4期

此岸或彼岸

吴佳骏

燕　忆

燕子飞回来的那天，春天正带着忧郁的面孔，在追赶门前的流水。燕子不知道春天为何要追赶流水，它们只知道自己赶了很远很远的路，才疲倦地飞回到故乡。这是一对恋旧的燕子，自从去岁离开老巢后，它们就被乡愁和寂寞所困扰。它们把孩子带去了远方，也把自己的记忆带进了炼狱。它们在冬天里盼望春天，在流浪的不安中想念弥漫在旧屋内的橘黄色的灯光——那灯光曾温暖过它们的睡眠，也曾镀亮过它们的梦想。故在返回的途中，它们都在幻想与灯光重逢的那份美好。或许是幻想过于用力和沉重吧，它们都怀疑自己失忆了——竟然在蓝天和白云之下迷失了方向。它们将太阳飞成黄金，将炊烟飞成月亮，也没能找到去年离开时的那座小山岗——那座小山岗早已被刨成了平地，盖起了楼房。它们失去了记忆的路标，只能在记忆的原地打转，在故园的上空盘旋，却不敢与故园相认。后来，它们还是跟随了风的乡音的指引，和一群亡灵的哭泣声，才找到去年筑巢的地方——那地方已经被一座崭新的预制板楼房所取代。

燕子认得那座新房的主人，他们比去年又老了许多。白发像往事一样缠绕在女主人的头顶，皱纹像枯藤一样爬嵌在男主人的前额。它们在新房内飞了几圈，好似闯入了一间铁屋子里，沉闷和压抑使它们窒息。它们多想看看房梁和青瓦，看看墙角的绿苔和窗框上的蛛网，可这一切都消失了，剩下的只有四壁的惨白。月光照不进来，灯光透不出去。即使在白天，也是一间暗室，藏满了发霉的旧底片。燕子很失落，它们深知，自己和时光都再难回到从前。

它们窃窃私语一阵，商量着想到村里的其他人家里去筑巢。它们挨家挨户地选址，发现大多数人家的房屋也都变成了楼房，似一个个的城堡。即使尚有未被改造过的老房子，也都门扉紧扣，没有人住了。它们从窗孔钻进去，像两个光阴的偷盗者，试图盗出那本泛黄的族谱和压在香案下的那册老皇历。遗憾的是，族谱和皇历都被房主的后人投进了炉火，就连祖宗的牌位也变成了黑色的焦炭。

燕子议论纷纷，像两个异乡人在谈论春天的花季和细雨。它们决定唱一支歌就离去，永不再归来。它们唱黄土是黄的，唱黑夜是黑的，唱叶子飘落地上，唱露水挂在草尖，唱夕阳染红暮色，唱山风催老黄花……

唱完了歌，燕子去跟它们的旧主人告别。它们再次来到那间“铁屋子”，却看见一个少女坐在屋外的阳光下，用树枝在给春天写信。她很瘦，气色也不好，脸上敷着悲伤。燕子认出了这个女子就是旧主人的女儿，它们去年就知道她病得不轻。一入夜，她就喊疼，跟自己的影子说话。她的母亲想帮帮她，每晚吃了饭，就跪在堂屋的香案前念经。念着念着，少女就安静了，比长夜还要安静。少女有个愿望，想去一趟远方，但命运没有给她这个机会。她很喜欢燕子，时常望着燕子发呆。燕子知道少女在偷偷地看它们，就故意唱歌给她听。少女是燕子歌声里的一朵洁白而芳香的花；燕子是少女眼中的一对纯洁而迷人的天使。她们在同一个屋檐下守望过黄昏和黎明，寒流和春汛。

燕子以为少女的病早就好了，不想却越来越严重。它们想陪陪少女，不让她太孤单，就临时改变主意，暂时在新屋里筑巢，等少女的病情好转再离去。少女见去年的天使又来到家中，高兴坏了。她每天都穿着一条黄色碎花布裙子，把自己打扮成新娘的模样，在三月里走来走去。燕子见她爱臭美，就趁飞出去啄食的间歇，用尾巴上的剪刀将野花和嫩芽的标本剪回来，送给少女做书签和窗花。少女很感激燕子，把每一天都当作最后一天来活。她不想辜负春天，不想辜负燕子，也不想辜负自己，更不想辜负命运的馈赠，她把每一刻钟每一分钟每一秒钟都活得从从容容，绝不拖泥带水。燕子见她这般乐观，比丢失了故乡还要欣慰。

然而，在这个三月的春意正浓的时候，少女还是走了。她的离去加重了一个春天的痛楚。燕子含着泪，驮着少女的芳魂飞向了远方，从此再也没有飞回来。

飞　虫

春夜，我坐在乡下的老屋的窗户边。那是一个木格子的窗，不大，落满了尘灰。我抬起头，能望见夜空上高挂的星辰。那些星辰有的明亮，有的暗淡。明亮的星辰离我很远，暗淡的星辰离我很近。

比暗淡的星辰离我更近的，是屋内熄灭了的灯火，和一只细脚长腰的小飞虫。我叫不出这飞虫的名字，它也叫不出我的名字。我们都是这个春夜里的失眠者。我坐在窗前，是因为春夜太过孤寂；它在春夜里飞，是因为春夜倏忽即逝。我们都是被黑夜喂养大的。只有在黑夜里，我和飞虫才能看清自己。

外面没有夜风。院坝里的一棵橘子树和一棵李子树都睡了，李子树上的白色小花也睡了。我在屋内听到李花在说梦话——它说它开花，不是为了结果，而是对黑夜的承诺，对夜雨的守候，对一棵树的年华的记录；它说它的盛开，是异乡人的一个梦，是黑夜里的一缕香；它还说它的寂寞的开放，是为一个常年坐在树下的抽叶子烟的老人，和一个在春天的田野上割草的孩子，以及一个蹲在池塘边垂泪的洗衣裳的女人，和一只年年都在春夜里飞来盗取它的花香的小飞虫。

这只小飞虫，正在我的窗前飞。飞累了，它就爬在窗棂的木条上歇歇，仿佛黑夜里的一个寄居者。我凑近它，看它那薄纱似的羽翅，也看它那被夜色掩盖的凄惶和不安。这是一只等待花开的虫子，它几乎夜夜都要从木窗前飞过。几十年前，当我的母亲栽下那棵李子树的第一个夜里，它就飞来了。它每次飞来，都要在窗前停留一阵子，先看看我的母亲在屋内干什么，再飞去看看李子树又长高了几许。那时我的母亲还很年轻，每夜都坐在屋内昏暗的灯光下缝缝补补，煤油灯跳动的光焰焚烧着我母亲的孤寂。当然，它也可能看到了睡梦中说梦话的我，和靠在床头的墙壁上打瞌睡的父亲。只是我们都没有注意到它，它太小了，小得跟我们的幸福相似。

也不知道是哪一年，李子树忽然就开满了小白花。我和母亲都感到欣喜。她亲手栽下的树听到了春天的呼唤，就像我身体内的骨骼听到了命运的呼唤。我和李花同时在经受属于我们的季节，也同时在向着阳光和月光生长。

那只小飞虫绕着李花飞来飞去，它等待这一天等得太久了。它知道这棵李子树经历了什么，我也知道我的母亲经历了什么。我其实是另一只小飞虫，历来都在母亲的白天和黑夜里飞，在她的睡眠和眼泪里飞，在她的失望和希望里飞……

只是，我不是一只惜爱的小飞虫。我没有窗前的那只小飞虫心细，也没它有耐心。我每次从春天的田野上割草归来，都只顾站在李子花下朝上面望。我望李花的洁白，也望比洁白更高的天空上的蓝。我是个爱幻想的孩子。我在仰望我的幻想的时候，我的母亲正在池塘边洗衣。那一池子的水，都是我母亲的泪。

仰望过后，我感到了困倦。往往天还没有黑，我就躲进被窝里睡觉去了。我熟睡后，那只小飞虫就开始在窗外徘徊。有些凄惶，有些不安。它第一次在看见李花的同时，也第一次看见了我母亲头上的白发。它飞入我的梦中，想唤醒我，像春天唤醒李花，命运唤醒骨骼。但我没有听从小飞虫的呼唤，我睡得很沉。第二天清晨，当我从迷梦中醒来，我发现李花已被昨夜的风雨打落了一半。父亲坐在李子花下，叼着一杆长长的烟斗。那在他的烟锅里即将燃尽的烟灰，像贫穷的霞光和在霞光下垮掉的季节。后来，我沿着父亲吐出的烟雾朝外走，去了一个没有李花，也没有小飞虫光顾的地方生活。我走的那天夜晚，李花就落光了枝头。

今夜，我又坐在乡下的老屋的窗户边。我又看见了那只小飞虫。若干年来，它夜夜都在等待我的归来，像等待那棵李花重又盛开一般。它叫不出我的名字，但它认得我。它在我的窗前一阵徘徊后，就朝那熟睡的花丛飞去了，带着欣慰的暖乎乎的心情。

甘　雨

夜里终于下起了雨。这场雨似乎早就该下了。

他从清晨起就开始坐在屋檐下等雨，眼睛痴痴地望向天，像望向一个深邃的迷离的梦境。天上阴沉沉的，没有一丝太阳的光线，也没有一朵白云。这很符合他的等待的常态，虚空中浮动着一层荫翳。他被这荫翳包裹着，也被守候和等待包裹着。他渴望等来一场雨。从青年时代起，他就是在对甘雨的盼望中生长的。

尤其是每年的春天，雨水一来，他的睡眠就少了。天刚亮，他就扛把锄头在田野上慢走，他走路的速度跟雨滴坠落的速度是一致的。他们约好了要去一个地方，看望一个早在雨水来临之前的若干年就去了另一个地方的人。那个地方无比荒寒，没有春天，也没有雨季；但也没有悲伤、绝望和叹息。那个人在临走的最后一刻，躺在他的怀里告诉他，只要每年春天的第一场雨来的时候，就去看看她——看看她坟头的青草长深没有。如果长深了，就请求他用锄头将草铲掉，栽上一株小白花或小黄花。她喜欢看春雨静静地落在花朵上的样子，也喜欢听雨水落在花朵上发出的声音。他是个孝顺的青年，他照着她的吩咐去做了。只是，他每年在春雨浇灌下栽在她坟头上的花朵都不易存活。他曾责怪过雨水，怀疑雨滴里藏着盐和碱，使他的爱和愧疚之花枯萎。雨水为证明自己的清白，就每年都邀请他一同去往坟上种花。雨的意思是要让他明白，为何野地里的其他花都开了，唯独她的坟头上的花朵却迟迟不开。去了多年之后，他总算搞清楚了这不关雨的事，是她自己太贫瘠了，她的白骨变成的腐殖物根本养不活一朵小花。就像一场雨养不活一个春季，一个梦想养不活一个人的肉身。

但他还是想试着将她坟头上的花种活，哪怕自己种到老死，也不放弃这个努力。故他一直在等待一场雨。从青年等到中年，又从中年等到老年。雨年年都下，他年年都跑去种花。有一年，也许是雨水来得丰沛，他种下去的花开出了一朵。他兴奋得在雨里狂奔，雨水也替他感到高兴，噼里啪啦地朝他脸上打。他闭上眼，跟雨水下跪，跟花朵下跪，跟睡在坟堆里的她下跪。可没过多久，那朵小花就凋零了，像她的命运一样，比春季本身还要短暂。

他不知道如何是好，他已经越来越老了，正在一天天走向她去的那个地方。可他仍在等一场雨，仍年年都盘算着去她的坟头上种花。他不想辜负她的嘱托和信任，也不想辜负那一年一度的春雨对他的信任。假如他的种花的梦想不能实现，那她的梦想也不能实现。一个人怕的不是死去，而是在梦想还未实现时死去。他要替她弥补这个遗憾。因为，她一直是他人生最大的梦想。他希望她能好好地活着，当哪一天她老得再也走不动路的时候，他就在院子周围种出一片花圃，将她背到花丛里，看阳光照在她那慈祥而又安静的脸上；看花的繁杂的颜色点缀她的疲惫和忧伤，看花香染绿她的白发和染红她的笑靥。如果恰好遇到天下雨，他就将她带到屋檐下，陪她远远地看着花圃。听细雨和花朵的低语，听回忆和岁月的呢喃，听幽梦和彩虹的话别。

然而，他没有等到那一天的到来。他的福分太过浅薄，她的福分也太过浅薄。他们原本是春季里的同一滴水珠，只因在流动的过程中，分离成了两颗水珠。一颗被黎明领走了，一颗被黄昏领走了。他们中间，永远隔着从黄昏到黎明的距离。

如今，又是一个新的春天了。他从清晨起就开始坐在屋檐下等雨。他料到那场雨会来。这或许是他等待的最后一场春雨了。过了这个春天，他就再也不会有春天了。他已经没有力气种花，他的那把种过花的锄头，也早已扔掉了，连同他的那些忏悔和祈祷。他现在什么也不再去想，只愿安心地等待一场雨，像安心地等待一朵小花的盛开，和一个死去多年的人的复活。他从清晨等到中午，又从中午等到晚上，他终于等到了那场雨。他坐在午夜的屋檐下，喜极而泣。他说，那场雨跟他今生看到的第一场雨和最后一场雨一模一样。

那第一场雨和最后一场雨，都是他母亲的泪滴。

和　风

也许就要起风了，在这个三月的荒凉的寂静的上午。野地里一个人也没有，只有几朵黄色的小花低着头。小姑娘放下手里自制的风筝，走到花朵的旁边，蹲了下来。她想摸一摸那几朵孤零零的小花，手刚伸出去，又忽然停住了。她发觉那些小小的花朵一直在躲避她的目光，就像她躲避着村里的其他人的目光那样。

白云依旧是去年的样子，在天空悠悠地飘动。小姑娘故意将目光从小花朵的身上移开，望向天上的云朵。她这么做，既是在保护花朵，也是在保护自己。它们都太弱小了，淡淡的一缕阳光，便可轻易地将它们灼伤。或许是白云知道小姑娘在望它，也顿时害羞起来。不多一会儿，就变成了稀稀拉拉的泪珠，坠落到野地上和她的嘴唇上。小姑娘伸出舌头，舔了舔，这天空的眼泪竟然跟她那清澈的、明亮的、干净的、忧郁的眼眶里流出来的眼泪一样咸，一样苦涩。她终于明白，为何那些黄色的小花和洁白的云朵都要躲避她的目光了。它们经受不起她那目光的长久的抚摸和凝望，她的泪水里含有太多的盐分。凡是被她注视过的事物，都会结上厚厚的碱。故多年来，她都习惯了把自己藏在生活的暗处。即使偶尔遇见明亮的事物，她也会悄悄地绕开，像绕开那些总也绕不开的疼痛、孤独和惧怕。

可小姑娘这次到野地里去，不是要观赏一朵小花，或凝望一朵白云，而是想放飞手里的那只风筝。那是一只小小的，写满了心事的风筝。小姑娘花了整整一天的时间才将它做成。她先是去后山挑选了一根金黄色的竹子来做风筝的骨架，又偷偷地撕掉了自己的作业本来做风筝的皮肉，再熬了半碗糨糊将风筝的骨架和皮肉粘牢。最后，她又拆了一件母亲离开家乡之前给她织的旧毛衣来做放风筝用的长线。她期待这只亲手做的风筝能够顺利地飞上天，这是她长这么大以来的头一个梦想。她想像风筝那样飞，飞到白云之上，飞到村里人都不再能找得到她的远方；她还想骑上风筝，去看看母亲到底在南方的哪一个角落里熬夜和哭泣，看看父亲到底在北方的哪一个工地上喊疼和打鼾。她不想再在低处生活，她要飞到高出去，飞出贫穷对她的压榨，飞出亲情对她的冷漠，飞出对死去的奶奶的思念，飞出对活着的爷爷的谎言……

小姑娘在野地里走来走去，她手里的风筝也在陪她走来走去。这是一个三月的荒凉的寂静的上午，她想快快地将风筝放飞。然而，那能够使风筝起飞的风却迟迟不来。小姑娘焦急地等待着、盼望着，也祈祷着。在这之前的许多天、许多年里，她在野地里遭遇过无数场风——在她割草的时候，种地的时候，静坐发呆的时候，守望落日下山和炊烟升起的时候，坐在奶奶的坟堆前说着悄悄话的时候。那些风时大时小。风大的时候，她听到风在唱着悠长的不倦的悲歌；风小的时候，她听见风在发出微弱的沉闷的叹息。她太熟悉那些风了，那些风也太熟悉她了。她是风的唯一的听众和知音，风是她的成长的馈赠和磨难。

或许在风的眼中，这个脸盘圆嘟嘟的，眼睛清澈的、明亮的、干净的、忧郁的小姑娘就是一朵永远低着头的小花，或一朵蓬松的蒲公英。风只要轻轻一吹，就会将她吹散。故只要小姑娘每次到野地里来，风都要避着她刮，这大概也是为何她在遇到那么多场风后都还能安然无恙的原因。

小姑娘越来越焦急，站在野地里瑟瑟发抖，她手里的风筝也在瑟瑟发抖。

那只风筝的脊背和胸腹上都写满了密密麻麻的娟秀的字迹。那每一个字迹，都是从她的心窝子里流淌出来的，既浓缩了爱，也浓缩了恨。在等风的间歇，小姑娘重又将那些字迹认真地看了一遍。那几朵孤零零的黄色小花和天上的白云也将那些字迹看了一遍。小花看后，头垂得更低了。白云看后呢，更是忍不住大颗大颗地落泪——白云的泪把风筝和风筝上的字迹都打湿了。

这一切，风都看在眼里。它想刮一场大风，将风筝和小姑娘一起送上天，但它到底还是没有刮，它只吹了一阵和风——它看见小姑娘的手紧紧地抓着风筝的骨架，眼泪在和风里飞。

风 笛

那细长的悠扬的笛声响起，像这个春日早晨的薄雾和黄昏时分的炊烟，有一种惨淡的、忧郁的调子。这笛声是一个上了年纪的人吹奏出来的——也只有上了年纪的人吹奏出来的笛声才会那么苍老，像经秋的草叶上覆盖着一层厚厚的白霜。

没有人知道这个老人的内心都经历了什么，人们唯一知道的是，只要老人的笛声一响，整片山野都会变得异常的幽静——聒噪的鸟雀噤声了，在风中舞蹈的树枝停止了摇曳，泥土里发芽的种子暂缓了生长，就连那蓬勃的野草和娇嫩的野花也低垂着头……它们无一不是这位老人的知音，全在静静地聆听着那笛声的哀诉。倘若老人哪天没有到山野来吹笛，它们就会焦躁不安，天地之间也会骤然失去秩序和和谐。

或许正是出于对他的那些知音的报答，老人每天都必定会到山野来吹奏一番，除非是他生病了或天降大雨。他也需要通过吹笛来纾解内心的苦闷和愁绪。在这个世界上，他认为是不会再有人理解他的了，就连他的那条朝夕相伴的垂垂老矣的黄狗也不会理解他，故他只好将心思寄托在吹笛子上。他相信那些鸟雀、树枝、种子、野草和野花是可以理解他的，同情他的，可怜他的。他吹笛子，不是为排遣孤独或追忆青春，也不是为消磨光阴或纪念晚景，更不是为修补创伤或抗拒死亡，而是为他那已经死去的儿子安魂。

这位老人只有一个儿子，可他这仅有的一个儿子在这个春天尚未到来之前就死去了。那同样是一个惨淡的、充满忧郁色调的日子。他的儿子从遥远的城市匆匆赶回故乡为母亲奔丧。这是个孝顺的儿子——他在异乡的城市当牛做马若干年，只想挣点钱回来将破败的老屋修一修，不让父母晚年的骨头里再囤积更多的风寒和病痛。然而，令他怎么也没想到的是，当他在异乡的白天和黑夜里忙着生的时候，他的母亲却在乡下的灯火和星光下忙着死。他们都在各忙各的，却又都在忙着同一件事情。但最终，他还是没能忙过他的母亲。他的母亲死的那天，异乡的天空一直在下雨，雨水泡湿了他面朝故园方向燃烧的纸钱和香烛。他很想立刻赶回老家给母亲送葬，可他没有路费和丧葬费，只好蜷缩在异乡的角落，把自己深深地掩藏起来，在心里一遍又一遍地默默念诵经文。

也不知道是在他念诵经文的头天夜里，还是第二天夜里，他看到母亲在他的念经声中哭泣，边哭边唤他回家。他感到后怕，母亲的泪滴坠落到地面的声音，像道士敲出的木鱼声一样敲打着他的肉身。他陷在夜色里，似一尊冷冰冰的石头雕刻成的佛像。他开始讨厌自己，身子瑟缩着。他停止了念经。他拼命地将头朝墙壁上撞。他要把自己扼杀在黑夜里。他想将母亲的每一颗泪珠都变成一朵莲花。

天亮之后，他想尽一切办法，终于从几个工友那里凑齐了回家的路费。他怀着焦急的、忐忑的心情从遥远的城市匆匆朝家赶，他希望能在母亲的遗体下葬之前赶回故乡。可他还是晚到了一步，他刚靠近故乡的边沿时，他的母亲就已经入土了。以至于他一到母亲的新坟前，就晕了过去。当他醒来，耳朵里听到的全是村里人咒骂他不孝的指责声。他没脸继续苟活于人世。他在母亲的坟前坐到黄昏降临，又坐到月亮升起。他又依稀听见母亲在坟堆里轻轻地唤他回家的声音，那是一种疼痛的爱的声音。那天晚上，他没有再活过来。他跟随母亲的呼唤去了天堂，回到了他那梦幻的永恒的故乡。

他是这位老人仅有的儿子，他的离去使老人雪上加霜。老人觉得对不住儿子，就将提前给自己预备好的一副棺材送给了他，那是他这辈子唯一能拿出手的送给后人的温馨小巢。除这副棺材外，老人还珍藏着一支笛子。那是他多年前亲手做的。他知道儿子从小喜欢吹笛子，准备在儿子结婚时作为礼物送给他，可他再也没有这个机会了。老人本想将这支笛子放入儿子的棺材里，可最终还是留存了下来。他说，只要他吹响竹笛，他那死去的儿子就会牵着死去的老伴来看他。这位可怜的孤独的老人，大概将在他那细长的悠扬的笛声中过完一生了。

刊于《天涯》2019 年 5 期

一曲悲壮的天歌

——丁玲与大翔凤胡同3号院

赵晏彪

2007年岁末，一个阳光温暖、普照万物的早晨。我得到中国作协的通知，到后海大翔凤胡同3号民族文学杂志社办理调入手续。后海，于北京城里长大的孩子们是“必玩之处”；民族文学杂志社，是少数民族作家的文学圣殿和向往的家。

清早的后海是安静的。从烟袋斜街行至银锭桥，不过十分钟的路程，可我却走了整整半个小时。许久没有到这里来了，街道的两侧突然铺面林立，聚集了北京乃至全国的各式各样货物，仿佛知道我要重回这里似的，一一列队开来开铺迎接我。银锭桥来过多少次已无法记清了，但今天站在桥上许多影像一一萦绕心头，满是感慨。从前来后海都是游玩的，而这次却是履新，有着不同的意义。冬天的阳光反射在河面上，这不太寒冷的冬日，河面似冻非冻，偶有一两处有水流荡漾，那条河呈现出五颜六色的光彩，这光彩令周身的血液流速加快，血温升高；这光景让我对前程充满了信心，充满了向往。

走下银锭桥，沿着南河沿径直往西边走去，一行带着哨子的信鸽从房顶和我的头顶上飞过，多么熟悉的场景呀，也是久违的场景呀，只有到了这个四合院连片的后海，才会有这样的场景可以重现，儿时的旧梦才可以重温。

左侧是各色的酒吧，门前虽然已打扫过了，但仍然可以闻到昨晚酒吧有多么的热闹非凡、烟雾弥漫。这条河边小路，不知道儿时走过多少次了。今天却仍然充满了新鲜感。走走停停，停停走走，眼睛似乎已然不够用，后海变化太大了，变得繁荣无比。大约走了千余米，一个不太大的胡同悠然亮在眼前，大翔凤胡同到了。

后海于我是很熟悉的，儿时冬天在这里滑冰、玩耍，夏天在这里游泳、捉蜻蜓；唯有这大翔凤胡同，在记忆里竟然没有丝毫的印迹。

站在大翔凤胡同口，胡同内是一条深而窄的巷子，环视四周，一个个的四合院各自为政，装点着门楼，胡同的北端，毗邻的是后海的河边。东西两条街道都是大大小小的酒屋，这里便是全国闻名的后海酒吧一条街。河的对面是一个挨着一个的四合院，其中一处非常有名的院落是清朝著名词人纳兰性德的府第，后来是宋庆龄的故居。

河边是繁华与热闹的，车夫与游人如织，车声水声喊叫声，声声不绝于耳，一旦走进胡同里便突然有种与世隔绝的感觉，安安静静下来。这胡同不大，窄窄的，只能够并排走三个人，进入胡同不过十余步，第二个院门便是大翔凤胡同 3 号院。这院子从外面看并非气派堂皇。院子坐西朝东，门楼不高也不阔绰，门口有块牌子却非常醒目："中国作协《民族文学》。"望着牌匾，我像发现宝物似的笑了，这就是我将要履新的单位。原来这个院子如此易找，就在大翔凤胡同口不远处，想想这将是我工作、学习、战斗的地方，不禁心花怒放。

站在大门口，两扇绛紫色的大门上，两只铜门环很显眼，古色古香，这便是北京四合院的魅力。推开院门，朝里边望去，小院幽雅别致，虽然不是典型的四合院，但也是南北两排各有五间平房，齐整划一。院落不大，但布局精巧。走进院门，便是一条大理石铺就的路，长三十余米，直通那个宽大的台阶，台阶上是拔地而起的一座两层小楼，像一把龙椅的椅背，两排平房又似椅子的两个扶手，气派非常，整座小院干净清爽，青灰色的砖墙、砖地，朱漆的房檐、木窗，几盆常青的花木摆放在屋檐下，在枯燥的冬天里显得生机勃勃。

传达室的老王带我参观了小院，一楼南北两侧是办公室，二楼是编辑部，他特意将我带到平房的房顶，站在房顶极目一望，便可以看到后海的水波粼粼，又可以观赏到绿树荫荫下车水马龙的景象。主编叶梅那天给我介绍了《民族文学》杂志的情况，希望我积极发挥作用，和大家一起同心协力来办好刊物，她的话像是一股电流，让我浑身发热。她又说："晏彪，知道吗，这小院是丁玲先生的故居。""啊？丁玲故居？"我有些吃惊。"是呀。想想当年她经受了多少磨难，面对多少困境，她都没有低头，是我们的榜样呀。"叶主编的一席话，让我对这小院顿生无限敬意，对《民族文学》的未来充满了信心。

离开小院，抬头再看看小院，门楼虽旧，门牌号上的"大翔凤"三个字，觉得与之不相配，显然不是老北京胡同的味道。这件事一直放在心里，回家后查了资料才知道，原来这条胡同以前是几个王府之间的空隙和过道形成的，由于胡同很窄小，人们就叫它"大墙缝胡同"了。新中国成立后，"大墙缝"的名字办事者认为不雅观，则改为"大翔凤"了。名字一变呈现出的是吉祥，寓意深长。在一些书籍中有这样一种说法，《红楼梦》里的宁国府、荣国府两个府第的原型，就是胡同周围的恭王府和罗王府，又说曹雪芹住过大翔凤胡同 6 号院。

大翔凤胡同的名头，除了曹雪芹住过外，3 号院原来是作家马烽（延安文艺座谈会后成长起来的著名作家，被誉为"山药蛋派"代表人物，长篇小说《吕梁英雄传》名声远播，曾为中国文联、中国作协副主席）的房产，他住了数年后，想回老家生活，便将院子卖给了丁玲。丁玲和丈夫陈明买下来后，就让陈明的父母住下了。

2008 年起，每当上班朝着小院走来的时候，我都会幻想，丁玲先生在朝阳升起的时候，会不会散步于河边？当日落如金时分，会不会站在银锭桥上远眺西山之若影若现？当小雨点点飘飞的时候，她会不会一个人面对河里的涟漪或者是游来游去的小鱼发呆？抑或她只是散步于这充满生活气息的河边在构思巨著鸿篇？

每日到后海参观的人络绎不绝，来来往往的人们，都会津津乐道地听着车夫指指点点地说着："这就是大翔凤胡同 3 号，知道吗，著名女作家丁玲的故居，现在是民族文学杂志社所在地。”

丁玲的名字，一次次地从四面八方汇入耳鼓，与《民族文学》、与我个人的缘分越来越分不开了。

记得若干年前去过涿鹿的丁玲纪念馆。1946 年的时候，丁玲在晋察冀边区参加土地改革运动，当她来到了桑干河畔的温泉屯时，这里发生的一切变化让她有了创作的灵感。两年后，她完成了著名的长篇小说《太阳照在桑干河上》。这部名著，深刻而生动地反映了中国农村的巨大变革，是丁玲创作的里程碑，为此 1951 年荣获苏联斯大林文艺奖金。她从稿费中拿出 5000 元，买了图书、乐器等，在当地建立了中国第一所文化站——温泉屯文化站。涿鹿人民是很会利用名人招牌打造地方名片的。1953 年、1979 年，丁玲又两次张开双臂向朝她拥来的温泉屯村民呼喊：“我回来了！”丁玲第三次来到温泉屯，回到了日夜思念的乡亲们中间。她与生活在桑干河畔这块古老土地上的百姓们结下了深厚的情谊。勤劳朴实的温泉屯人忘不了这位让太阳照在桑干河上的光明使者，在这儿建起了“丁玲纪念馆”，表达对她的怀念和敬仰。

了解丁玲是从进入民族文学杂志社后开始的。令我没有想到的是，除了她的著名事迹，一张丁玲被揪斗的照片掀开了丁玲之谜。照片中，满头白发的丁玲，被人反剪着双手，胸前挂着一块大牌子，上面写着“大右派分子丁玲”的字样。尽管照片已黄旧不清，但丁玲的那双眼睛还是真实可见的，眼里没有一丝的抱怨，没有一丝的乞求，更没有一滴眼泪，反而从那眼睛里透出的是一种坚定与平和。这张照片让我对这位德高望重的女性，这位早期投身于革命的战士，这位中国真正的大作家心生敬意。

写一写“大翔凤胡同 3 号主人丁玲”这个愿望终于在 2018 年实现了。2018 年是个神奇的年份，这一天，常德丁玲文学创作促进会的石成林会长来到后海，诚邀我们组织一次多民族作家到常德桃源县的文学创作活动。这消息让我非常兴奋，因为常德是丁玲先生的故乡，她又曾经就读于桃源中学。况且今年是丁玲成名作《莎菲女士的日记》出版 90 周年，斯大林文学奖长篇小说《太阳照在桑干河上》发表70周年。在这个节点去常德、去桃源丁玲先生的家乡和母校走走，无疑是对丁玲先生最好的怀念，于我们是最好的寄托。

缘起文脉相承。十年前的2008年，我来到丁玲先生的故居——大翔凤胡同3号院，加入了民族文学的行列；十年后的2018年，我们来到了常德——丁玲先生的故乡，十年的时间虽然有些长，但是有缘何谈长短。

入住宾馆后，主办者为我们准备了一些资料，介绍常德的、桃源的，更多的还是介绍丁玲的。丁玲先生是中国现代文学史上一位重要的女作家，是一位命途多舛的女革命者，更是常德的标志。

忘记了洗漱，一头扎进了资料里，寻找着一个具有巨大文学才能、冲破束缚的女作家的文学之路。一个忠实文学事业并为之苦苦挣扎的作家，一个饱受磨难但始终无怨无悔、心中充满阳光、充满爱的革命者，一个无论何时何地受到何种磨难甚至屈辱都坚贞不渝忠于党的事业且一辈子光明磊落、心甘情愿做党的好女儿的前辈——丁玲。

从丰富的资料中捕捉到了两条信息：1936年丁玲来到陕北保安，她是第一个到延安的文人。她的到来，给陕甘宁抗日根据地原本力量薄弱的文艺运动增添了新鲜血液。丁玲到了陕北后，积极投身革命热潮，写文章，写话剧，受到毛泽东主席的赏识。毛泽东主席也正在这种情况下，为丁玲创作过一首词《临江仙》："壁上红旗飘落照，西风漫卷孤城。保安人物一时新，洞中开宴会，招待出牢人。纤笔一枝谁与似？三千毛瑟精兵。阵图开向陇山东。昨日文小姐，今日武将军。"尤其是最后两句——"昨日文小姐，今日武将军"，是对丁玲先生才华的真实写照，也是毛泽东主席对女作家、对文学的一种褒奖。据我所知，毛泽东主席的诗词中除送给丁玲先生这首《临江仙》之外，则再没用过此词牌，此意更为深远。

第二条信息让我惊喜交集：丁玲是"丁陈反党集团首犯"。丁者，丁玲也；陈者，陈企霞也。陈企霞？当这个名字跳进眼帘，我几乎不敢相信：世上哪有如此的巧合机缘。因为陈企霞先生是民族文学杂志社的第一任主编，而我作为民族文学第六任副主编，陈企霞主编大名岂有不知之理？民族文学的办公地点是丁玲先生的故居，陈企霞先生又是民族文学杂志社第一任主编，“丁陈反党集团”又是那个年代较为有名的事件，这两个人都与民族文学有着千丝万缕的联系，这机缘如同“故事大片”般的神奇。

在常德，丁玲公园是仰慕和追随丁玲的人们不得不去的地方。2019 年 5 月 4 日是五四运动一百周年纪念日，五四运动爆发时，丁玲正逢十五岁，刚好迈入青春第一步，正是由于五四反帝反封建的民主思想的影响，成就了她作为优秀文艺青年的成长，也成就了今日常德这座美丽城市的文化内涵。

丁玲的母校桃源师范学院是我们必访之处。展览室里，有这样的一段文字：丁玲（1904 年 10 月 12 日—1986 年 3 月 4 日），现代女作家。原名蒋伟，字冰之，又名蒋炜、蒋玮、丁冰之。笔名彬芷、从喧等。湖南临澧人。1918 年就读于桃源第二女子师范学校预科，次年转入长沙周南女子中学。

1910 年，30 岁的蒋胜眉带着 7 岁的女儿丁玲考上了常德女子师范学校，母亲读中学，丁玲读幼儿班。这件事若放在当下也是一大新闻，更何况是那个年代。在常德师范学校，丁玲的母亲认识了小她十几岁的革命者向警予，在向警予进步思想的影响下，丁玲的母亲接受了许多进步的思想和新知识，同时也影响了幼年的丁玲。在此期间，丁玲受到五四革命思潮的影响，到上海读书寻求进步思想。

1982 年 10 月，丁玲回到了桃源师范学院，这是 78 岁的老人阔别 60 年后首次回到母校，她边走边看边感慨，变化太大呀。随后突然问道：“母校还有老房子吗？”校长回答道：“有。还有一栋小白楼。”丁玲来到这幢意大利式的楼房前，激动地说道：“没错，没有错，楼上是我们的教室，楼下是宿舍。那间就是我们 73 班的教室。”丁玲用手指着那间教室兴奋得像个孩子。

桃源师范学院还是很有胆量与眼光的，在“文革”破四旧时候，特别是在市场经济一派拆旧建新的浪潮声中，桃源师范没有“彻底”地随波逐流，不然丁玲阔别 60 年回到母校，连一幢老房子都没有了，他们有何颜面去面对丁玲先生呢?

常德桃源之行短短几日，却让我始终沉浸于丁玲的过往故事里。它牵引着我，感染着我，那些不能够忘怀的故事萦绕于心头，久久不能忘却。丁玲的光环与她的磨难一样，令文学界振奋，令社会反思，令后人有创作空间。正如著名作家孙犁所言:“一颗明亮的，曾经子夜高悬，几度隐现云端，多灾多难，与祖国的命运相伴随而终于不失其光辉的星，陨落了。”

“丁玲的一生是与祖国人民的命运紧密联系在一起的。”这是丁玲去世时新华社播发的悼词。

作为作家，我想深入了解这位伟大的女性作家;作为晚辈，我想了解先生的创作之路，学习她那种千难仍傲、万磨不屈、只知忠诚热爱绝无半点抱怨情绪的“武将军”。

王蒙先生有句话说出了许多人的心声:“丁玲并非像某些人说的那样简单。在全国掀起张爱玲热的时候，我深深地为人们没有纪念和谈论丁玲而悲伤而不平。我愿意愚蠢地和冒昧地以一个后辈作家和曾经是丁玲忠实读者的身份，怀着对天人相隔的一个大作家的难以释然的怀念和敬意，为丁玲长歌当哭。”

丁玲，生亦无泪，死亦何哭?她的一生，只信一个党——共产党;只忠诚一项事业——文学;她的一生与四个人恋爱过，但她只挚爱着一个人——陈明。

1986年2月14日，丁玲病重要做气管切开术，因为做后可能永远无法再说话了，进手术室前，亲友们都围在身边。丁玲望着和她相守半生的陈明，深情地说道:“你再亲亲我……”

每当读到这段回忆的文字，我都会想起丁玲先生早期的一些文学作品，处处透露着浪漫主义浓浓的气息，具有追求个人理想的浪漫主义情怀。

瞿秋白当年这样评论丁玲:“冰之是飞蛾赴火，非死不止。”然而丁玲先生的一生，的确受尽了委屈，多次扑向那火，但从未求全怕死;进了国民党的监狱，没有屈服;打成右派，劳动改造，没有怨恨;被批斗，没有流泪;在她的文学海洋里是阳光的，是充满爱的，是为当代女性、为人民而歌的。用丁玲先生话说：“我还是要以我的余生，振翅翱翔，继续在火中追求真理，为讴歌真理之火而死。”她的一生，以笔为武器，以文字为载体，以充满力量的浪漫主义情怀为催化剂，为后世留下了不朽的作品，铮铮铁骨的人生楷模。

有人读了丁玲的生平或者是知道了她的“飞蛾投火”的不幸经历，喜用“长歌当哭”来形容她。但我以为，对于丁玲，对于这样一位湖南女汉子、中华女豪杰、作家中的火凤凰，应以“长歌当啸”称之。她的文学如爱情的火焰，照亮了我们的生活与情趣；她的人生经历如中国的近代史，有屈辱、有悲哀、有痛苦，更有甜蜜和欢笑；她的品德与思想，如同一道绚丽的风景，足以装点和照耀一部中国现代文学史。

丁玲先生离开我们几十年了，但她的著名仍然不朽；丁玲先生风风雨雨的人生虽已成往事，但她的大气磅礴、凛然正气之风骨，仍然令我们百般回味；丁玲先生与民族文学的关系，虽然只是一个故居的联系，大翔凤胡同 3 号院里已无丁玲的任何痕迹，但丁玲的文学之光，始终在这所小院里，照耀着我们。

刊于《湖南文学》2019 年第 10 期

汤泡馍

张宗涛

父亲忽然就不去跟事了。

彬县北极塬把去参加婚丧嫁娶叫跟事，那是乡间最大的人情世故，比腊月送年节、正月送灯笼、端午节送粽子、忙罢送新麦面烙馍、九月九送枣糕，更要格外上心。倘有疏忽，该去的忘了去，该请的漏掉请，那在看重礼尚往来的人际中，往往会断送了交情，从此生出芥蒂甚至不再来往。北极塬人把交情看得很重，这关乎一个人、一个家庭，甚至一个家族的人脉、信誉、德行和人品。

一般来说，前去跟事的，大都是一家中的头面人物，以表重视和尊敬。要无特殊原因，若指派屋里人（妇女）或娃娃伙去吊丧、庆婚、祝寿、添箱或做满月，那表明不是有过嫌隙，就是关系疏远；到自家过事时，对方一定也只来屋里人或娃娃伙，除非你是娘舅家。这好比国之外交，很讲究身份对等。

可父亲却把我支到了前头。我那阵大约十岁多点，时在 20 世纪 70 年代初。那是一个肚子总觉不饱的年代。

头一遭那天早上，年近五十的父亲叫住约了一帮伙伴准备下沟斫柴的我，一脸郑重地说："你爷十岁当家，十三岁就有了你伯。你不能再野了，该学点人情礼数了！"

母亲说："他爸，今是己亲！"

父亲喉咙咕地一跳，说："我知道！"一脸不容置疑的坚决。

两个年幼的妹妹在被窝里支棱起耳朵，黑扑扑的眼睛滴溜溜瞅我，黄拉拉的头发乱蓬蓬像两只鸟窝。

母亲撩起衣襟，摘下衣角内里一个另色小兜上的别针，摸出二角纸币交给我，又递过一个旧手帕缝的布袋，里面装了五个蒸馍，泪兮兮叮咛：“上礼时，随手就把馍兜要回来，装好！”我懂母亲的小心思，乡间那些小把戏我已经晓得了不少。母亲为备这份水礼，跑了好几家才借来一碗细麦面，发好，擀薄，里面包上晋杂五号红高粱面，方蒸出这几个外白里黑的大蒸馍，我咋会让它们露馅呢？贫苦是最好的老师，它早早教会我好一些生存的窍门。

我把母亲的难过当作了对我的不放心，豪迈地说：“妈，我能行！”

临出门父亲说：“上礼时就写你。少喝汤，多吃饭！”说这话时，父亲弓着背坐在炕沿上，看都不看我一眼，叭儿叭儿只吸他的旱烟管。我一手攥紧毛票，一手拎着馍兜，兴奋而羞涩地迈出了门槛。

我的那帮小伙伴齐刷刷瞅着我，嫉妒得眼睛发红，羡慕得目光变绿。一个小点的舔着嘴唇说：“娘呀，去吃汤泡馍呀！”我真真切切听到了小伙伴们咽口水的声响。一个大我几岁的很不服气，高声喊：“汤泡馍有啥了不起？走，咱偷豌豆去！”我撇着嘴一笑，头高高扬起来走了，心里说：哄鬼呀？豌豆地两个人把守着，你娃能偷成？

彬县地界，无论白事红事，上午必是一顿汤泡馍，后晌才吃席喝酒。所谓汤泡馍，就是用煮了肉的荤汤加入老豆腐、鸡蛋饼、胡萝卜菱角形薄片和肉丁，再撒上翠绿翠绿的菠菜叶做出的荤汤，上面漂油汪汪厚厚一层辣椒红油。汤汪，味浓，豆腐筋道，肉丁耐嚼，人们多将热蒸馍往里一泡，呼噜呼噜能连咥几碗，吃完抬手把嘴一抹，咯啷啷打一长串响亮的饱嗝，苦焦的日子顷刻间就有了滋味。

彬县人再穷，也宁肯自个儿勒紧裤腰挨日月，过事绝不马虎，即便东挪西借赊账也要把客招呼好。人苦、嘴穷、命贱，可心不能抠，脸不能穷。心抠之人没奔头，脸穷了你在乡间就活成了孤家寡人——你不厚道，还有谁帮？人活脸，树活皮，北极塬人挣破胆也要把事过汪，把人活旺，把脸赚足。

步行了大约十多里坡路，终于到了亲戚家。院门外上礼时，人问："你爸呢？"我老老实实回答："在家哩！"又问："他咋不来？支个碎娃！"我挺了挺胸脯："我爸说，以后行情都是我的事！"人就笑了："比桌子高不了一拃！"我踮了踮脚尖，他们笑得纸烟在嘴里乱摇。亲戚走过来了，抚一抚我的头，说："别笑娃！娃可怜！"

我怎么可怜了？才不呢！我伸手索过馍兜兜怀里一揣，大摇大摆走进院子。就有职事大声吆喝："看客坐——！"刚坐到专门搭起来的棚架下，热腾腾香喷喷的汤泡馍就端了上来。

我喉咙里像长了几只手，一把一把往里抢，头一碗没尝到味就全下肚了，舌头都烫木了。第二碗我才尝到了豆腐的筋道，肉丁的酥香，红油辣椒热情似火的刺激，吸饱了汤汁的白馍块的软糯……可是我却一下子停住了筷子！我看到了两个妹妹黑扑扑的眼睛和焦黄焦黄的头发，我还看到了父亲母亲苦焦的脸，眼泪没忍住就下来了。

旁边有人奇怪了，问："咋了？"

我哽着声说："辣！"

我感觉自己都吃到脖子根了，可嘴里却总像不饱，心里头欠欠的。恋恋不舍地扶着桌子站起来，咬牙关住往上涌的汤，肚子胀得有点儿疼。几个大人哄地笑了："这碎家伙，吃了三碗汤！三个馍！往哪儿装呢？"我的脸一下子像着了火，烫得耳朵都烧！

晌午要吃酒席了，我肚子却还圆滚滚的。其实所谓的酒席是根本没有酒的，小盅里喝的是糖精水。可即便是糖精水，大家都喝得有滋有味，声音吱儿吱儿的，还要啊地呵一口酒气。一圈人我认识不了几个，可大家一传，都知道我是谁了，个个招呼我多吃。筷子厚的肥肉片，本来一桌每人只有一片的，却给我夹了三大片，说："好好吃，快快长！"

可他们接下来的议论，却让我几近崩溃！我一下子意识到父亲要我跟事的原因了。

父亲弟兄六个，他是老五。大哥、二哥均殁于五十七岁，一个死于肝炎，一个死于肠梗阻。三哥二十六岁早亡。四哥三十七岁反右中上吊自尽。唯一的弟弟在运动中被逼致疯，终年漂泊乡野，有家不回。穷困和动荡，让我的父辈们寿命都短。父亲虚龄已经五十，他这是在把他十岁多点的儿子往人生舞台上推！

彬县风俗，过事客人吃罢回返时，主家要给客人家里的年老人夹一半个肉馍以表敬老的。我还没下桌，亲戚就夹好两个塞给我，说："给你爸捎回去，算我一点心意！娃，你家人寿都短，要好好孝顺你爸哩！"我连饭都没吃完就跑了。我怀揣两个肥肉蒸馍，一路小跑着往家赶。山路人烟稀少，可我顾不上害怕，眼泪汩汩地流，只顾踢踢踏踏跑。

跑回家，父亲还没放工，母亲正在麦场上和一帮妇女晒麦。我一头扎进母亲怀里，放开声音哭。母亲吓了一跳，以为我路上受到了惊吓或行情遭受了委屈，拍着揉着一声声追问。可我却只能把一肚子的害怕和悲伤憋在心里，一句也不敢说。自那以后，我就得了心病，半夜惊醒来都要爬起来看看父亲，放学头一个跑回家，进门先问："我爸呢？"得到明确肯定的答复了，才把心放下。

可去吃汤泡馍的差事，却不容辩驳地落在我头上，除非我在学里脱不开身。

两个妹妹很眼馋我，她们并不知道我吃着汤泡馍时，心里多么难过。我只敢给母亲使性子，常常耍赖要父亲去。母亲则抚着我头劝："你爸舍不得吃才叫你去的！吃好的才能长高！"我明明知道母亲只说了一半，但就是不敢追问，只得疼疼地窝在心里。

一直到我 1980 年考上大学。

我考上大学那年，父亲五十六岁了。就在高考前，一个当教育局局长的远房亲戚还好心劝我："娃，你家人寿命都短，好好回去帮你爸干两年活，娶个媳妇叫你爸抱个孙子！"可父亲却坚决地说："只要娃能考上，我这把骨头打了锣都值！"我离乡时，心里有一千个不忍，一万种担忧。父亲把我送到县城，说："好好去学，不要操心！"可我怎能不操心呢？夜夜梦中惊醒，往往就再也睡不着了。那时候怎么就没有电话啊！我只好一周一封寄信。收到回信了，打开看到父亲歪歪扭扭的几行字，方能安心几天；要迟迟收不到来信，我差不多能急疯！

好不容易熬到放寒假，用平时节俭和假期兑现的伙食费，买了烟、酒、茶、肉、菜、米……大包小包背回家，两个妹妹早在村头等好几天了。妹妹说，我离开家的这半年，母亲天天记挂，天天抹泪。我知道母亲为什么流泪，她担心父亲抛下她们，而我又飞去了城里。

父亲呢，他却忽然变得很精神！半年来他给院子堆了一座小土山，正谋划着想盖房子呢。家乡实行了土地责任承包，父亲是精细的种田人，他的庄稼比谁家都好！

可日子还是很穷，缺钱！辍学回家的大妹，便顶替了吃汤泡馍的差事。

腊月二十，我亲自下厨，在母亲的帮助下做汤泡馍。父亲问："咱又不过事，做啥汤泡馍？"我说："咱家今过事！""啥事？"父亲一脸茫然。母亲说："你忙你的，管得宽！"父亲就忙他的去了。我们煮好肉，滤清汤，摊好鸡蛋饼，切好豆腐、肉丁，用大油和清油两混儿泼好红辣椒面，做了一大锅汤。最后把菠菜段往里一撒，再漂上红红的油泼辣椒，盛点一尝，嗯，特色，不输给乡间的大厨！

父亲盘腿坐上炕头，端一碗一吃，边咳嗽边赞叹："跟厨子做的一模一样！"我们这才给父亲敬酒、敬烟、敬茶，告诉他，那天是他的五十七大寿！父亲一下子就泣下了，涕泪纵横，招得我们一家五口眼里全是泪花花。母亲说："今是好日子，娃长大了，咱该高兴！你这么多年东舍不得西舍不得，坐个席都让你娃去，今这汤泡馍，你多吃几碗！"母亲自己先禁不住眼泪长流。五十七，那是我们整个家族忌惮的岁数，它是父亲同胞弟兄中寿命的大限！

父亲迈过了五十七这个坎！他看着两个妹妹长大成人。每个妹妹出嫁，父亲都要把事过扎实，汤泡馍要料足、油大、汤汪，席面要馍白、菜多、肉厚、烟酒丰肥。父亲说："咱不能光吃人家的汤泡馍！咱得把吃人家的还回去！"我结婚时没有回乡下办酒席，这在父亲是多年的遗憾，老了还念叨：“咱欠了亲戚一顿汤泡馍！”

城里刚一有房子，我便赶忙把父母接了来住，我想让他们长命百岁！父亲住到了城里，却常想念乡下，时不时念叨：“就想吃一碗汤泡馍！”我们给他做好，他扒拉两口，笑着感叹说：“咋吃咋不香么！”我明白了，当汤泡馍离开了故土，离开了那种亲朋相聚、共话桑麻的乡风乡习，没有乡音和乡情的浸润，它就寡淡得只成了一种饭食。我们便带父母去吃清真的羊肉泡，西安的三鲜泡、葫芦头泡，三原的码子泡，凤翔的豆花泡……我们呼噜呼噜吃得酣畅淋漓，父亲却很扫人兴，说：“咋都没汤泡馍爽口！”

可父亲却倒在了 2007 年的那场大雪天。虽然他活了八十三岁，创造了家族寿命的最高纪录，也算高寿，但我们还是接受不了！前来跟事的亲戚都劝：“你张家人老几辈，数你爸最高寿了，是喜丧！”可日子好了，生活富足了，父亲却再也不能享天伦、看世事了，这多么悲怆！我把厨子做好的汤泡馍，舀头一碗献到父亲的灵桌上，冲着列祖列宗的牌位失声痛泣：“爸，你再尝一口汤泡馍吧！”

回应我的，只有那高亢而悲怆的唢呐曲《祭灵》。

你说，故乡的汤泡馍，能不深深烙在我心，烙在我日渐退化的味蕾上？

刊于《豳风》2019 年第 2 期

偷书贼

陈崇正

“你站住！”书店的老板瘦小得像只猴子，戴着厚厚的眼镜，“你转过来！”

我转过去，霎时间天地都在旋转，仿佛肚子里的血都涌进头脑里来，胃肠都空了，只拿眼睛去看书店老板白皙的脸。

藏在衣服下面的书被一把扯了出来。老板举起那本书，在空中扬了扬：“偷！偷！偷！我注意你们几个很久了！”

我以为他还会说更多的话，这是我一直担心的，因为书店里很多眼光已经朝我身上戳过来，我就快变成刺猬了。

猴子老板气势汹汹，吓唬我说要叫警察。这时，年轻漂亮的老板娘走过来，她怀孕了，挺着大肚子，站在我面前。我低着头，眼睛的余光能看到她的耳环折射的灿灿的阳光。她想说些什么，停了十几秒，终于说：“唉，算了，穷人家的孩子，走吧走吧，下次别这样了。”

我逃出来的时候感觉自己像一只螃蟹，一定被自己的热血煮得通红。

那是1996年的春天，香港还没有回归，我十四虚岁，我爷爷刚去世不久，家里因为我弄丢了爷爷遗留下来的唯一的金项链而一直对我不甚爽快。而我对金项链能值多少钱并不感兴趣，却一直在怀疑我六年级的语文老师一定练过内功，因为他有点秃顶，前额特别突出。武侠小说里是这么说的：内功修炼到一定程度，前额就会不自然地往前凸出来，这是内气充盈的表现。所以每次他走过我的身边的时候，我总是暗暗吸了一口气，憋住，生怕我自己的内气被他吸走了。武侠小说里是这么说的：内功强大的人总是能够在有意无意之间就将别人身上的内气悄悄吸走，而被吸走的人毫不知情，却总爱生病。我非常容易感冒，所以总是防范着，特别注意语文老师的脚步，他走路轻快，就好像脚底都不用着地一样。

我关于武功的所有知识都来自书——武侠小说和各种武术书籍，而这些在我们的小镇是找不到的，我需要骑着破单车，到七八公里远的市镇去。那个小镇叫店市，店市有两家书店，但只有猴子老板的那一间会摆着这些古灵精怪的书籍：《少林七十二绝技》《铁砂掌秘籍》《点穴解穴大擒拿》《南少林轻身功夫大全》……还有金庸、古龙、梁羽生的武侠小说，每一本都让我垂涎三尺。有一段时间我常疑心猴子老板也一定是一个武功高手，他店里有这么多的秘籍，他难道一本都不看？武侠小说里说少林寺藏经阁扫地的老和尚才是最绝顶的高手，难道他一点都不想成为高手？是的，他一本也没有看，要不然他一定可以听出我的鼻息在偷书的时候异于常人，也一定能在我逃跑的时候施展绝顶轻功将我抓住。但都没有。猴子老板有时他也拿个棋盘在一边摆棋谱，或者跟漂亮老婆吵吵嘴，但更多的时候总是对着墙壁上那个黑白电视看个没完。

我瞧不起猴子老板，他坐拥宝藏却不懂得享用。我十四虚岁，是一个赶鹅少年，我需要各种稀奇古怪的秘籍，如果可以，我要将猴子老板的所有秘籍都搬回家来。那样，我一定可以利用赶鹅的时间练成绝世武功。对练成绝世武功之后的事，我有各种想象，恨不能一一实现。比如，我的鹅群如果游到池塘中央几个小时都不回岸边的时候，我可以施展绝顶轻功掠过水面将它们一只只都赶回来；又比如，我一掌就可以劈开篱笆，这样到山上去偷李子和桑椹吃的时候就不用那么狼狈。更重要的是，一本武侠小说，一本武功秘籍，能让我所有赶鹅的时间都变得十分有趣，不用对着什么都不懂的鹅群自言自语。

你无法想象，空空的田野，一群嘎嘎乱叫的狮头鹅，一根赶鹅用的棍子，此外别无他物，这对一个少年来说意味着什么。那是无边的孤独，只能自己展开想象。是的，最快乐的时候是离开鹅群，骑着自行车飞奔起来。雨后的泥土路坑坑洼洼，我依然可以正确避开，即使是溅了一身的泥水也在所不惜，即使是大雨倾盆也在所不惜，只要我在去往书店或者偷书回来的路上，我的内心就是欢快的。

偷书是大事，我当然不是一个人在战斗。痴迷琼瑶小说的阿逸是个娘娘腔，我赶鹅的时候，他放牛，我别无选择和他成为朋友。是他将我带上偷书之路的，因为我总发现他有看不完的小说。

“喂，你偷家里的钱？”我问。

他摇摇头。

“偷鸡蛋去卖？”

他笑着摇摇头。

“偷书，”他说，“那老板不敢怎么样的，抓住了最多说你几句！”他将“不敢”两个字着重说得很响亮。

“怎么偷？”我切入主题。

“穿外套，将书夹到腋下。或者，放到肚子这里，用皮带夹住，主要是表情，要若无其事。还有，偶尔要买一两本，经常去了不买，人家就会疑心的。”

阿逸很详细讲述了偷书的所有细节。我在脑海中模拟了一遍偷书的场面，顿时感到热血沸腾。相对于蓝天下的草树和鹅群，这是多么斑斓多么撩人的一件事！我放鹅的时候偷过阳桃、李子和番石榴，这些都是农村野孩子干过的事，但从来没有偷过书。

从有了偷书这个念头，我就感觉自己血压上升。我们经常是两个人去偷书，有时候腼腆的阿城也会加入我们的作案团队。我们穿着拖鞋，骑着叮当作响的破单车，骂着村里只卖教辅资料练习册破钢笔的小书店，幻想着有一天要开一个大大的书店，装满散发着油墨香味的书。

在我们几个人里面，我入行比较慢，但上手很快。他们都目的性太过于明确，一进门就直奔自己喜欢的书。但我总是会左右徘徊，先到其他书柜看看（书店其实很小，也没什么看的），只用眼角的余光盯着我最爱的武术秘籍和武侠小说。他们总是爱用外套去夹书，这一招猴子老板早就摸透了，一抓便着。阿城就这样被抓了两次，每次都哭鼻子扮可怜，不像阿逸死皮赖脸一言不发，这一点也是阿城颇受我们鄙视的地方。“你别总是哭，一哭，所有人都看着你！”阿逸建议我们三个要分头进去，有先有慢，扮成陌生人。“他总被抓，总哭，所有人都认识他了。”他的意思是阿城总是连累我们，但其实，我们几个是来干什么的，猴子老板早就一清二楚，只是他没有赶走我们。所以为了缓和关系，制造烟幕弹，我们也会将平时的零花钱都省下来，买那些比较难偷的书。过年前后压岁钱多，买得也就多一点，买完之后我们都会大叫，贵死了，贵死了！

后来他们也学习我的做法，将想偷的书用小腹压紧在书柜上，然后拿起另外一本书慢慢翻阅，等待合适的机会再放到肚皮上用衣服盖住，然后慢慢转移到肚子两侧或裤子里这些猴子老板比较少留意的部位。

我们的团队很快就发现有其他人也在这家书店里偷书，居然是同行。有时候我们这些不同来路的贼互相看见彼此，觉得又紧张又好笑。

除了武侠小说，为了应付作文，我们还偷作文选。那时候的作文题目跟现在一样吓人，大家都怕写作文，所以很多同学都有十来本作文选，叠起来高高的一摞。记忆中，从小学到初中，我拥有无数的作文选，五花八门的作文技巧，各种开头结尾，描人物描景色，无不分门别类各自精彩。跟许多人一样，我的作文从抄抄摘摘开始，东一段西一段从各个选本的作文选中窃取词句，丝毫不觉得有任何羞愧。除了摘抄印刷成书的作文选，我的另一大能耐是抄袭哥哥姐姐表哥表姐的作文，操作得当，还经常能骗得高分。

我小学得到表扬的第一篇作文是描写到外婆的农场掏鸡蛋。其实我外婆住得离我几十公里远，她家里压根也没农场，她养了几只鸭子，不养鸡，鸡蛋都是买的。就因为某本作文选里头有一篇掏鸡蛋的文章，于是我大胆地虚构了外婆的大农场，并学着当时作文经典的结尾写道："为建设四个现代化奉献一切力量！"感叹号还被我涂得粗黑，很骄傲的样子，其实我当时根本不知道四个现代化是啥东西。初中得表扬的第一篇文章是抄袭当时读师范的堂哥的周记，写一群孩子如何去捅电线。农村以前老是停电，停电了就拿竹竿捅电线，我们都习以为常，从来不知道这种事情居然可以写成文章。堂哥的那篇文章是我不喜欢的，觉得写得太老实，没有什么漂亮的句子，但当时时间紧任务重，夜深人静别无选择，于是照抄了事，结果还受了表扬，这令我十分惊讶。

作文选抄得多了，我渐渐对里面老掉牙的文章感到不满足。夜深人静的时候，开始有一些句子从我心里蹦出来，跟作文选上的漂亮句子有着同样的精彩。我开始向一些报刊投稿，当时江苏有一本杂志叫《全国中学优秀作文选》，发表了我好几篇习作，这一回表扬我的不是语文老师，而是从全国各地纷至沓来的各种交笔友的书信，极大满足了我的虚荣心。

反观这十多年中，从学写句子到写作文，从写作文到写作，作文选在我这段人生中扮演了十分神奇的角色。这些偷来的、买来的和从同学那里借来的作文选，成为我偷窃的对象，我当时并不觉得这才是真正的偷书贼。这些印刷粗糙的作文选，连同我的哥哥姐姐留给我的作文本，成了我写作的第一桶金，给了我第一个模仿的对象。在中学时代，大师太远，名著太深，读同龄人写的文章，多少能感受到一些共同的生活经验，而同样的生活经验就会被激发。照抄别人的文章自然不是光彩的事，但依葫芦画瓢却几乎是写作的必经之途。比如知道别人在写掏鸡蛋，我就可以选择写赶鹅；又比如知道捅电线可以写成作文，我就明白在月光下割稻谷也可以写成作文。所谓用心灵照亮心灵，也包含了这种看似简单的举一反三。

一个时代有一个时代的共同经验，我的少年生活经验是赶鹅和捅电线，对现在很多孩子来说却是陌生的世界。朋友们向来都知道我是个胆小鬼，我只有喝着啤酒的时候敢跟他们宣称我也偷过东西，做过贼。但他们听说我偷的竟然是书，觉得这太无聊，还敢拿来吹牛，都嗤之以鼻，眼中尽是不屑的神色。

阿城后来就宣布不偷了。因为他去了一趟城里，回来以后他对着我们哭了。他一哭阿逸就叫起来，让他别这么丢人。但阿城说了一个我们都陌生的词汇：图书馆。

“整栋楼都是书，要什么书都有，谁都可以进去看！”阿城的眼睛睁得很大。

我说骗人的。

阿逸点了点头说，应该有，他说他在言情小说里看到过，有图书馆，城里才有。

原来城市里有那么多“藏经阁”，这让我大受挫伤。看来我看过的所有秘籍都不是秘籍，其他地方的人也看得到，或许他们早已经练成绝顶高手，只要我走近他们的身边，他们就会偷偷吸走我的内气——难怪我总是那么弱，总是那么容易生病。

阿城的退出让我们这个贼窃团伙兴趣索然，我看着抽屉里珍藏的十来本书，它们和我从旧书摊买来的，邻居家借来的书放在一起，但还是显得非常扎眼。它们本来就不属于这里，应该还是放在书店里，放在落满灰尘的书架上。

而我终于也被抓住了。我像螃蟹一样逃出了小书店，两个月后再去的时候，老板娘已经生了一个小宝宝，我不好意思过去看看男女，因为他们都装作不认识我。我在书店里熟悉的位置溜达了一圈，想起这些秘籍在外面的许多书店都能买到，一种意兴阑珊的感觉重新涌上我的心头。

再次去那家书店是在多年以后，我回老家，心血来潮开车去店市给一岁多的女儿买衣服。家人在乱糟糟的市场里逛衣服的时候，我一个人穿过无法辨认的街道去寻找那家书店。它居然还在，只是猴子老板和漂亮老板娘都不见了，一个肚子臃肿的老头跷着腿躺在椅子上，一把年代久远的风扇呼呼对着他吹，我衣冠楚楚走进去的时候还把他吓了一跳，他反复打量着我猜测我的企图。书店也变得破落不堪，里面的书还没有我家里的书架上多，只卖一些教辅资料、日历和破钢笔，跟村里以前被我们瞧不起的书店一样的面目，再也没有往日的光彩。

我内心涌起一种无法言喻的苍凉之感，现在想来猴子老板和漂亮老板娘是那么青春，他们脸上有一种卖书人的骄傲。那时小书店也是那么整洁，里面常常挤满了各式人等，或虔诚或慵懒，却都是为书而来。在读书如抽丝的时代，实体书店已经像一个被吸走了全部内功的废人，躺在夕阳的余晖里，但在我内心深处，那是我永不贬值的神圣藏经阁。

刊于《福建文学》2019 第 7 期

小街叙事

宁 雨

饸饹馆

一条街分了两个杈。一个新杈，一个老杈。有一天老杈上忽然冒出个饸饹馆。饸饹馆坐东朝西，门口对着宽敞的便道，法桐树浓荫蔽日。七月天，树底下支了桌子，摆了椅子，乘凉的、遛弯的、过路的，都忍不住坐下点一碗刚出锅的饸饹尝尝。馆子一开张就闹了个满堂红。

开饸饹馆的是芳村初家三兄弟。芳村离城不足百里，说近不近，说远不远，这馆子一出手就在黄金地段租下大几十平方米的铺面，要生根开花结果的架势。我去吃了几次，那饸饹，面白，卤厚，汤清，菜鲜，果真好手艺。除了卖饸饹，他家也卖烧饼，还有几样自制的凉菜。缸炉烧饼才出炉，微黄焦脆，一层白芝麻仁诱得人汩汩地生口水。

初冬，一天冷似一天，晨练完了就想端碗连汤带面的饸饹。顺着街的老杈往北走，十几步就是初家的饸饹馆。天光刚破白，地上的物什还不分明，饸饹馆的灯火一照老远，屋里的热乎气儿也顺着门帘缝钻出来，让人心里先有了几分暖意。

太早，屋里空空的，就我这一个客。煮饸饹的大锅早就开了，锅上架着老榆木饸饹床，据说是从三兄弟的太爷爷的爷爷一直传下来的。瘦肉丝炒制的卤子，刚刚炸好的黄豆嘴儿，洗净切好的芫荽段、葱碎，装在不锈钢盆里排在灶台上。初家大哥白衣白帽站在灶前，一张脸让水汽笼了，一笑，白白的牙却见得真切。靠里屋门口是制作烧饼坯子的条案，初家二哥低头忙碌，客人进门，只望见他弯曲的后背。抹桌子跑堂是三哥的活儿，站柜的却是晚辈，大哥家没过门的儿媳。

熟店熟客，饸饹上桌前，总得唠几句。我说，你家墙上这招贴不赖，是请谁帮着弄的？三哥马上搭腔：俺整的，信不？他还一边抹着桌子。俺们老初家卖饸饹，都有一百年了，老辈儿传下来的手艺、规矩，都装在心里的，还用劳驾别人？大哥正好把饸饹端来，顺手帮我加了醋点了辣油：瞅瞅咱们这饸饹条儿，去了皮的荞麦头道面压的。你说是不是比别人家的白，还比他们的吃着筋道？离开那一锅白蒙蒙的热气，他一张方脸天清地朗，额头鬓角井田纵横。

初家饸饹传到三兄弟是第六代，除了20世纪50年代末60年代初那些年，饸饹锅年年从正月初六直开到大年根儿。三兄弟的爷爷膝下四男二女，家家卖饸饹。分家时大伯家受了老牌匾，二伯家分得一口八印大锅，三伯分得村里开过饸饹馆的老屋。三兄弟的爹行四，分了最宝贝的老饸饹床子。村里也有别家卖饸饹，无论怎么费心偷手艺，面用好面，打卤的猪肉、酱油、大料、生姜，都跟初家一样一样的，可就是做不出老初家饸饹的味道，据说，奥妙就在那个压饸饹的床子。三兄弟也曾分过家，卖饸饹的事留给老大和老三，老二独自外出闯荡卖过电料、当过小工，后来学会了打缸炉烧饼。过了几年，分过的家又合了，饭还是分着吃，饸饹却要伙着卖。他们把县城里开的饸饹摊撤了，直接来省城开饸饹馆。哥儿仨琢磨着，饸饹馆要是开好了，就整他几个连锁店，将来重新做个招牌，“中国初氏饸饹”。

隆冬，再去饸饹馆，却换了店面，紧邻着原来那处大铺面，还是两间进深，却逼仄得多，介绍祖传手艺的招贴也揭来重新贴过，着一层烟火气象，已经不是那么新得晃眼了。大店改小店，大概是没赚着钱或者所赚不多。平心而论，老初家的荞面饸饹，光那瘦肉丝打的卤儿、自家生的黄豆嘴儿，就比人家的摊子多花了本钱，多费了心机，十元一大碗、八元一小碗，单价上是贵着一两块钱，可把房租摊下来，利厚利薄就说不得。

挑门帘进去，初家大哥的脸还是笼在水汽中，一笑，牙齿灿烂。二哥依然在忙着做烧饼坯子，条案摆的方向变了，一双巧手揪剂子、擀剂子、刷芝麻仁，变戏法似的，那叫一个快当。三哥在教训一个二十郎当岁的青年，嫌他围裙洗得不净，芫荽没有择净，每挑一个毛病，都跟着一句，你不能坏了咱老初家几辈的规矩。青年本来拿着拖把拖地，住了手看着他三叔，并不接话，倒是那个站柜的姑娘脸上有些挂不住。我寻思，那姑娘是青年的未婚妻。

最近，老街的饸饹馆又一家变作了两家。老大单挑儿了，老二、老三还是一块儿开买卖，把当初开张时租的大铺面又租回来了。哥儿仨俩店，一样的手艺，一样的价码，店门挨着店门，打擂台似的，倒也有趣。我下次去吃饸饹，准备捡一枚硬币扔出去，正面朝上就去左边店，反面朝上就去右边店。

修车摊

修自行车的师傅姓阚。街坊邻居喊他“老敢”，把阚字外边的“门”给省了。因与他媳妇谭姐的乡谊，我称呼他老哥。

老敢的摊子在十字街口东北角便道上，守着学校不远。补胎、打气、拿龙，换辐条，换里外胎，换链条，换轴承，卖车筐，卖铃铛，修锁配钥匙，外加帮人联系学生小饭桌业务，晴天卖防晒衣雨天卖伞冷天卖手套，诸如此类，不可尽数。用石家庄话说，老敢的手艺真沾。你扛个车架来，他能给你攒出辆整车，比原装的都禁骑。就算是赛车、电动车出了毛病，交给老敢收拾，那也是手到擒来。因此上，老敢在十字街一带颇有点名声。

当然，老敢的名声不光来自他的一双巧手，他还有更大的能耐。比如，他娶了一个有正式工作的俊俏媳妇，就是谭姐。老敢是个肢残者，右腿膝盖以下截了，装着义肢，近路他拄双拐，远点的道，则开一辆破旧的改装电动三轮。

因为肢残，找不到合适工作，打年轻时候，他就在大厂宿舍门口摆摊修自行车。谭姐如何嫁给老敢的，众说不一，只是一提起来这事，都忍不住嘬牙花子，觉得可惜了一朵水嫩嫩的鲜花。她是大厂的工人，十八九岁上大厂去招工，别人猪往前拱鸡往后刨地找门路，她没后门可找，就想试一试运气，结果，跟招工的一见面人家就拍板要下了。

厂子改制，谭姐买断工龄。两个闺女都成家了，不用他们两口子操多少心，谭姐还不到五十，干脆给老敢的摊子当起“老板娘”。

谭姐一来，补胎、打气这种技术含量不高，又得一会儿下蹲一会儿屈膝一会儿猫腰一会儿起立的活计，自然就全揽下了。老敢端坐在一个敦敦实实的大木凳上，把装着大洋铁工具箱的三轮车当靠背，凳子旁边摆一把暖壶、一个大搪瓷茶缸，面前放一架修锁配钥匙的小车床。有生意了忙一阵，赶到没事了，两眼一眯细，听京剧。听上一段儿，转身端茶缸，滋溜——咕咚，滋溜——咕咚，来两大口茶水。除非拉屎撒尿，老敢半天不动窝儿。

老哥，看美得你，当皇上呢。我路过，总要打个招呼。

老敢没搭言儿，他正跟着马连良大师学唱那段《甘露寺》，摇头晃脑入了神。谭姐吐吐舌头，朝我一乐，瞅他那德行，还皇上呢。

哈哈，有我娘子相伴，我就是神仙一个。皇帝老儿，怎比得了某家——老敢睁开眼，一口京白。

玩笑归玩笑，其实，干修自行车这行，看似简单，真没两把刷子的还干不成。来修车的人，五行八作，横的硬的不说理的不要命的都有，你得先学会见风使舵，见人下菜碟。闹不好，会有人给砸摊子。修车的活儿，又脏又辛苦，依谭姐的说法，她两口子的手，就跟粪叉子似的，什么都敢抓挠。修车的盼闹天儿还怕闹天儿。一闹天儿，生意格外多。可是，天不好也真遭罪。春夏秋三季还好说，一入冬，小北风刮着，浑身冻得跟木头一般，换完一个外胎手都不知道是谁的了。谭姐一张粉脸，一冬一冬的生冻疮。老敢行，老敢不怕冻不怕晒，大木凳上一坐，不管他西北风是四级还是六级，不管他下雨还是下雪，京剧照听，茶水照喝。

有一年春天，我的单车后闸出了毛病，想推去让老敢给看看。大老远，却见摊儿前里三层外三层围了好多人，有拿照相机的，有扛摄像机的。犹豫着是否凑过去，兜头碰见给我们院儿清垃圾的老张。老张的嘴是竹筒，见谁给谁倒豆子：“嘿，快去看看热闹吧，有人给老敢送了辆新轮椅，可阔了。还有好多记者采访呢，老敢成名人儿了。”当晚本市电视新闻，果然见到老敢和谭姐。有一个特写镜头，老敢坐着新轮椅，谭姐陪在身边，俩人都笑得嘴角咧到腮帮子。

第二天早晨经过他们的摊儿，我特意停下来想参观一下老敢的新轮椅。时间有点早，老夫妻俩还没到。第三天早晨，正好在路上碰到老敢，却还是那辆改装旧三轮车驮着那座小山样的工具箱兼售货柜。我问，老哥，新轮椅呢？老敢扭头用目光指指身后的小山儿，轮椅在家省着呢，我得运这个。后来，一直没见老敢的新轮椅露过脸。有人说，他一倒手就卖掉了，赚了千八百呢。谭姐悄悄对我说，那高级玩意儿，你老哥用不惯，转给楼下小五子家了，他爹半身不遂恢复期，正合用。这“转”是借，是租，是送，是卖，谭姐没说。

守着老居民区，十字街本来就热闹，老敢占金边据银角一铺排七八平方米，越是上下班的点儿越来生意，有时等着修车的挤了疙瘩，还把汽车的道给挡了，难免有人看不顺眼，恨不能城管立时把摊子取缔了才好。更多的人，则是睁一只眼闭一只眼，视若无睹或者可有可无的态度。遇上自己的单车坏了或者想就便买个什么小物件，才想起老敢和谭姐的摊子。赶上风日晴好的时候，附近的老头老太太常搬个马扎来坐了，看他们修车卖货哼京剧，扯东家长西家短。

有一阵子，老敢夫妻俩没出摊儿。有人说，大厂宿舍拆迁老敢家补偿两套房子，阔了，谁还干这个。也有人说，老敢在家太霸道，净欺负谭姐，两口子为补偿房的事闹意见，本子上都是谭姐的名字，这下现世报，她借势要跟老敢离婚。有修车的，心里一团火地找来，只能悻悻地怎么把车子推来再怎么推走。街角少了他们的摊子，忽然间清寂得有点慌张。

快出伏的时候，谭姐和老敢又露面了，每人添了一件带和尚领的长袖花围裙。俩人似乎都胖了不少，装扮得圆滚滚的，像两只笨笨熊。早晨出摊，老敢把拉着那座小山的三轮往摊儿上一停，谭姐赶忙放好大板凳，取出双拐递上。老敢拐拄地，下车，吭噔一声吭噔一声自己朝凳子那儿挪，谭姐一直眼巴巴瞅着。看老敢稳稳落了座，谭姐才忙着亮出一块新招牌：专修电动车，兼营小饭桌，联系出国留学。

街坊们伸脖子瞪眼：哎哟，这两口儿，厉害哦！

针线铺

刚穿俩月的运动衣，拉链坏了。同事珠珠说，给你介绍个针线铺吧，那里一切皆能化腐朽为神奇。

针线铺隐藏在铁路小区的深宅大院里，说起来离我家并不远，走上一两百米，拐进另外一条小街，沿着街北一个不太显眼的区间过道，楼后几米开外一排低矮的储物房，从西数第五间便是。它的左邻是“废品站”，右舍则挂了“疏通下水”的牌子，红底白字，油漆鲜亮。针线铺也有招牌，是块不大的废三合板，小小的儿童美术字，一共三行：改衣服，修拉链，兼营服装加工。工作时间：上午 8：30 ～ 11：30，下午 2：30 ～ 6：00。牌子的右下角留了一个联系电话，是手机号码。这样一块招牌，不事张扬，进退有据，却又处处透着主人细致的心思。

一间储物房改成的针线铺，到底能否像珠珠所吹嘘的那样，能够化腐朽为神奇，我心里没底。死马当活马医吧，这样想着，我敲了几下那个红漆剥落的窄木门。屋里应声不高，但圆润、饱满，盖过了嗒嗒嗒响着的机器。

推门，尾随而入的阳光给缝纫机旁的女人罩上一层光晕。整间屋子却是幽暗的，仿佛与门外是两个世界。机器停了，她的脚离开踏板，正扭身要站起来。女人对我浅浅一笑，眼睛看向我手里盛衣服的袋子，跟人打招呼和跟活计打招呼一气儿就完成了。我明白她是在问我需要做什么，便赶忙把衣服从袋子中抻出来，请她看拉链能不能换。临从家出来的时候，我已经想好，如果能换的话，哪怕三五十块钱也换，拉链不能用，好端端一件衣服就算是报废了，买件新的，至少也得几百。女人拿起衣服检查拉链，我偷偷瞧女人的脸，在她没开腔之前，我想早一点从那张脸上读出关于运动衣的判决书。

衣服三下五除二就修好了，只是换了一个拉链头儿，连工带料一共三块钱，这大大出乎我的意料。出乎我意料的，还有女人的脸、宽宽的脑门、大大的眼睛，甜美、宁和、笃定，就连眼角细细的皱纹，也妥帖而安适。

女人为什么不就坡下驴给我换一副拉链，而是简单换了一个拉链头儿？一个拉链头儿，料钱至少也得一两块钱，她一共收我三块，连一葫芦醋钱也赚不到。若是顺着我的思路，采取换拉链的方法，至少她可以赚十块到二十块。如果把活儿放下，让我第二天再取，然后伪称换过拉链，开口收我三头五十元，我也照样心满意足。可是，女人偏偏两三秒之内就做出了判决：拉链头儿松了，换一个就好。你若忙，就明天过来取；不忙的话，等十来分钟。十分钟，三块钱，这个结果，让我的脑筋一时有点短路。

此后，我成了针线铺的常客。

女人天生话不多，手上却麻利得出奇。等活儿的时候，我就站在旁边不碍事的地方，看她下剪子、锁边、缝纫、熨烫、挑线头。女人的手指细长、灵活，却坚定有力，剪子、尺子、顶针、机器、熨斗以及各种型号的手针，都是她的士兵、是她的武器，不，是她那双手的延伸，是她身体的一部分，因为任何身外的东西，都难以让人脑调遣得如此出神入化、呼风唤雨。在此之前，我从来不敢想象，枯燥烦琐的针线活，还能这样富于节奏和韵律感，像音乐，像美丽的手指舞。

有一次，我去找女人为一条裙子绣个补丁花儿，忽然感觉针线铺变得亮堂了。巡视一周，发现南墙上挂了一拉溜儿女式布包，素色粗布料子，手绘小熊、小兔、小狗、小猫，也有花草的，格桑花、雏菊、栀子、美人梅。包包是闺女的作品，女人告诉我，孩子在读幼师，马上就毕业了，画画做手工，是她打小的兴趣。挂在这里，是为了出售的。我说，有巧母必有巧女。女人笑笑，手里刨食罢了，不过孩子总算是个省心的。

后来我听说，女人和她的丈夫原来都是大厂职工，厂子改制，被动员着买断了工龄，那时孩子才刚念小学。女人的公爹在铁路上退休，住着单位的老房子，房子不好，地段却在一环边上，人口密集，适合谋营生，就把楼下的储物房让出来给儿媳妇用。女人是村里最后一批“接班”变城里人的，练就一把巧手，她把储物房改成了针线铺，按时上班捎带照看公婆，按时下班回家伺候孩子做家务。十几年下来，日子紧紧巴巴，除了慢性支气管炎在换季时发作，倒也平安稳妥。

在铺子里见过一次女人的闺女，是初冬的黄昏，铁路小区动迁的消息正沸沸扬扬。女孩好看得像个卡通娃娃，细声慢语，模样和声音都像极了女人。孩子已经毕业，在幼儿园当老师，她是来跟妈妈找一种淡绿色丝线的。“像春天刚张开的柳叶那种。”女孩说，她要带着小朋友们上手工课。女人伸手从针线筐里深绿浅绿明绿暗绿的丝线里挑出一种，正是女孩想要的。

我的活计，是女人那天最后一单生意。我家和她的家有一段顺路，就想跟她做伴走一程。拐出小区，她却想起跟附近小诊所的中医约好，要去拔罐儿，这阵子，气管炎又犯了。我说，拔罐儿管用吗，不如吃药吧。女人咳了两声，叹口气：多少年了，就这么治着，管用不管用的，祛祛火吧。前一阵子，为孩子工作急得上火了。

有些昏暗的路灯下，望着女人的背影移到便道上，停在中医诊所的门口，我却满脑子里想着女孩要的那种绿，“像春天刚张开的柳叶那种”。

刊于《草原》2019年第7期

汉字二题

张金凤

拿与舍

“拿”与“舍”是字形迥异的字，似乎很难有一场聚会把他们同时招呼在一起。

“舍”像个茅舍竹篱的荷锄耕夫，那“人字头”的顶端是他的简陋屋檐，也是他尖尖的斗笠和邋遢的蓑衣。“舍”是一眼看到底的简单身世和大众化的劳碌面相，似乎连裤腿都卷着半截，带着尘土、泥巴。“屋舍俨然”，辞藻丰沛的书生这样说，他看见的是一个村庄，众多的“舍”在其中，没有个性，只是一个统一的概念。“舍人”，指客居者，没有根基的“舍”，一阵风就能刮走。一个人腋下夹着一件包裹，走到哪里都没有根。“这是个舍人。”乡下人俗语里这么说，“舍人”是流徙的，形同于叫花子。“舍”在民间语汇里，不是一个体面的字，而“拿”却是极端体面的，他像个戴着博士帽的瘦高学者，戴眼镜，留短须，古籍书卷夹在肋下，一脸的忧国忧民，满腹的刻板规矩。“拿”，口念着“上善若水”，但它永远是高于尘埃的姿态，总想着去拯救谁。

设若将“舍”与“拿”放进芸芸众生里，这两个字遥相呼应的是两种人生的极致境界，但两个字的境界与它们的外形大相径庭。

“拿”字是上下结构，“合手”即为“拿”。一只手平展着伸出去，是无法拿起物品的。单手拿取物品，必须曲其五指，将张开的手掌合拢，才能握成拳，握得紧方能拿得稳。如果要拿更多更重的物品，需要两只手来拿取，更须把双手向一处合拢。孤掌难鸣，很多时候，我们一只手合掌，拿得起的东西很有限，只有两手齐动，才能拿得更多。但是我们的两只手，没有合作的习惯。事实上，万物一直在教我们合作，如果我们要拿得更多，就需要跟更多的手去合作去合掌。手拉手就是一个团队，团队的协作常常无坚不摧，没有拿不下的项目，没有拿不下的高地。“合手”只是表象，“合心”才是关键。貌合神离的合作最终会溃败。

手若要学会合作，首先要学会鼓掌。鼓掌是双手合十的练习曲，这样一个简单的过程，却需要千百次地反复练习。其实鼓掌不需要任何中介物，双手一合，就是世界上最动听的音响、最高的奖赏。一个会鼓掌的人，一定是世界上最富有的人，因为富有才会给予。

作为孩童，最早学会的两个动作是拍手和摇头。这两个动作简单，蕴含却极丰富，或许祖训中早就勘定了教育的本质：教会孩子鼓掌和拒绝，这是人生最实用最基本的两只桨。如果赞同就用你的双手表达你的态度，如果不赞同就只能摇头，对孩子的教育里没有折中也没有虚伪，“合手”是他以后行走世界最有用的动作。

对内“合手”是鼓掌，对外“合手”是“握手”和“牵手”。

最早的人类人际关系很单纯，或敌或友。当对面站着的是你所认可的人，你伸出手，与对方“合手”就是朋友；而如果是敌人，就需要亮出刀子。“合手”是人对外交际的法宝，这个“合手”的“拿”首先拿出的是自己的真诚，然后，用自己的真心把对方的信任和真心“拿取”过来，从而完成了交换，也就完成了交友的过程。

“牵手”是人间最动人的风景，在苍茫世间，当岁月和风雨的皮鞭挥舞着，人类最暖心的动作是抱团。当你学会与别人“合手”，会把更多的敌人变成同道，把更多的陌路变成朋友，把更多的相识变为相知。人类一旦“牵手”，力量就倍增。

“拿”的最高境界是两掌相合，中间空无一物，这是佛家双手合十的佛理。双手相合，如果不是在拿什么，那也必是在渴求什么，比如祈祷和祝福，彼时“拿到”的是心灵的休憩和宁静。双手相合，既是“拿”的姿势，又是对“拿”的恭敬之态！但世间之大，你又能拿走什么呢？双手相合，看起来是空空的两掌相对，在俗世的眼睛里，是佛徒的祷告；在修行者的心中，拿到的是尘世之外无边的境界。

若要“合手”，先须手中是空的，空才能拿起。清空自己的杂念，才能进入更大更高的境界。当世界在你眼里都是空的，都不值得你牵绊和流连，这修为和境界大大超越凡夫俗子，这就是大师、圣人的境界。

我们常见佛家弟子单掌在胸前，口念弥陀，这是否代表着自谦修行尚浅，尚未达到看空万物的境界呢？或许，那单掌辟出的是乾坤一半，另一半在等一个机缘，等一个横空来击掌的人。

人是空手来世的，空着来空着走，俗世的过程就是不停地拿起和放下。拿起饭碗和筷子以图生存，拿起扁担和绳索负起责任，拿起书本叩响知识殿堂的大门，拿起锄头当农民，拿起秤杆做商人，拿起金印当起官……拿起是人生的上坡路，人的大半生都在不停地拿起他想要的和摆脱不掉的一切。拿起后终究还要全部放下，一个人一辈子，不曾拿起过什么的算是空活一场，不舍得放下一切的最终被累死。

“舍”对自己而言是“放下”，对他人而言是“给予”。无偿给予别人东西叫施舍。“舍”与“合”长相相似，有一脉亲缘维系着两者的骨骼和气质。“合”简单如草舍，“茅屋顶，一口丁”，素衣粗衫，襟袖空空，所以他合掌无所顾忌，不需要腾出手来拎上世间的俗物。“合”是清白而来清白而去的君子，清水白粥的存身，诗书礼乐的气节。与“合”相比，“舍”则不同，同样是房子，它却不是茅屋，至少是个二层洋房，即便不是雕梁画栋，也应该是有些积蓄。舍者必然自己有余，你自己都一穷二白，拿什么周济别人？不管是物质还是精神上的富裕，舍者既不是赤贫也不是白丁，他是隐逸在民间的智者和善人。

终于还是要说到“舍得”。舍得被曲解了好久，那些人絮絮叨叨地说：“舍得舍得，多舍多得，少舍少得。”呜呼，好像这“舍”是一剂钓饵，目的在“得”上。一心想合手拿取的人，才会企图以小舍获大得。真正舍的境界是不求得，拒绝得，只问自己为这世界能做些什么，而没想从周遭得到一点便利；即便偶尔得到也心生愧疚：那些我不该得，它应该属于更多需要它的人。平常人只说无功不受禄，而他是有功也不受禄，他只想对世间做功德，即使功德深厚也不索取一毫一厘，这是大舍的境界，不要名利，只求对人有益而不欲人知。如此，“舍”便是“得”，此“得”境界高远，岂是凡夫俗子可以参透的？“上善若水，水善利万物而不争，处众人之所恶，故几于道。”他不处高位，甘为孺子牛，卑微如一棵草，可以为风让路，供蝶栖息，抱紧大地，任岁月收割。他可以向任何人低下头颅，为幼小的孩子系鞋带，也为冷酷的屠夫擦去脚上的血迹。

“若不撇开终是苦，各自捺住即成名。”此联前半句说的是舍，想不开、放不下、舍不得的人生会充满欲望的挣扎和痛苦。“撇开”既是换一个崭新的立场去看事物，更是对眼前纠缠不清的一切进行断舍离。撇开，让它去，让它按照应该有的轨道运行，不贪占，不私藏，就离开了那种患得患失的痛苦。

“拿”与“舍”仿佛是背道而驰的路人，一个忙忙碌碌，一个闲云野鹤，行走在自己的人生蓝图里。“拿”的人一路挥洒血汗，不停地攫取。慢慢地，攫取的一切都在他手掌中变成了空的，拥有了一切，一切却不再重要。他蹲在午夜的十字路口仰天而问，徘徊哭泣，精神空虚，对财富和名利的过分攫取成了他的负累、他的坟丘。痛哭中，突然被迎面走来的风拍了一下肩膀，他一个激灵猛然顿悟，于是转身，追那个一路在“舍”的人去了。

针与钉

两个汉字从母亲的摇篮里蹒跚走出，那是仓颉的天语刻在岩石上。两个牵手行走的字，它们的小脚丫似乎在世间还没有踩下过任何印记。这是两块小小的金属，曾经躺在阳光下闪烁金光，现在它们从铁匠的炉火里来，从砧板上来，从大铁锤的锻造中来。它们在火焰中出师、疼痛中变身，它们等待一双手的牵引，引导它们走进自己的生活，走进使命的范畴。它们是“针”和“钉”，小小的、亮晶晶的两块金属，它们仰望着世间的浩大，但也不自卑，对未来充满憧憬，也自带无限锋芒。它们自己并不知道，火的淬炼和砧铁上的捶打给予了它们怎样的使命，于是它们脚踏风尘一路寻找。

“针”与“钉”本是孪生兄弟，字形很容易混淆，在青春年少的一目十行中，它们似乎没有多少差别。原本就是如此，它们长得眉眼相似，身量一般长短，乍一看，一模一样：“金”字做偏旁，横竖各一笔，有金为盾，有纵横世界的威风，虽然小，却堪比金刚。

但是它们的性情却大不相同。“针”开放、大胆，眼睛总望着蓝天，把自己想象成一只风筝、一只小鸟，脑海里幻化出翅膀和羽毛。它淘气地将那顶摘不掉的头盔使劲钻，将那拿不走的斗笠使劲钻，终于钻了个窟窿。它把脑袋伸了出去，从此以后，那个从母胎带来的保护层破了、漏了，时常会有风雨灌入，但是更多的是透进阳光和惠风。它顺着这个缝隙努力往上长，像一株幼苗从一个孔洞里奔向春天，它不甘心一辈子被保护着，蜷缩在屋檐底下。脱离保护的头颅更自由，它也成长得更坚硬。它把脚底的鞋子也扔了，打着赤脚虽然有些疼痛，可是它不想拖泥带水。它发现，走着走着脚板就坚硬起来，脚板竟然变成了鞋子。一颗游走四方的心在胸腔里燃烧，所以，长高长大了的针无牵无挂，浑身敏锐地透着银色的光泽。它锐不可当游刃有余，游走在各处，毫无羁绊。金属的偏旁配着一个“十”字：横，无际无涯，竖，通天入地，四海囊括在胸，天地任我遨游。

“钉”是保守的金属，宛若厅堂内的长子，出世以来一直谨遵教诲，服从是它的信条。它遵从长辈的安排，循规蹈矩。同样是“金”字旁，它先天拥有着兵刃，但后天的“丁”却锐气消减。金文的“丁”，字形像一把顶端浑圆的伞，是遮盖的内涵、保护的意味；到小篆时，它有了飞翔的野心，像一只向上飞的鸟，直上直下有一飞冲天的气势；只是刚刚到了隶书，它就彻底放弃了飞翔的梦想，将一横牢牢地顶在头上，成了现在“丁”的模样。它太早把自己定位了，还不到淡定雄心笑谈梦想的时候，它就把那么多的年轻想法封存发酵。它似乎从来没有过年少轻狂，少年老成的它上面封顶下面带钩，行动迟缓，三思后行，做事谨慎，思虑周全。“钉”因为顾及的太多携带的太重，所以它走不动，越抓越沉重的躯体，使它的尖儿没有“针”那样的锐利。更可怕的是，“钉”头上那顶帽子太重，成了它的累赘，它的尖儿也越发地钝，赶不上红尘滚滚的潮流，它再也穿不过哪怕最薄的布匹。一枚钝钉躺在工具箱里安安稳稳地过日子，没有谁来牵引它绝不迈出步伐。

“针”四海为家，它在大海里游，在天空上飞，没有牵念没有责任的生活使它自由自在。它说，自由多么美！但是，日子久了，针就空虚，有了踏雪无痕雁过无声的失落，回头看看自己走过的路，没有一点痕迹，似乎全部是虚度年华。针伤感了，它厌倦了无牵无挂的日子，蹲守坐禅，终于开悟，将尾巴上悟出一窍玲珑的空隙。它爱上那条细线，那条绵软的没有一丝筋骨的棉线，至刚至柔是阴阳的两极，也是和谐的两极，针愿意携带它去游走江湖，去缝补岁月，去成就创新。从此，绵软无骨的线和曾经浪子的针相依为命，彼此依靠，彼此成全。它们在破损的地方黏合了伤痕，在贫瘠的地方绣上希望，在满目繁华里锦上添花，在简陋的天空绣上月亮。针和线一唱一和夫唱妇随，忙忙碌碌在众生的需求里。

“钉”封存着内心的渴望一直留守在原地，它将生活的使命沉淀再三，那责任沉淀成顶端越来越大的卯柱头。因为头顶坚硬，所以经得起敲打，即便是尖头稍微钝一些的钉子尖儿，也钻得进坚硬的木料。终于等到一双手、一把铁锤，将它捶打进开裂的创伤处。“针”在沧桑的岁月里缝补着寒凉，弥合着伤口；“钉”在松动摇晃的框架上加固信念，完成锔补。它们殊途同归。

“针”和“钉”，面目相似遥遥相念的两兄弟，一个以尖锐的行走潜行在裂痕招摇处，修改了破损的命运，挽救了衰败的前途；一个嵌入坚硬肌理，以更加坚硬的脊梁给予它们持久的牢固，杜绝扯裂和损毁。它们都没有辜负一片金属的内质和灵魂，没有辜负当初的塑造和期待。

多年以后，“针”在天空看看它的兄弟“钉”，有点替它可惜和委屈：一辈子没走出那个坑，紧咬着一个缝隙，愣是把自己的一生填进了那个坑里。多年之后的“钉”抬头看看“针”，它替“针”高兴：那么多兄弟里，只飞出了“针”这一条龙，它做了那么多大事，让金属的家族荣耀无比。“针”的诸多荣耀，让“钉”感觉自己的额头也亮闪闪的，虽然潜入木器多年了，在岁月的烟尘里，“钉”已经完全模糊了自己的样貌，跟那些木头甚至灰垢一模一样，谁也不会注意到一件传家多年的木器里有多少枚钉子在紧咬住岁月。

其实“针”明白，自己再风光，也终究做不到“钉”的韧性。“钉”也知道，一辈子咬住一个缝隙，坚守住一个信念，雷打不动，有多么难。

节选自《对影成禅，汉字刀兵》，发表于《人民文学》2019 年第 5 期

小镇姑娘

冻凤秋

一

我认识一个小镇姑娘，她总是那么温和、从容、优雅。我们的生命有过将近 18 年交集的时光。我没有听过她任何的抱怨，连叹息声也没有，有的只是平静和内在的坚强，她靠着这个支撑着一个大家庭走过了最艰难的岁月。

在我的记忆中，她的衣服，从春秋季节的白色、浅蓝色的盘扣斜襟布衫，到冬天黑色的斜襟盘扣棉袄，头发或者松松地挽在脑后，或者齐肩散开着，总是干净、朴素。因为人很瘦，身体是轻盈的。即便老了，神情中总还有一种少女般的羞涩。

后来，我知道，这个姑娘是在一个叫北舞渡的古镇出生长大的，那不能叫作小镇，那是个有着两千多年历史、商贾云集的大镇。在她的幼年少年青春时期，她生活优渥。她的父亲是大资本家，家族的生意曾做到江南、上海一带。

在我们一起走过的岁月里，她很少对我讲小镇上发生的故事，也很少讲曾经的繁华，巨大的落差和无法逃避的苦难等。她缄默，一切都在无言中。种种生命起落的滋味，都是我后来才慢慢体会到的。

我们最后的谈话是在我上大学前，她说起武汉大学的桂花很美。仅此，再没有别的叮嘱。然后我们就分别了。那个秋天，我奔赴远方的城市，开始我崭新的人生。20 多天后，她悄然离世。

这个小镇姑娘，是我的奶奶。

二

我不止一次梦见她。最初是在她去世不久的那些日子。她向我伸出手，我喊着她的名字扑向她，然后就醒了，流着眼泪。

其实，她去世时，我并不知道。父亲没有告诉我们兄妹三个，理由是怕耽误我们的学业。

父亲在这方面实在很执拗。奶奶重要还是学业重要？我唯一的奶奶，最亲爱的奶奶，她去世时我们都不在她身边。

得知奶奶去世的消息是在一个多月后。那一天，我去三叔家，他那时住在武大校园里的家属区。我按响了门铃，里面传来的是略微陌生的声音，后来我知道那是三叔的岳父。猝不及防地，听他说，你三叔回老家了，给他母亲过五七。我瞬间愣住。

那个夜晚，眼泪怎么也止不住。

三叔从老家回来，不苟言笑的他破天荒地让我到人文科学馆，他的办公室，然后带我去历史系图书室看那些满满当当的藏书。记得他说一个人穷尽一生也读不完这些书，要选择自己感兴趣的方向，认真去读，要做读书笔记等。竟然只字未提奶奶去世的事情，仿佛是一个心照不宣的秘密。

此后，听说三叔还跟他岳父生气了，认为他不该一不小心把这个消息告诉我。不该告诉我吗？我哭笑不得。那时人家并不知道我这个孙女竟然还不知晓奶奶去世的消息啊。我常常不解，在我们家，怎么一点小事就会奇奇怪怪地闹很多误会。

多少年后，我渐渐明白。在父亲和叔叔们的心中，母亲就是那个最柔软的所在，不能碰，一碰就疼，一碰就会落泪，一碰就会要命。

奶奶去世后，家里的天似乎塌了下来。据说，三叔坐火车一到家就晕倒了，一头栽在地上。送葬时，铁青着脸，也没有眼泪。为此邻里都议论纷纷，怎么母亲去世连哭也不哭。其实，那时痛到极点了。

此后三年，父亲没有笑脸，家里没有任何声音，连电视也不让开。

1998年春节，我回到家，看到奶奶的遗像。那么苍白，那么遥远。那张照片是找出以前的照片，翻拍后放大的。怎么生前都没能好好拍一张照片呢？

我和姐姐认认真真折了78只千纸鹤，挂在遗像下面。

三

阳光洒在院子里，屋檐明媚。槐花开了，树上偶有几声鸟鸣。隐隐约约的烙馍香味，年长的和年轻的女人边忙活边小声地说着家长里短。

屋檐上的瓦在炊烟袅袅里醒来，微笑着，面容柔和。寂静的午后，它与浮尘对话；月圆的夜晚，它心跳加速，常常要闭上眼睛，疑心会被挟裹而去。它不想去，它坚信，遥远的地方一定寒冷。

它喜欢天上掉落的礼物，那些料想中的恩赐，每次接受却都像是第一次。

有谁还记得第一次看到雨是什么时候呢？

青箬笠，绿蓑衣，斜风细雨不须归。若是细雨飘落，就好像迎接不期而至的吻，温柔，甜美。若是大雨滂沱，就仿佛投入热烈的拥抱，瞬间融化了干涸的肌肤。

记忆中，老家的院子里，都是这样的情景。年长的女人是奶奶，年轻的女人是妈妈。她们总是一边烙着饼，一边小声说着话。声音长长短短、不紧不慢。有时候，妈妈擀面饼，奶奶烧着鏊子。伴着娴熟的动作，那金黄色的小饼散发出诱人的香味，很快就堆满了馍筐。有时做的是烙馍，焦馍，烙焦馍是常常撒上芝麻，喷香。

奶奶擅长卷“瓷卷儿”。在烙馍里放上白砂糖，细细地卷成一个瓷实的卷儿。递到我的手里，笑着说，吃吧，磨牙。我欢喜地接过来，咬上一口，又甜又香。

多年后，我怀孕时，不馋别的东西，莫名地只想吃烙馍和焦饼。在郑州的四婶做了给我送来，才解了相思。

后来，我也如此仿效，卷“瓷卷儿”给女儿，她也很喜欢。如今的孩子，可选择的实在太多，吃过也就忘了，她最爱的还是小小的寿司卷儿，尤其是带鱼子酱的。这些东西，当年离我们何其遥远。

记忆中格外清晰的还有奶奶教我们画画的情景。她拿一根树枝，在地上，寥寥几笔，梅花、荷花就栩栩如生出现在眼前。我也跟着画，却总是画不好。于是拿着树枝在地上乱画，画我想象的世界，奶奶总是笑着，眼神中充满了鼓励。自那时起，我就觉得泥土地是最好的画布，干树枝是最好的画笔。画错了，不想要了，可以随意涂抹掉。

那些年，买了新衣服，得了奖状，都要第一个跑到奶奶屋里报告，等着听她的夸奖。

她笑着看我在厨房的门槛上蹦过来跳过去，带着宠爱的神情说：这么活泼，像个小羊羔一样！不知为何，那个瞬间，她的表情一直印刻在我的脑海。每当我想起，便觉整个世界阳光普照，明媚灿烂。这是她留给我的人生最初的暖意。

而她自己却是渐渐冷下去，冷下去。直到成为一帧脸色苍白的照片。

没有听见她对其他人任何的批评，最严厉的用词大概是“你怎么这个样子”。她从不说人不好。

四

她也没说过爷爷不好。

有一次，大概是恼极了。她对爷爷说，如果我死了，看这些活儿谁干？爷爷顺口就说：那就都不干好了。奶奶哭笑不得。

从来都觉得他们像是来自不同的世界。

奶奶那么文雅，得体。像是一朵荷花，娴雅，圣洁。她从不与人争，总是清清楚楚地讲出自己的道理，把别人说服。

年轻时的她该有多美丽呢？我总想象着她是《京华烟云》中的姚木兰。林语堂笔下的木兰是一个妙想家，不仅有着美丽的外表，而且善良大方、端庄典雅、聪慧伶俐、识甲骨、会爬树，还会吹口哨、唱京剧，是内外皆备的奇女子。

从小生活在富贵之家，却丝毫没有富家小姐的任性和刁蛮。在“女子无才便是德”的年代，她却富有才情、知书达理。她的姿态更是让当时的女子望尘莫及，“喜爱身材高一点儿的，觉得她够高；喜爱身材矮一点儿的，觉得她够矮；喜爱体态丰满的，觉得她够丰满；喜爱瘦削一点儿的，觉得她够苗条。身体各部分配合比例的均匀完美，竟至于此极”。

俨然就是一个美貌与智慧并存的理想女子，她成功地将道家女儿和儒家媳妇两个角色进行了完美的结合。作为道家女儿，未出嫁时她是父亲的掌上明珠，乖巧听话、淳朴自然；作为儒家媳妇，她相夫教子、孝敬公婆、勤俭持家。

很多年后，当我看到这些描述时，我觉得我的奶奶正是这样！

这样的女子，谁会不喜欢呢？

偏偏身边的他不喜欢。年轻时，他另有喜欢的人。

他的人生也颇为传奇。那是一步步后退的人生。他生在地主家庭，算得上纨绔子弟，还抽大烟。后来参军，参加抗美援朝等，在部队当翻译，有机会被送去东北师范大学读书。但他只读了一年多，就嫌长春天气冷，适应不了，要求转业。转回到当时的省会开封，被安排到政府部门工作，又觉得辛苦，不适应，要求去到学校教书。教了些时，据说离家远，想家，主动申请回到县里。当年，有批斗的风声传来，他很快写了辞职信，回到老家，闭门不出。为右派平反时，因为看到了他的辞职信，就没有让他复职。

后半生，他在老家安享晚年。万事不操心。最喜欢的事情是看旧报刊，喝几口酒。

因为那些旧报刊，我确认爷爷是念过书的，虽然他也从不教我们识字。他懂俄语这件事在我心中仿佛天方夜谭。听说当年他还识乐谱，会吹口琴，也不见他吹，更谈不上在我们后辈面前吹，虽然我很期盼能得到他的指点，但也从来没有这样的机会。他活在自己的世界里，蜷缩着，也悠然自得着。

这个皮肤被晒得黝黑，瘦瘦的老头儿真的是我爷爷吗？这个胆小怕事，甚至有些畏畏缩缩的男人真的是我爷爷吗？奶奶为什么要嫁给他呢？

年少的我在心里反复想这些问题，总也想不明白。

尤其是当我知道爷爷当年喜欢学校的一个女同学，并不愿意和奶奶结婚时，我更觉得莫名其妙。

奶奶是怎么了？只因为有了媒妁之言，就非要实现这个承诺吗？

自然是从来没有谈起过这个话题的。不敢问，也不能问。

在这段长达 60 年的婚姻里，这个小镇姑娘真正幸福的时光有多少？

如同大多数女子，她过日子是用熬的。无非是忍耐。尤其是有了孩子后，就是看着孩子生活的。

他们之间很少说什么。我们年少时，她曾经出过一次车祸，腿部骨折。送回家时，所有的亲戚朋友都来问候，他却躲开了。别人来，他跟着围观；别人走，他跟着走远。很多年后，他也骨折了，身边有儿孙的照料，却早已经没有她。

从我记事起，他就在另一处未建的新宅基地看守。他独自住在那边先盖起来的西厢房里。她在老院儿的东厢房里。我们总在那里面玩耍。有时躺在床上吃东西，奶奶就说，不能躺着吃，否则会得“噎食病”。那是一种什么病呢？不知道，反正觉得可怕，就不敢躺着吃了。

他们生养了 4 个儿子，两个女儿在童年时就不幸夭折了。奶奶从来不说，但我能感觉到她心里的伤痛。如果有女儿陪伴，应该会给她更多安慰吧。

当然，儿子们也都让她欣慰。大儿子聪明博学能干，靠四处奔波挣钱支撑起了这个家。二儿子老实听话，春耕秋收，把家里的几亩地打理得井井有条。三儿子学业出色，考上名牌大学，成为大学教授，知名学者，让这个家扬眉吐气。四儿子乖巧伶俐，会照顾人，是贴心的小棉袄。

仅此，她也满足了。

我看见晚年的她坐在桐树下，久久地静默。她拿着蒲扇，时不时扇几下。偶尔胃里发出“嗝”“嗝”的声音，那是饥饿年代留下的病根儿。

她从不去医院，怕花钱，怕麻烦。有病就忍着。后来，心脏不好，有时会晕厥。去世之前，也是因为晕过去，被紧急送到医院电击，再也没能醒来。

她去世十年后，爷爷去世。

五

薄雾中的北舞渡镇，哪座院落是她的家呢?

我们赶早去，在街边熙熙攘攘的人流中，找到最喧闹的那一家，闪家胡辣汤，据说是最正宗的。临街三间大棚，青砖铺地，散放着数十只桌凳。干净的碗筷，涌动的食客，火热的场景。正宗的、有名气的胡辣汤摊点前，总是挤满了人，真是一碗难求啊!

只见卖汤人素衣白帽，手持一把大木勺，在汤锅里搅三搅，“啪”，一碗热气腾腾的胡辣汤便盛好，递了过来。饿极了，呼啦啦地喝下去，好香。是那种醇厚的香味。

这正是她经常说的八珍汤。放了面筋、粉丝、花生米、牛肉、黄豆、葱花、姜末、胡椒粉等，旺火烧沸，小火熬制，胡辣汤盛到碗里后，加榨菜，淋香油、香醋等，喝起来黏糊糊、香喷喷的。但已经不是她记忆中的炭火铜锅了。

奶奶娘家那么多亲戚。那些叫大凤、小凤、秋凤的表姐们，表姐夫们，还有表哥们，总是分不清楚。也许是我故意不想记清楚。我的名字也是奶奶起的，顺着起了这么个名字，也没有什么特别的含义，我也一直不喜欢，尤其是跟那些类似的名字放在一起，更觉得别扭。直到后来，这种别扭感才消失。那大概是由于读大学时，教外国文学的张箭飞老师在课堂上赞这个名字，说“诗歌是冷冻的艺术”，说冻凤秋这个名字像是一个词牌。我听了欢喜，只是不知道这首词，我这一生能否写好。

只有奶奶的侄女，我叫二姑的，亲切温暖，笑起来有浅浅的酒窝。每年春节，她都会来我家，看我的奶奶。我盼着她来，喜欢她的笑容，一身清爽，干干净净的，带了好吃的油酥烧饼、糯米元宵来。我小时候不喜欢吃元宵，但喜欢看她带的元宵，打开包装的牛皮纸，有股桂花的香味弥散开来。她像奶奶，说话和气，清晰明朗，有种抚慰人心的力量。那时，我觉得她和奶奶都会一直是那个模样，不会老。后来，断断续续有她的消息，但都是儿媳待她不好，要自己另起炉灶，生火做饭之类，有些凄凉的晚景。

还有一个叫庆功的表哥，一直单身。在外地工作，过年才回来。每年都能看到他骑个自行车匆匆来去。他总是笑着，很温和，脾气很好的样子。这么好的人怎么一直没有成家呢？我心里也一直有着小小的疑问。也不知他现在怎么样了。

六

廷辉，廷环。两个女子，都是老师。

一个文静娴雅，一个直率自我。

廷辉爱看书，家里满箱子都是她的书，她在书的扉页上写下“冰”字，那是她的笔名。

她嫁给了一个军人。年轻时候的他身材笔挺，英俊帅气，当着营长。生了一个儿子。后来在命运的河流中起起伏伏，不知怎么的，她就回了娘家，一直住在娘家，直到去世。

她去世得早，是在饥荒年代。大概是因为她不爱倾诉，关于她的故事扑朔迷离。

廷环嫁了一个儒雅体贴的男人，工作稳定，收入也好。他们儿女双全，相伴到老。

老了的时候，她还是说话不客气，坦率地批评别人。自己则悠闲地打打麻将。活到 88 岁，没有受什么罪，安然去世。

这是我大姑、二姑的故事。有多少精彩的篇章啊，可惜在岁月的长河里，我只捡拾了这么几句。

后来，总听家人说，我性格像大姑奶，姐姐像二姑奶。

到底大姑奶长什么样呢？连照片也没有。

当我翻开那些书，看到那一个个“冰”字，我开始感到一种时光的穿越。她在想什么呢，她经历了什么呢？都在这一本本书里。我在懵懂中看着那些书，反复读着那些唐宋八大家的散文，朱自清、俞平伯的那些文字，那是我最初的文学营养和精神走向。散散的，淡淡的，我在她留下来的清澈的溪流里，缓缓而行，会漂流到哪里去呢？会以怎样的方式去面对这个世界呢，会遇到什么样的命运呢？

后来，当经历了很多，越来越有似曾相识的感觉。不用问了，不用想象了，纵然机遇不完全相同，但那些内心深处的感受，那些对所能把握所不能把握之事的慨叹，那些不曾说出的委屈，那些微小的欢喜，一定是惊人的一致。原来这样啊，原来是这样啊，原来有些东西是我们想躲也躲不过去的，原来该来的都会来，原来最后的结果都是这样惊人的相似啊。

住在娘家好，多好啊，自由自在。我的奶奶一定毫不迟疑地接纳了这个妹妹，除了自由，给予她更多的温暖。

而我的二姑奶，也因为工作忙，让她的女儿，也就是我的红姑姑住在我家。

在我奶奶身边，她享受着贴心的呵护和温柔的爱怜。红姑姑后来当了医生，美丽大方又有高超的医术，曾让我十分仰慕。我喜欢闻她衣服上的药水味。在她心里，我的奶奶有着特别的地位，和亲母女一样，甚至更亲近。那些年，逢年过节，红姑姑都会来我家，带着很多最好吃的营养品。奶奶去世后，每年祭日，她都会来上坟。也因为这些，我在感情上也常常觉得自己是有亲姑姑的。

奶奶的身上，就是这种仁和慈，如灯火，绵延不绝。

七

上坟。

最初是给太太、太爷。

然而还有一座坟，是特别的。小小的，在旁边。上面长满了白蒿。

那是另外一个太太的。是太爷的小老婆。

奶奶待这个婆婆一样的尊敬。她悉心地伺候她，直到她去世。年年上坟，总是放上一样的祭品。

懵懂年少时，听到的关于奶奶的一切，都是她的善意，善心，善行。

我常常想，这就是积德。

奶奶积了太多太多的德，所以她的后辈这么吉祥、平安，并且闪耀光芒。

她读《福音书》，去世时葬礼也据此清简。不放鞭炮，没有响器。

静静地，归于尘土。

刊于《莽原》2019 年第 6 期

解词与造句

汗　漫

土　话

泥土生发而出的话语。

红高粱，火热的话。泥土中的地瓜，含蓄、暗示的话。水下莲藕，深情的话。麦芒，针锋相对的话。玉米，字字珠玑。风中柳树，挑逗。五月桃树，献媚。一地荆棘，讽刺。竹影隐逸，清谈。水湄芦苇，梦呓……

土话方言，隔一座山、一条河，都会随着植物面貌的迁移而嬗变，像淮南的橘子树深夜涉河在北岸登陆，就突变成枳子树，淮南话一夜间突变成淮北话了。

先秦时代，《楚辞》与《诗经》，南方、北方的两种土话，分别生发于长江、黄河两大流域。前者绚丽艳异、语句参差，后者端庄中和、乐而不淫，一概与当地泥土孕育而出的风物万象，洽和为一。在什么山上唱什么歌，去什么水边听什么曲。一种土话，就是一方土地上的农作物、野生植物。

当下，乡村少年进入城市谋生，首要工作就是扎上领带，像父亲用草绳扎紧酒坛子。必须扎紧体内的土话，避免它们一不小心窜出嘴巴，让周围绅士淑女遭受红高粱、地瓜、水下莲藕、麦芒、玉米所携带的乡土气息的侵扰。要学习普通话甚至英语、日语来与人沟通交流。这些与故乡土语关联微弱的强势话语，使一个乡村少年的舌头像车床零件一样异己、震颤。在梦中，故乡万物此起彼伏，大面积隐现于狭小卧室内的黑暗深处。

话语的边界，就是人心乡土的边界。

在故乡，河南土话和豫剧一样，直，硬，陡峭，冷峻——豫剧也叫“河南梆子”，有一只枣木梆子梆梆梆梆裂帛碎玉般追逼板胡、鼓、锣、剧中人，迫使他们共同说出内心的激情和秘密。豫剧，宜演绎侠义恩仇、沙场征伐。很难想象沪剧、黄梅戏等等南方剧种会有一只枣木梆子在其中撕心裂肺地叫嚣。南方剧种是细语、低语，像黄梅雨，宜表达春闺幽梦、离愁别绪。河南土话里，有一只枣木梆子撕心裂肺地敲。即便抒情，“俺稀罕你”这几个咬牙切齿吐出的汉字，也卷沙扬尘、土腥逼人，比“我爱你”动人、有效。显然，河南土话宜于争论、审讯、劝降、盟誓、将军传令，有着毫不妥协的霸气。

偶尔古雅诙谐，河南土话也能流露出别样柔情——

（1）“花婶”，花一般的婶婶，父辈中排行最小的那位叔叔的妻子；（2）“满月”，小孩出生一个月，如圆满月亮，让一个家族亮亮堂堂；（3）“暮思雨”，细雨，一个乡村书生在暮色中思考人间大事就会引发一场细雨；（4）“对象”，未婚夫，或未婚妻，是一个人对着镜子映出的影像——另一个自己；（5）“露头青”，像冬日里的青头萝卜突破地皮张扬自我的一个家伙；（6）“沾弦”，手指沾着琴弦，有声，行；反之，“不沾弦”，无声，不行；（7）“萦记”，像夜色萦绕村庄一样，深深记想着某一人、某一事；（8）“日头”，红日犹如头颅，在肩膀一般的地平线上喷薄而出；（9）“脚回来”，一个人也就回来了——

一个还乡者，一个学生、民工、商人、士兵、艺术家或官员，在故乡晃荡，被长辈们招呼：“娃啊，啥时候脚回来了？”你若用半土半洋、半文半白的腔调回答：“我昨晚回来的。”就会被指认成一个背弃乡土的逆子，就遭到讥讽：“哦，你坐着碗回来的，我还以为你坐着锅回来的呢！”在河南，“昨晚”的土话是“夜尔黑”——夜色使你变得有些黑了。

在北宋，河南土话是官方语言。宋徽宗在开封龙亭里对宦官说：“给俺整二斤油馍尝尝（给我炸二斤油条吃吃）。”传令者便次第高叫：“整——二斤——油馍——尝尝——”回肠荡气，响遏行云。那时候，河南土话的地位类似于今天的北京腔，喊起来有非凡感。河南以外的省份均被称为“外省”。天南海北的诗人，都想在开封文学界聚会中有一把椅子、一杯热茶，比如苏洵，就带着苏轼、苏辙从四川来了。宋江不写文章，也需要来开封对李师师进行公关，就必须用蹩脚的河南话献媚。在张择端《清明上河图》内某个酒楼里，我似乎看见宋江也学着河南人的样子，蹲在椅子上与人划拳，酒令铿锵：“一匹马呀，哥俩好呀，三桃园呀，四季财呀，五魁首呀，六六顺呀，七仙女呀，八抬轿呀，九重天呀，十杆枪呀……”

南宋以后，河南土话影响力式微。囚牢中的河南人岳飞念诵《满江红》，语调低沉。暖风熏得游人迷醉的天堂杭州，吴侬软语流行。移居江南一带的河南人，深夜唱豫剧，喉咙一哽，泪水满脸。现在，杭州一带方言，偶尔有河南土话夹杂、闪烁，像岳飞的墓，夹杂闪烁于栖霞岭的山色湖光之间。

如今，背着水杯这种水井模型离开故乡闯荡世界的乡村少年，踏上火车或轮船，就开始练习普通话，准备去与异乡人谈判、交涉、谈情说爱、争权夺利。或许也尝试操练一下京腔、沪语、粤语的感觉——这是目前比普通话还霸气的语言，三种可以在北京、上海、广州隐匿自己来历的语言。甚至要尝试操练英语、法语、坦桑尼亚语，加大刷牙的密度、力度，尽力遮盖话语中的乡土气息。直到疼痛难忍时喊出一声“俺的娘啊”，才把内心最深处的悲伤一泻而出——

土话如土，藏魂葬骨。

田　径

田野小径——

田径、田野小径上，农夫们在奔跑中相互传递着成熟的玉米棒子（接力赛跑）；

将手中匕首或石头远远掷出，击中比秋天还要短暂的兔尾（标枪、铅球）；

挥臂，旋转自身，大范围播撒种子（铁饼）；

跨越低矮的田埂，扑向情人的怀抱（跨栏）；

在追赶一个偷窃半麻袋花生的小贼、追逐一个美丽农妇的过程中，使力量达到极致（短跑）……

受田野小径上各种农事活动的启发，城市里出现了运动场、田径比赛。顾盼自雄的田径运动员，狂热欢呼的观众，早已忘记“田径”一词中的乡土背景和嘉禾秀木的腥烈气息——

服用兴奋剂的现象发生了（在乡村，农夫们只需要用五谷杂粮填满肚子就可以在田野小径上狂奔，绝对不会挖空心思去寻找、服用那些在小便检验中露出马脚的“兴奋”）；

男扮女装甚至修改身体器官以便谋取佳绩的丑闻出现了（在乡村，男女性别鲜明，各司其职，一个男人绝对不会混到女人队伍里去抢夺她们所热爱的绚烂甲虫和香甜瓜子）；

出卖田径运动场四周广告经营权的经营谋略出现了（在乡村，田野小径上野草纷披、花朵绽放，不会按照每平方厘米三千元那样的价位来浓绿，也不会用每秒钟六百五十五元的速度传递暗香）；

获奖者拿到金牌就嚼上一口以验证其含金量然后四面飞吻、热泪盈眶、接受采访（在乡村，一个农夫追赶上玉米棒子成长的节奏，捕捉到若干兔子尾巴上短促的霜降，追上两三颗芳心，捉到一个瘦贼然后心软地放走，都很平常。这个很平常的农夫瞥见电视里现场直播的田径比赛颁奖场面，就撇着嘴角，眼含嘲讽）……

田径运动会结束，运动场一派空旷。而田野小径上的农夫消失之后，依然有庄稼朝着星空涌起、昆虫一亩一亩鸣叫、溪水哑着嗓子流淌。

一派空旷的城市运动场上，或许还有一个人沿着田野小径般的跑道，慢跑——他是慢跑选手？需要慢到怎样的程度，才能得到这个世界的喝彩？他是一个草坪护理工，运动场管理员，因功利心不强而即将失业的教练员？他应当有过在田野小径上长大的童年史。他缓慢地跑着，与掌声、鲜花、奖牌、世界纪录、电视直播无关。在慢跑过程中，回想起自己的乡村背景、田野生活，就感觉塑胶跑道恢复了田野小径上的花朵青草……

天边，一群农妇凸臀肥腰，像运动会点火仪式一样，点燃灶膛里的火焰——炊烟上升，云朵辉煌。

意 思

意蕴，思绪。

“意思”一词的最美运用者，是姜白石、曾国藩。

宋朝姜白石，某年深夜在绍兴鉴湖上与朋友黄庆长泛舟，写下《水龙吟》：“夜深客子移舟处，两两沙禽惊起。红衣入桨，青灯摇浪，微凉意思……我已情多，十年幽梦，略曾如此。”据说，姜白石在鉴湖上产生微凉的意蕴思绪，缘于年轻时代发生于合肥的一段情事。白石深情，悱恻缠绵，意思苍凉。我喜欢白石词，喜欢白石词中的爱意幽思——“恨入四弦人欲老，梦寻千驿意难通”，“春未绿，鬓先丝，人间别久不成悲”，等等。

清朝曾国藩曾撰联：“养活一团春意思，撑起两根穷骨头。”刚柔并举，方圆兼容，春意穷骨不可分——青草鲜花之间涌起两块石头，才是完美景象。他就是这样通达开阔：湘军首领，桐城派散文代表性作家，书法家，两江总督，直隶总督——功名利禄占尽，春温秋肃一身。

当代，“意思”一词蒙尘，成为公共领域经常使用的暧昧词汇。

新闻发布会上塞给记者红包：“小意思，略表寸心。”节日拜访重要人物时送上礼品：“一点意思，聊表谢意。”职位升迁关头家人之间商量：“要领会老板意思，必要时去意思意思。”等等。

男女之间情事，往往无意无思。朋友之间涉及异性话题时彼此调侃：“那人眼神好像对你有意思啊。”“走，我请你去洗头，让洗头房的姑娘给你意思意思。”肇始于网络聊天室内的言辞撩拨，结束于宾馆内的一夜消磨，有了“意思”的男女自始至终都不知道，也绝不关心对方的处境和隐痛。甚至连手机号码更换、网名改变，都意味着某个异性、某个夜晚、某个小旅馆的终结。危险游戏，需要留下足够的安全区。穿上鞋子，相忘于江湖——做匿名的鱼、漏网之鱼，漏出于因特网、中国移动通信网、生活之网的两条鱼。

尚存有古典情怀的一对男女之间，有爱意，长相思。其梦想也许只是：在暮年，在公园长椅上，握住对方布满老年斑的手，回想起早年的初次相遇——当然，这是旧式情感小说中的一幅插图。

最持久的意思、意蕴思绪，应该是山意水思——

雨后静观山意思，风前闲看水精神。山间的烟岚雾霭，水势的潋滟微妙。山雨意思，风水精神，契合于深情者的胸襟，才有了成语“山盟海誓”，有了无名者的古诗：“上邪！我欲与君相知，长命无绝衰。山无棱，江水为竭，冬雷震震夏雨雪，天地合，乃敢与君绝。”

失意者同样需要在山水间获得慰藉。元代画坛“元四家”黄公望、王蒙、倪瓒、吴镇，清代画坛“清四僧”八大山人、石涛、渐江、髡残，皆为山水画家。这些失败失色的汉家才子，在宣纸上发明水墨山水、青绿山水、米点山水、赭墨山水等等技法，通过一张宣纸、一砚墨，来抚摸异族统治下的山河——重重的哀意与痛思。

一副古联：“无情对，有意思。”无情则横眉冷对，似霜降；有意而柔肠热思，如夏至。

两个词牌：“红情绿意”“长相思”。合起来读，真好——红情绿意长相思。

刊于《牡丹》2019 年第 6 期

月寨之上

林筱聆

用手抚摩一块旧砖，一片老瓦，一扇旧窗，一段古墙，抚摩出的是时光的包浆，是缝隙里的旧时光阴旧时气息；用心倾听一座老宅，一口古井，一缸老茶，一方斑驳的铜镜，听到的是旧时人的几句浅唱几声低吟，以及那穿越时空的几声轻叹几句吆喝。

暗色调的底片收纳老旧的乡音、声响、芳香，低垂的眼帘，微含的笑意，以及所有生动的瞬间。时光的齿轮咬合了一个个不同的片段。倚着这零零碎碎深深浅浅的片段，就此没入一段来了又走，走了又来的历史。这段历史一头连接着高山，一头连接着大海；一头连接着智慧与血汗，一头连接着休闲的下午茶；一头连接着中国，一头连接着世界。这中间，是一条穿山越岭的漫长茶路，也是一条漂洋过海的思乡之路。

一

五月。茶乡安溪。西坪南山。这样偏远的山上，尧山、尧阳、南岩、上尧等相邻的几个村子却都是繁华的。双车道水泥路像一条宽宽的灰色绸带，从山脚出发，一圈一圈地往上缠绕到山的脖颈，几分素净，几分清雅。小轿车、大货车、快递车、摩托车……一辆紧接一辆，上行，下行，在蜿蜒的山路上交错会合，灰色绸带扑闪着大眼睛，一眨一眨。或两层或三层的楼房，或白或粉的瓷砖外墙，外墙上凌空高悬的一台台空调外机，楼房上、楼房间密集穿梭的电线，还有飘着红旗的簇新的学校、播着广场舞曲的老人协会，以各自方式生动了村庄的气息。在村庄的内部以及四周，一畦畦一弯弯一层层一片片绿色的茶园镶嵌着环抱着温润着丰富着村庄的色泽，也提亮着村庄的肤色，村庄的曲线随之柔美飘逸起来。

天光恰在这个时候轻轻推开南山之门，漫山遍野的绿与无边无际的香被天光浸泡着，一层薄薄的绿晕缓缓浮漾在村庄上空。犬吠声疏了，鸡鸣声稀了，鸟叫声薄了；孩童们的笑声密了，琅琅读书声稠了……打开车窗，暖暖的茶香带着初夏阳光的温度蹿进车内，迅速弥漫开来。被这香包裹着的空气就此多了几分乡村的韵味，被这香氤氲着的村庄就此多了几分亲切和袭人的优雅。连天光都渗出茶香。

南山的诗行总有摇曳多姿的长短句。这些极具现代气息的楼房之间，间或散落着这一座那一座红砖黑瓦的闽南古大厝。它们是传统生活的注脚，做着或复杂或简单的注释。高高翘起的燕尾脊，色彩鲜艳的生动图案，时时在召唤远方的游子。何时归来，它都是可以歇落乡愁的家园。在所有房厝的最高处，托捧出一圈长长的土木石结构的古厝群——月寨，这是附近村落王姓人家所共有的精神祖寨。圆形闭合的寨头，开放式的寨尾，寨门内面街而立的两排古厝构成“月”字的外围，旧时为防土匪侵扰在寨头和寨尾各挖的一个大深坑画出了“月”字中间的两横。一个大大的“月”字勾画的不仅是寨的形状，更勾画出南山的历史纹理。几百年的时光倾注在月寨之上，浇铸出一顶桂冠，戴在南山人的头顶。

以繁华村子的绚烂多彩做对照，此时的月寨是黯淡的、孤寂的。颓废的寨门，斑驳的进寨石板路，长出青草、青苔的寨墙，拆了又建、建过又拆的老日子，都在阳光的照射下晃动着失去光彩的斑斑点点。寨子里居住的人口是稀少的，与人的生活有关联的声响、色彩是稀薄的。曾经作为抵御土匪首选要素的居高位置成了不方便，曾经作为乡人引以为傲的古建筑成了破旧和落后，仿佛风轻轻一吹，随时都可能倒塌。

而实际是，风吹过来了，月寨被裹挟在风里的零零散散的阳光摇醒，寨门开了。历史的门，也开了。

二

明正德二年（1507年），开闽王王审知后裔王毅庵率子由安溪芦田外洋迁入西坪南山上。彼时，南山上人烟稀少，除了外姓的三五户人家，再无其他。这样一个几乎算是荒蛮之地的山头，却生长着许多丛生小乔木植物——乌龙茶树。茶树的叶子为薄革质，或椭圆状披针形或长椭圆形，叶脉明显，背面有毛，边缘有锯齿，制作成颗粒后冲泡出来的茶水有一股奇特的香味，茶汤苦涩中带着甘甜。五六百米的海拔，偏酸性的红黄土壤，雨量充沛，云雾多，空气湿度大，漫射光强，一棵棵乌龙茶树在此悠然而生，南山人种植、制作、品饮乌龙茶业已走过五百多年的历史。它们定然吸引了王毅庵的目光，才挽住了他和族人的脚步。他们选择向阳开阔的梅坂高处搭草寮而居，并将居住的这个无名区域称为寮洋（后改谐音尧阳）。日出而作，日落而息，伴着青山浮云，伴着茶树茶汤，王氏族人很快便融入了与茶密切相关的生活方式，茶一点点渗入他们的血液中和精神世界里。

随着子嗣的繁衍，生活境况的一天天好转，王氏族人的草寮这一间那一间地往外搭起，王氏的根须深深扎进南山大地。后来，草寮升级成了土坯房子，并以梅坂为圆心向外又分散而建一座座土坯房。靠着整个家族的勤劳耕作，靠着茶树的压条育苗繁殖，南山上茶树的种植面积不断扩大，产量不断增加，聪明的王氏族人开始思量把多余的茶叶卖出去换成白花花的银子。于是，三五个结对，七八个成群，他们走泉州，到厦门，往广东，脚步一步步向下向外丈量、开辟。视野一旦打开，目光所向必是远方。

根据史料记载，17 世纪初中国茶叶开始风靡欧洲。一开始是绿茶，而后是红茶，再后来乌龙茶也成为欧洲人的下午茶。茶叶先是随着葡萄牙商船传到荷兰、英国、法国，又相继传到德国、瑞典、丹麦、俄罗斯等国。伴随着移民运动，又被欧洲殖民者带入南北美洲和澳洲。海上茶路不断延伸，中国茶的版图不断拓展。进入 19 世纪后，中国茶叶出口继续平衡增长，茶叶一直是占据中国第一位的出口商品，出口值甚至一度占到中国总出口值的 80% 以上。仅广州港每年出口英国的茶叶就达 35 万担，价值 9445 万银圆。

历史终究让王氏族人做出了智慧的选择。正是借着这样一股风靡全球的茶叶之风，王氏族人挑着一担担安溪茶从南山走出去，跋山涉水，远赴重洋。他们依托刺桐（泉州）港、厦门港、广州港，将茶叶出口菲律宾、印尼、新加坡等南洋国家，再经南洋将安溪茶出口至更远的欧洲、非洲、美洲，他们下南洋，过台湾，往香港，将安溪茶带到世界各地，而后挑回一担担的金子、银子，挑回家族的富贵与荣耀。王家的显赫很快就被土匪盯上了，一次次的劫掠不仅让他们遭受巨大的财产损失，更让族人的心理遭受灾难性的创伤。在家的人不安宁，出门的人不放心，他们惶惶不可终日。痛定思痛的王氏族人决定为后人建一座坚不可摧的屋城。他们就近选择了地势最高的笔架形“三冠山”，铲平山尖夷为平地，建起一座座土石结构的房屋。他们将这些房屋的墙体相连集合成寨，并以其独特的寨形取名“月寨”。他们在寨头供关帝公，在寨尾供土地公，留一个石制寨门，在寨墙上开出一个个枪眼，分散而居的族人就此被拢进了这一神明与高墙共同筑起的固若金汤的保护圈内。

我们已经无法考究建寨的具体时日，但历史注定无法绕过这“月”字的寥寥数笔。就这样，几百年的时光底片雕刻下寨门，雕刻下寨墙，雕刻下一扇扇残缺的窗棂和窗棂里的日子，而后，冲洗出一个永不磨灭的名字——月寨。它是王氏族人的精神坐标，是南山人奋斗与前进的北斗。

三

站在月寨门口，俯瞰山下村落。无论是铁观音，还是本山、黄金桂，乌龙茶是南山几百年不变的韵脚，随时读起都铿锵有力。密布的房屋，交错的田垄，弯弯曲曲的一条祖厝路犹如南山的地理脐带，指引着王氏族人对月寨对梅坂祖宇的一次次灵魂朝拜。

没有了后顾之忧的月寨主人们开始把更多的精力用在制作、销售茶叶上，他们选择一次次地走出去，走向更远的远方。据海关资料记载，光绪四年（1878 年）福建茶叶出口达 80 多万担，占全国茶叶出口总量的三分之一。这其中，以月寨主人为代表的闽南茶商应该是这条海上茶路上一支不可或缺的主力军，而以安溪茶为代表的福建茶自然无法避免地循着这条伟大的茶路丰富和改变着世界各地的生活。

翻开王氏家族的族谱，曾经记载的是：乾隆六年（1741 年），王冬往安南（今越南）创办“王冬记”，尔后数十年在越南 12 个省开设分店，其配制的“冬记”大红铁观音驰名印度支那半岛；乾隆二十五年，王苑往泰国开设“仕源茶行”；嘉庆十五年（1810 年），王德往台湾开设“珍源茶行”，王阁到安南开设“锦芳茶行”；道光初年，王团到台湾开设“王荣春茶行”；光绪年间，王禄到泰国开设“梅馨茶行”，王美景到台湾开设“泰山茶行”，王炳炎到印尼开设“梅记茶行”，王文别到印尼开设“珍春茶行”，王拳到台湾开设“芳春茶行”，王锭到安南开设“同记茶行”；民国时期，王光南到新加坡创办“南美茶行”……这些曾经轰轰烈烈驰骋世界茶场的月寨的子嗣后裔，而今已沉淀成族谱中的一个个静止的名字和祖龛上一个没有表情的牌位，但以他们为代表的闽南茶商形象却在中国茶叶海外贸易历史中深凿下不可忽略的碑记。

几百年的时光已经凝固成孤寂，几百年的辉煌已经浓缩成默然和简单的字句：磐乐楼、瑞珍苑……眼前这些残存的字迹已无法完整地记录历史，却脉络清晰地呈现旧时场景。高高在上的月寨，神殿一般的月寨，与其说它是王氏家族往外拓展、自强不息的结晶，莫若说它是闽南茶商勇辟海上茶路的缩影。循着它斑驳的寨墙、寨墙上赫然的枪眼，我们依然可辨当年闽南茶商对外开拔的脚步声，海上扬帆的号子声，以及他们在世界各地大街小巷的叫卖声——“茶”“TEA”“ le thé ”……那声音里传递着闽南人的铿锵，闽南人的坚强，闽南人的执着，声声悦耳，经久不衰。

四

阳光被云层遮住了光彩，月寨隐匿了光亮。它像一潭静止的水，连微晃的波纹都没有，所有的动静都没入空气中、尘埃里，看不见，也摸不着。历史已经落幕，曾经的喧嚣终究在现实中沉寂下来。一个上了年纪的老人抱着一个婴孩，坐在寨门的台阶上往下望，往下望。寨门边的老树懒懒散散，耷拉着目光。沉寂让生活也缺少了气息，而从云层中突然窜出的阳光重新鲜活了时间和空间。它擦过老人一脸的皱纹，涂抹在婴孩粉嘟嘟的脸庞上，跳跃着，勾勒几笔恬静的新生。

磐乐楼上，木质的楼板终于等来久违的叩访，那“硿硿硿”“嘭嘭嘭”的声响交错着在相互连通的廊道里回荡。老旧的手工制茶工具静静地立在窗旁，俨然在眺望和等待一场曾经轰轰烈烈的爱恋，他，或者是她。那阳光穿透楼房的天井，照在木质屋檐上的苔藓泛出一层浅浅淡淡的墨绿之光，又穿过镂空的窗花，在灰暗的楼板上雕刻出一朵朵阳光的花。无声的历史总是以如此寻常的方式在各个角落发出各种声响，记录自己曾经的过往。

再沉寂的现实终也难掩历史的繁华，它默默地折射历史的光芒。随着子嗣的发展繁衍，许多家庭从月寨从梅坂祖宇分枝开去。祖先的牌位越垒越高，一层一层地往下走，往外蔓延。每一户外迁的家庭，捧一把祖先牌位前的香灰，同样是往外往下，建一处新居，得四方风水。福星居、梅嘉居、泰山楼、日昇居等一幢幢与月寨与梅坂祖宇息息相关的闽南大厝如同它们对外伸展的枝枝丫丫，开枝散叶，再开枝，再散叶，繁衍生息。这一幢幢上了年岁的古大厝静静地立在那儿，并非只是静止的建筑。因为血缘，它们可能是父子，可能是爷孙，可能是堂亲，它们有一个共同的祖上——月寨；因为地缘，它们是邻里，挨着，靠着，连着，牵着，它们有一个共同的家园——南山；因为茶缘，它们一一对应着注定要在近现代中国茶叶发展史上留下痕迹的老茶号，即使漂洋过海，也依然烙着祖先的印记。如泰山楼的梅记、日昇居的尧阳茶行、磐乐楼的瑞珍号等。这些茶号在厦门，在香港、台湾，在新加坡、菲律宾、马来西亚……在每一个闽南人落脚的地方哼唱着不变的老茶歌。每座老房子都有一个不同寻常的茶故事，每个茶故事里都蕴含着闽南茶商知难而进的基因特性，向后世传递，向未来延伸。

初升的阳光在四处游走，月寨的老时光便多了新鲜的味道。几百多年后的今天，扎根南山的月寨子孙一个个走出寨门，从南山起飞，飞向高处和远方。“60后”的王曼源当上了世界茶文化交流协会会长，在世界各地传播中华茶文化；“70后”的王文礼经营着上市茶企，年创税几千万；“80后”王思茵、“90后”王思仪经营的茶叶网店成为年销售额近亿的“全球十佳网商”……他们带着安溪茶福建茶中国茶在天上飞，在海上游，在陆地上奔，在网络上驰，芬芳着每个爱茶人的生活，也让许多因为祖辈经营茶生意而在海外生活的月寨后裔得以在一杯杯中国茶的芬芳里一次次品啜故乡的味道。

五

每年春节，是月寨最为热闹的时候。一年一次的祭祖仪式在这里举行，王氏家族各家各户的男孩手持灯笼纷纷拥向月寨，灯笼汇聚成一条长龙，蜿蜒，向上。翻开的大红喜簿上记载的是一年里族人的喜事大事要事，村里新修了公路、学校，谁家新娶了媳妇新添了孩子，谁家孩子新上了大学，新读了硕士、博士，谁家新办了企业，等等。灯笼点亮了一年的收获，也照亮了来年的希冀。灯笼点亮了月寨，也照亮了海外族人回家的路。

即使赶不上这样的仪式，乡终究是想回的。每年春茶上市时，客居泰国的王阳春茶庄的传承人王显娇都会回到南山选茶。这一年，她把三个女儿也带回来了。说着流利的普通话，讲着地道的闽南语，走茶园，喝铁观音，跟乡人讲述祖辈海外创业的艰辛，讲述父辈生活细节里的乡愁记忆：早起的一杯茶，餐桌上的一小碟腌萝卜干，腹胀时的一小撮炒盐茶……甚至儿时走在月寨石板路上吃下的一碗花生仁汤、一块米糕，都是驻留舌尖一辈子的味道。在祖宗牌位前点上的每一根香，说出的每一句话，流露的每一个眼神，许下的每一个心愿，都是对祖先的一次敬畏一次感怀，都是自己灵魂的一次回归；客居印尼的王琳娘也回来了，一百多年前，她的祖父到印尼巴城开办了梅记茶行，从此经历了无数次的相送与离别。离乡前再一次揉捻起家乡的铁观音，离别的愁绪便再一次绞在这闽南语的歌曲里："火车已经过车站，我的心头渐渐重。别人欢喜来接亲人，我是用心来相送……"

无论子孙后裔繁衍到哪一代，无论时代发展前进到什么时候，月寨永远是外延而建房屋的圆心，外迁家庭的精神家园。它们向着它，他们朝着它，几十年，几百年，亘古不变。漂泊海外的路再远再难，也时常要回来，只为抚摩一下旧时的时光，只为拨动一下时光深处的心弦，关于父辈，关于祖辈的坚强、坚忍、执着，再一次流进血脉，融入身躯。

即使回不来，也时常要手持三根香，冲着月寨—南山—西坪—安溪—泉州—福建—中国的方向，拜上几拜，叩上几头。

这一拜，天宽了，地阔了；这一叩，心圆了，路远了。

六

时光的齿轮继续咬合前行。此时的月寨俨然一个巨大的香台，朝天而上。又像一个开口的大盖瓯，静待一泡时光里最香醇的茶，静待月寨之上那一缕缕悠悠的乡愁。

终于知道，有一种孤寂是繁华上的孤寂，有一种繁华是孤寂中的繁华。月寨里的日子已经一天天泛黄，它的底片注定要在岁月里闪闪发光。

刊于《厦门文学》2019年第2期

在抚河身边

王晓莉

河流最为我所看重的，是它“动”中之“静”，是它“不稳定”中之“稳定”。这一种气质因其显而易见的矛盾之处，殊为不易获得。一座山也会给我们稳定之感，可是山的稳定是通过扎根、通过把事物（如矿藏、如珍稀动植物）围裹于内而获得的。有着“深山不见人”的隐士之感。河流则毫不避世，坦荡得多。它也经过山中，也闯荡平原，可它也在城市——这人造的世界流淌。城市的声音在它周遭喧嚣，那可是很大一股力量啊！市声有时足以摧毁我们的宁静，使我们暴躁、易怒，易于失去平和，可这一切对河流不起作用。城市的声音撞到河流上仿佛就被反弹了回去，或者是被轻易吸进了河里。总之河流是一无所动，稳稳地，守护着自我的平衡，一直往前。

自住到抚河边上之后，关于河流，我有了很多属于自己的隐秘体验。我熟悉这条河水波起伏的频率、水量的丰沛与贫乏、河边树的品种，以及水鸟的种类、鱼的种类——有次我看到一条巨大的鲤鱼从水中弹跳而起，简直有怒发冲冠的气势，它至少有十多斤吧，那一刻我像看世界冠军比赛一样兴奋——因为就算常常在河边逡巡，这“鱼跃龙门”的景象也并不常见。这就像交往的一个好友，你们得互相厮混很长一阵，得磨合，甚至得有隐忍与妥协。最后，这朋友才向你敞开他美妙而稀罕的一面——我与抚河的交情，大致如此。日前乱翻书，读到 20 世纪 60 年代一个叫 J.A. 贝克的英国乡下人曾用半辈子时间观察他居所周边的游隼。为了追索与隼有关的一切，他购置望远镜，不惜拖着病体日日长途步行追踪隼，最后他将这种观察化成了类似于“人是否能够成为一只游隼”的哲学思考。我虽不够资格将贝克引为知己，却着实佩服他。因我与抚河为邻，也差不多有十年时间，却仍不敢说我认清了这条河流。与多数人一样，我曾每天匆忙从河身边走过，并不多看它一眼——好在一条河几乎是永恒的。一条河并不需要在任何人（包括我）那里获得存在感。要到最后，是一场不小的疾病，才把我彻底地带到了河流旁边——这一点我倒与贝克相似。生病之后，需要多留在空气清新的地方。而河边无疑是最佳选择。故而抚河顺理成章地成了陪伴我最多、我观察与品味最多的河流。我该感谢一场病还是大自然呢，将一条居于我身边的河重新带到我的内心？要知道，人的内心有时是最遥远最隔膜的，如果它正好关上门的话。

离我住所最近的这段抚河，是从“将军渡”到“建设桥”，是抚河故道重要的一段。我走过不少陆路“故道”，那多半是在山里，它们由老石头、丛生蔓草以及泥土组成，弯弯曲曲的，还残存着不少野趣。而抚河故道，在平面上已经难觅踪迹了。也就是说，古诗中的所谓“野渡”已不存在了。而今的城市建设者在抚河两岸增设了美丽的白玉栏杆、平缓的步道，栽种上桂、槐、槭、石楠、枸骨、杨梅、针叶松等种种树木——恕我不一一列举那些树木的名字了，虽然那是我极愿意干的一件事情。总之现在的抚河，呈现出了一种规划与维护过后的、有秩序的、有人的参与的美。不过我还是发现了“野趣”在抚河的遗留的——比如在“将军渡”这个地名的保留上。在一切都电子化的城市，这名就像一个古词牌，隐含一股关山飞渡，气吞万里如虎的豪情。有着说不出来的好。有时我晃荡到将军渡那段河边，见河边古朴的木牌上，写着各级“河长”们的名字——他们是这段河流最主要的负责者。我总要伫留、浏览一番。我喜欢“河长”这个头衔，这样指名道姓的标示，无疑是人对自然珍视，人对河流珍视的结果。人爱自然，自然方更爱人，以此进入最良好的循环——人是如此渐渐觉醒。

在抚河边散步，我有时会坐在长凳上看会儿渔人于水上收网——人与自然接触最直接最本质的方式，就是看水，看水上的各种事物。水是自然的精华，自然的血液或体液。我们在水边濯足、浣洗、垂钓、渴饮……河流随你取用。那时心变得非常静。体会到了很久没有体会的一些怦然心动的东西。风一直在那样吹着，水波一直那样荡漾着，柳树一直那样低垂着。与不远处来往车辆、人们手机里不停更新的消息以及那些建而复拆、拆而复建的高楼相比，这一切都是一些恒久的东西，在变中不变的东西。特别是水的那种沉静，千古不变。凝视这一切，会觉得一切都不必着急，不必忧虑。因为眼前这一切，从来就没有着急，没有忧虑。

抚河边的树木，比别处要幸福得多。河水湿润、滋润一切，是生物们上好的美颜护肤品。河里的水族，也是幸福的。有些灰白色的小水鸭，那么幼小，像宠物一样。可它们并非宠物，它们独立、自谋生路。它们从此点消失于水面，又于彼点上浮出来。有时两个点要相隔几米远。它们一个猛子扎下去，是到河下找点“零食”吃去了。随后它们就轻快地，仿佛一艘小船般地安坐于水面的阳光中了。多么惬意、令人羡慕的“鸭生”呀!

喜欢沿河而行的人，除了我这样外表并不能被看出来的病人，还有流浪者。有一次，我拎着几个苹果从河边回家，河边石头上坐了个流浪汉。我给了他一个苹果。他竟然跳了起来。起先我以为他是不想要我的苹果，后来我才回过神来，他是太想要了。我略带鲁莽地给一个陌生人苹果，大约是因为，对于沿河流浪的人，我总觉得要对他们更好一点。他们能够沿着河流的方向浪迹，是凭依生物本能知晓河流是世上最灵动的自然，知晓一条河流能给予人最多；河流也能帮他们把可能会遭遇的侵犯暂且阻挡或阻挡得少一些；又或许，天下河流归一，他们在内心期望河流终将归于他们自己的家乡。

有一个词是关于河流的，叫“泥沙俱下”。它也可以用于形容人生。泥沙俱下的河流有兼容之美，却也透露一种不断在逝去的悲伤。有次我在建设桥下边走，看见有工人在河边冲洗完他的器具之后，竟然拿了手中的一把刷子在河沙上写起字来。随后我还没看清他写的是什么，他就迅速而顽劣地用桶里残存的水把字洗到河里去了。那下我看呆了。我对自己说，你要想清楚，人生不过就是在河沙里写字呀，水一冲就消失不见了。那么在着眼于“写”的这一过程中，要对“被抹”的命运了然，同时又要对此命运抱以淡然，甚至轻视的态度，这样，活之力量才可一直存在，绵绵不断。

正是在存在了上千年的抚河边，在不断倾听可以与永恒拔河的河水的话语之后，我悟到这一点。J.A. 贝克最终没有成为一只游隼，我在无数次亲近河流之后，也并没有成为一条永恒河流的可能。然而这还是值得的。我向一条河流学习到的已经足够有多。流水不腐。河流的永恒在于它的不歇流动。河流的美又在于它深层的安静。不歇与静，这两种品质奇妙地、和谐地显现于河流。人的生命亦当如是。

刊于 2019 年 6 月 28 日《江西日报》

青丝华发藏岁月

叶剑秀

亲爱的女儿：

中秋佳节要到了，明月清风里飘溢着欢乐的味道，很想用传统的沟通方式给你写封信。平时没少电话、微信或视频，总感觉那种交流有些生疏和敷衍。忙碌的时光隔膜了许多血肉亲情，短暂的问候和温暖，彼此的疼爱和安慰，仿佛蒙着一层雾，极似包装出来的场面客套，失却了血浓于水的醇厚本真。

前些时出差，顺便到你生活的城市去看你们，两个天真可爱的外孙像过节，围着我轮番亲昵，我被他们可爱的言行所感动，真切享受到了少有的天伦之乐。当你给我端茶低头的一瞬，我无意间看到了你头顶青丝里夹杂的几绺白发，心里忽然涌出一缕隐隐的心酸。那一刻，我把感伤的泪水按在了眼底，轻轻端起茶杯，默默品咽着生活的各种滋味。

难得的欢聚时光，你们带我出去游玩。无论在车上，还是到景区，你密集的电话，让我知道了你的繁忙。客户的诉求，生意的急需，有条不紊地回应和安排，无不显现了你的老到和成熟。生活的历练，岁月的磨砺，你在打拼的路上，把梦想种在时光里，绽放着你的青春年华。我感到疼惜，也有几分自豪。

你和我同属鼠，注定是忙碌操劳的人生，这或许就是宿命。你的血液和骨子里，有几分我的基因元素，吃苦耐劳、执着向上的性情，激励着前行的脚步永不停歇；勤恳敬业、不屈不挠的人生姿态，也从不会轻言放下和退缩。你们这代人赶上了盛世年景，拥有足够宽阔的搏击平台，可以尽情演绎人生的华章。纷杂与繁华并存，缺憾与迷茫难免，人生就是一次旅行，出发与跋涉，愉悦与汗水，滋味尝遍，收获的风景和感悟各不相同。

你出生在一个大雪纷飞的夜晚。北方严寒的冬夜，如同家境的清贫一样萧瑟，你的运气有些差，上天给你安排了苦寒的时辰、穷困的家庭出生，有些不公道，可你是无权选择的。那时候我和你妈都是民办教师，在那个乡村小学简陋的住室里，你的一声啼哭，是黑夜里闪光的喜悦，同时也给我带了一份荣光和责任。那时候我已经是那所小学的校长了，第二天要去十里外的教育办开会。一个人走在厚厚的雪路上，心情与雪花一样飞扬。

喜悦相随，忽冷忽热，日子在无奈的叹息和忧虑中熬着。唯恐对不起你，尽心尽力地去抚育关爱，但终归还是在你天真的童年里，留下了苍白的一页。你在家乡那所小学里欢乐地成长，我们在岁月的边缘上艰难度日。我喜读书，偶尔积攒的零碎钞票，急于换来书去读，这就给清苦的光阴抹上灰暗的色调。你的童年，无论向往的心爱玩具和渴求的鲜亮衣服，都成为奢望。你留存不多的几张童年照片，有几分寒碜，每当我翻起，心里就痛伤一回，愧疚和亏欠是一生都无法弥补的。你从小就很懂事，似乎幼小的时候已经感知到父母的不易，从不抱怨和难为我们。记得有次我从县城买书回来，破例给你买一小包点心，你兴奋地在我脸上热烈地亲吻。后来我才知道，那一小包点心，你居然吃了几天。那一刻，我独自坐在办公室里怅然落泪……

你在慢慢长大。在你没有读完小学的时候，我离开了你，去到县城打拼。随着你妹妹的出生，日子更加辛苦，为了生计，我很少回家，我们一家更是聚少离多。

在你初中高中成长的关键阶段，我没有过多问过学业，没有呵护陪伴，没有引导教诲。偶尔短暂的见面，父亲的职责和天性使然，就和你简略谈些为人的准则，灌输一些励志鸡汤，泛泛说教一些人生应该努力的方向，至今想来都是空洞和乏味。

我一介书生，虽穷而不酸，崇尚精神的高度和境界，追求品质操行的唯美，奉行挺直腰杆站着做人，靠坚韧的毅力生存，凭本领拓展人生的空间，求索与奉献是经世行途的主线。如果说我给你留有财富，可能也只有这些了。

在散养式的成长环境中，你秉承了良好的部分，从不沮丧颓废。你的努力和优秀，我常常引以为豪。

记得在大学期间，你在学生会做事，组织活动，搞得风生水起。从大一开始就利用有效时间，出外做兼职教师，赚取一些微薄的收入，为父母分忧解难。全校大学生演讲比赛，你写了一篇演讲稿，几次修改还是不满意，就求助于我。看到稿子，我有些惊讶，没想到你写得那么好，没有华丽的辞藻，没有丝毫的矫揉呻唤，没有高调的口号，通篇以真情实感，诠释当代大学生的精神风貌和追求担当。我只在结尾部分的信念和力量上略作改动，发还给你了。当你电话告诉我总决赛荣获第一名时，我默念了一句，我女儿长大了。

你该出嫁了。

家庭的境况早已好起来了，本应陪送你一些嫁妆什么的，拼拼凑凑把婚事做得体面些，可我依然固守我的理念，节约简办。自己去栽树，培植浇灌，施肥整修，采摘到的果子才甘味悠长。你可能早已习惯，明白我的用意，没有丁点的怨言，点头同意。在简单粗略的仪式中，你从容地微笑着完成了人生角色的转变。

送别那一刻，我忽然感到痛心的不舍和失落，像谁要偷走我心爱的宝贝。我们拥抱的瞬间，默然无语，省略了彼此的安慰和祝福。我终于没有忍住，别离的泪水落在你的婚纱上。你泪眼蒙眬地望着我，坚毅地点点头，我仿佛听到了你跳动的心音，一个声音从心底流淌出来，爸多保重，请放心，我会做好自己的。

带着简单的行装，你们去了南方，那里有适合你们驰骋的舞台。

一切没有想象的美好，面朝大海，未必就是春暖花开。接连的受挫，才是真实生活的刚刚起步。你不愿也不会在风雨里低头，一番蓄力，决意冲击华为公司的门槛。在近三千人的庞大应聘队伍中，只有六个聘用名额，压力和艰难，仿佛一座山横在你面前。你倾尽了曾经的全部积累，一路过关斩将，最终脱颖而出，你成功了。

一年的光景，所有的付出初见回报，再一次的人生挑战如期而至，你要生宝宝了。面对来之不易、令人羡慕的职业，你的抉择是艰难的。人生行进的过程就是取舍，奋斗的终极追求就是遗憾和完美，你主动请辞，选择离开竞争激烈又无比优越的华为公司。

我一向尊重你的选择，包括你的婚姻。我相信你的眼光，更相信每次重大的抉择都是经过深思熟虑的。或许人生的许多路是被逼出来的，你们决定要开自己的公司，做自己的生意。举步维艰可想而知，我依然帮不了你们什么，你们只能靠智慧和坚韧面对黑夜与白昼。太阳与月亮的光芒不可企及，寻找属于自己的那颗星星，同样可以发出闪耀的光亮。

咖啡的味道有些苦涩，却有很多人愿意品尝，大抵是因为那醇厚绵长的幽香，与人生的苦乐滋味几近相同。几年下来，你们把脚步走得很稳，跳过涧溪，翻过山梁，到达了人生第一座山顶。有车了，有房了，有宝宝了，这可能就是人们定义中的小康了。

前面还有青山绿水，还有富饶丰润的森林，天地辽阔，终归是一个无尽的球体。人生就是在画一个圆，画着画着青丝中就有了白发，开始是几根几缕，后来就慢慢全白了，白了，人就活得明白了。

看到你发间的一缕白发，我那份疼痛一直在心里压着。青春、打拼，这是昂扬向上的价值取向，也是我常常宣扬和激励的，但难免身心疲惫，不知不觉中也荒芜了多少该有的幸福。累了，就停下来歇息，切莫把生意看得比命金贵。才三十多岁，正是女性俊美的阶段，不要输给忙碌，给自己留点空闲，让职业与青春同样靓丽芬芳起来。我和众多的父亲一样，不图你大富大贵，只愿你快乐安康。要对自己负责，更要对家庭和孩子负责。

下次见面，别再让我心里有痛。

佳节团圆之际，东山上的月亮升起来了，依然圆润明朗。你最爱吃的月饼、石榴、柿子、黄梨装满了带有玉兔图案的果盘，你妈去跳广场舞了，我在给你写信，把家乡节日的味道和祈愿遥寄给你……

刊于2019年9月10日《平顶山日报》

特立独行的文学大师萨特

邢秀玲

进入巴黎市区，汽车缓缓地驰在塞纳河左岸的圣杰曼大街上，我在街头众多的咖啡馆中寻找那个饰有绿色帷幔的“双偶”咖啡馆，这是半个世纪前萨特和波伏瓦经常光顾的地方。他们不仅在这里会客，而且在这里写作，每天至少有两个小时在“双偶”度过。

还有“弗洛”“花神”“三剑客”“红玫瑰”等咖啡馆，也都和萨特结缘。特别是“弗洛”咖啡馆，在艰苦的战争年代曾带给他温暖和光明，许多名著就从这里诞生。今天，当我坐在萨特坐过的小桌旁，抬头凝望窗外，不禁想起这位文学大师史诗般的一生：他幼年丧父，寄人篱下；长大后做过教师，当过战俘；参加过各种政治活动；访问过包括中国在内的几十个国家；结交过毕加索、纪德、加缪、海明威等20世纪的文化名人；邂逅过许多美丽多情的女子……萨特真是一个说不尽的话题。

爱情契约

萨特一生曾有无数艳遇，接触过各种类型的美女，但相爱至终且对他产生过深刻影响的只有波伏瓦。他俩都是天分极高的“神童”，从小就怀有当作家的志向，可以说是珠联璧合，相得益彰。

1929年的一次哲学教师资格的考试，使萨特和波伏瓦走到了一起。他俩分别获得这次考试的第一名和第二名，由萨特将这个消息告诉了初识不久的波伏瓦。接下来，他主动邀请她一起准备下面的口试，以便有半个月时间接触这位漂亮的女同学。本来，波伏瓦对这个其貌不扬的男生没有多少好感，她又刚刚经历了一场失败的恋爱，还没有从被表兄抛弃的痛苦中挣脱出来。但萨特的博学、智慧和幽默的谈吐深深吸引了她，波伏瓦庆幸自己找到了一位理想的师友，萨特完全合乎她的心愿，和他在一起有说不完的话，她彻底被他犀利独到的见解征服了。

每天早上，他们在卢森堡公园会面，公园里的石雕女王就是他俩相爱的见证。他们不仅仅是谈情说爱，更多的时候谈着哲学和创作。波伏瓦在萨特身上发现了共同的爱好和怪僻，“只有同他在一起，我才可能永远承受一切甘苦”。萨特也经历过一场如火如荼的恋爱，但结识美貌而又聪颖的波伏瓦以后，他坦诚地说：“我通常想象女人会接二连三地出现在我的身边，对我来说，每一个女人在一定时间中就是一切。正是波伏瓦的品格使她在我的生活中占据了地位，而她所得到的这个地位是任何人也无法取代的。”

受到浪漫主义的影响，萨特梦想浪迹天涯，同许多女人恋爱，他不会在任何地方扎根，也不会在某一个女人身旁厮守一辈子。他的一切经历都应有利于他的写作，有助于不断产生激情，断然拒绝那些可能削弱他的写作的经历。这些都和波伏瓦不谋而合，由于他的出现，她对理想的追求变得更加强烈。和他在一起的时候，她感到他们很自然地达到了水乳交融的境界。当8月份他们不得不分开一段时间的时候，波伏瓦已经意识到永远无法离开萨特了……

这年11月，萨特要去圣西尔军校服18个月的兵役，这是法国成年男子必须履行的义务。出发前，他和波伏瓦坦率地讨论了性爱问题。萨特从骨子里不喜欢一夫一妻制，也不打算把自己变成已婚男人，更不愿意做父亲。他用对他来说很庄严的字眼向波伏瓦解释说：“我们之间的爱，是一种真正的爱。但是，如果我们能体验一下偶然的爱情，那也是一件乐事。”“我们怎能有意放弃那些异彩纷呈的感情呢？我们同常人一样有常人所具有的惊讶、懊悔、欢乐以及对往事的回忆。”显然，萨特的话引起了波伏瓦的同感，她开始深思他的意见。

萨特的话之所以唤起波伏瓦的共鸣，从根本上说，还是缘于这也符合她自己的信念。对于一夫一妻制的婚姻，她目睹过太多的不幸与痛苦，她自己的父母就是典型例子。波伏瓦和男人一样地打算独立而尽情地享受生活，在经济上，她也不依靠任何人，完全以反传统的革命姿态出现于世。于是，他们达成了一个为期两年的契约。萨特说，在这两年中，虽然不同居，但尽量以一种亲密方式一同消磨这段时光。为此，波伏瓦每个星期天乘车去圣西尔，萨特在车站等她，然后去附近餐馆吃晚饭。军校离车站有四公里的路程，她送他往军校方向走一半路后，再返回车站赶晚上的末班车回巴黎。有一天，她错过了末班车，不得不走路回到凡尔赛。漆黑的夜，风雨交加，她沿着铁轨步履艰难地向前行走，不但不感到害怕，反而产生一种探险的兴奋感。正是这段军营生活，让他们的爱情有了稳固的基础，成为一生中最美好的回忆。

后来，萨特和波伏瓦又达成了一条补充协议：双方不仅不应该互相欺骗，也不应互相隐瞒。应把各自的“偶然的爱情”毫无保留地告诉对方。他们后来果真实现了这一承诺：对萨特的各种艳遇，波伏瓦了如指掌；而对波伏瓦与情人的同居关系，萨特也完全赞同，他甚至还成了波伏瓦两个情人的好友。他们这个举世无双的爱情协议延续到十年二十年之后，也招致了各种猜忌和议论。但是，人们忽视了根本的一点，这是萨特和波伏瓦所独有的，也许是只适合于他们俩，因为他们之间的相互理解和信任的程度是任何人都无法达到的。

“他人就是地狱”

作为 20 世纪哲学家和文学泰斗的萨特，他的名言和警句被人们到处引用，广为流传，其中最经典的一句话是：“他人就是地狱。”即使我还没有读过萨特的任何一部著作时，就熟知这句名言，据说是萨特从资本主义人与人之间尔虞我诈的社会现实中总结出来的。

后来，我翻阅了柳鸣九先生编选的《萨特研究》，才知道这句名言出自萨特的独幕剧《禁闭》(又译为《间隔》)，是主人公加尔森的一句台词。报社编辑加尔森是个胆小鬼，在反法西斯战争中临阵逃脱，于一个月前抓获后被处死。邮电局女职员伊内丝，是个心理变态的同性恋者，爱上了她的表嫂，被抛弃的表哥心灰意冷，致使惨遭车祸而亡。表嫂深受良心谴责，在一周前的深夜，趁伊内丝熟睡之时打开煤气，双方同归于尽。另一个主人公是贵妇人艾丝黛尔，生前是个荡妇，她不仅欺骗丈夫，另交新欢，还把自己和情夫生的私生女扔到湖中淹死，气得情夫开枪自杀，她也因肺炎而死。这三个恶人死后被投入地狱，囚于同一房间内，又玩起了恶心的三角恋爱。同性恋者伊内丝爱上了贵妇人艾丝黛尔，极力排斥诋毁加尔森；荡妇艾丝黛尔迷上了加尔森，讨厌伊内丝；而加尔森则想法接近伊内丝，拒绝艾丝黛尔。于是，这三个人互相妒忌，互相谩骂，甚至操刀相向。三个痛苦而罪恶的幽灵，“像旋转的木马似的，一个追逐一个，永远碰不到一块去”。你是我的陷阱，我也是你的陷阱。每个人都是另外两个人的仇敌，而且这种仇恨无法停止，还得永远继续下去……

此时此刻，男主人公加尔森似乎恍然大悟，大笑着说：“地狱原来是这个样，我万万没有想到……提起地狱，你们便会想到硫黄、火刑、烤人的铁条……啊，真是天大的笑话！何必用铁条呢，他人就是地狱。”

剧情在充满嘲讽的笑声中结束，但“他人就是地狱”这句台词激起了极大的反响：有人赞赏，有人指责，更多的人产生了误会。对此，萨特专门做了解释。他说：“‘他人就是地狱’这句话总是被人误解，人们以为我的意思是，我们与他人的关系时刻都坏透了，而且永远难以沟通。然而这根本不是我的本意，我要说的是，如果与他人的关系被扭曲了，被败坏了，那么他人只能是地狱。……其实，对于我们认识自己来说，他人是我们身上最为重要的因素……”

不管萨特本人如何解释，但从他的哲学本意来看，的确把他人当成了“地狱”。因为根据他的哲学，人的存在先于本质。人的本质是他自己选择的，这种选择不受任何条件限制，具有绝对的自由性。那么，这样一来，所有的人都绝对自由地选择自己的本质，其结果必然要相互发生碰撞，他人就必然成为自己自由选择的障碍，所以，“他人就是地狱”。

萨特和存在主义者们都想找到解脱的办法，但始终没有找到……这也是存在主义曾经辉煌一时，却不能产生持久影响力的根本原因。不过，这在当时法西斯占领下的法国有着相当的进步意义和警示作用，也因为如此，这句名言才能跨越时间和地域，流传至今。

拒绝“诺奖”

由于萨特在文学创作上的巨大成就，瑞典皇家科学院于 1964 年授予他诺贝尔文学奖。不少学者认为，萨特的文学成绩主要在戏剧上，他创作和改编的 11 个戏剧，特别是 8 个境遇剧，集中体现了他的创作思想，展示了他作为大师的文学才华。当然，在文学评论方面，萨特也有闪光之点。但真正让他在世界文坛上获得成功的还是他的小说，尤其是 1964 年由伽利玛出版社出版的《词语》（又一译名为《文字生涯》）。

这部回忆录式的小说虽然只写他在 12 岁以前的生活，但是具有非常独特的风格。他以一个著名哲学家和文学家的经验和文笔，回顾他的童年，寓深刻的哲理于天真的童趣之中，以儿童的眼光来观察成人的世界，使得这部自传体小说成为厚积薄发的经典之作。

萨特是抱着向文学告别的心情来写这本书的，他在十年之间反复修改，字斟句酌，写得非常慎重。正因为如此，这本回忆录受到了一致的好评，瑞典诺贝尔文学奖评选委员会为此提名萨特作为诺贝尔文学奖的候选人。

1964 年秋天，萨特从一位意大利哲学家的来信中，得知自己被提名为“诺奖”候选人的信息。他倾向于拒绝接受，得到了一些大学生的坚决支持。随后他从报上看到了自己被提名的消息，立即致信瑞典文学院表示谢绝。但对方并没理睬他的意见，仍然将该项奖评给了他。评奖的理由是：“他那思想丰富，充满自由气息和探求真理精神的作品已对我们的时代发生了深刻的影响。”

尽管评语如此热情洋溢，萨特仍不领情，他断然拒绝这颗多少人都梦寐以求的文学皇冠上的蓝宝石。他起草了一份声明，委托他在瑞典的出版商在斯德哥尔摩代为宣读，他在声明中说：“我拒绝荣誉称号，因为这会使人受到约束，而我一心只想做个自由人，一个作家应该真诚地做人。”

在瑞典皇家科学院颁发“诺奖”的历史上，有过拒领的记录，如苏联作家帕斯捷尔纳克，1958 年授予诺贝尔文学奖，但他未能接受，那是由于国内的政治压力所致，并非出于作家的本意，而萨特完全是个人的决定。他的拒绝“诺奖”不是一时的冲动，而是由于他一向谢绝来自官方的荣誉，正如他在 1945 年曾拒绝法国政府授予的荣誉团勋位一样。他认为介入现实的作家必须保持独立自主，不应该受到任何荣誉和授予某种荣誉的机构的影响。

当然，他的这一惊世骇俗之举也招来了种种非议：有人以为他太有钱了，不把这 2600 万法郎的奖金放在眼里；也有人猜测他早期的朋友，后来成为对手的加缪比他先获奖，所以他为这姗姗来迟的奖而恼火；还有人说是因为他心比天高，根本看不起这项奖，如此等等，不一而足。对于这些议论，萨特马上进行了反击。他说：“我有一个简单的回答，假如我们有一个如我希望的人民阵线的政府，如果由它来给我授奖，那我就会很高兴地接受。”

事实上，1961 年，萨特接受了来自意大利的“奥莫尼亚奖”，这是因为萨特为阿尔及利亚的独立不遗余力地奔忙了五年，做出了突出贡献而授予他的，具有不同寻常的政治意义，这次萨特一反常态，欣然前往米兰领了奖。而对于规格更高、奖金更厚的诺贝尔文学奖，萨特尖锐地指出，它已经成为给予西方作家和东方叛逆者的一种荣誉。他清楚地认识到，如果接受该奖，就会被资产阶级“回收”，因此他决不能为了这笔奖金而放弃原则，尽管他常常囊中羞涩。

联想起当今文坛评奖之风越刮越猛，传世之作越来越少的现状，实堪担忧。有些作家为了得到一顶 ×× 奖的桂冠煞费苦心，花样百出，让人大跌眼镜。相比之下，萨特的胸怀何等磊落，气节何等峭拔，品格又是何等高洁，怎能不让人对他肃然起敬呢！

最后的岁月

1980 年 3 月 20 日，身体每况愈下的萨特，又患了肺水肿住进了布鲁塞斯医院。肺部水肿刚愈，尿毒症又来作恶，他的膀胱已失去功能，不得不用导管排尿。波伏瓦明白萨特康复无望，哭着哀求医生：“请你答应我，不要让萨特知道他就要死了，不要让他精神不安，不要让他有任何痛苦！”医生表示，要挽救肾就得做一次大手术，但萨特的身体已无法承受任何手术了，只好让他安宁地死去……

萨特已处在半昏迷的状态中，他也感觉到自己的日子不多了，问守候在身旁的波伏瓦：“我们怎么安排葬礼的费用呢？”这位曾经拥有成百上千万稿酬的文学大师，一向不会存钱，为别人慷慨施舍，甚至连小费都要多给，临终前，却要为自己的住院费和丧葬费而发愁。

住院 20 天后，萨特已完全没有说话的力气了，他知道自己的大限就要到了，紧紧抓住波伏瓦的手，用尽全力对她说：“我非常爱你，我亲爱的海狸。”“海狸”是波伏瓦年轻时的昵称，他一直沿用至终。这句话，就是萨特清醒地说出的最后一句话，凝聚着他的全部感情。尽管萨特一生爱过不少女人，但波伏瓦仍是他的最爱。所有其他女人对他的爱都只能是“偶然的”，只有波伏瓦对他的爱才是永恒的。后来，波伏瓦在《告别的仪式》一书的末尾，极其动情地写道：“他的死把我们分开了，我的死不会使我们重聚。虽然如此，我们的生活能如此漫长地协调一致，就已经是很美满的了。”

4 月 15 日，萨特永远闭上了眼睛，平静地离开了他无限热爱的世界，享年 75 岁。噩耗传出，万民悲痛。顷刻间，悼念的电报如雪片般飞来。当时的法国总统德斯坦亲自向萨特遗体告别，并且发表谈话，表示“萨特的逝世，使我感到人类智慧的一盏明灯熄灭了”。4 月 19 日下午，在通向蒙巴纳斯公墓的路上，送葬队伍长达三公里，来自巴黎和法国乃至世界各地的送葬者有五万多人。这大约是继著名作家雨果逝世后最盛大的葬礼了，萨特受之无愧。

萨特的一生，是充满坎坷的一生，也是特立独行的一生。他在政治上实践了自己的哲学观点，又用文学介入了政治斗争，在哲学、戏剧、小说、评论等领域都取得了巨大的成功。

萨特的逝世，是 20 世纪法国文坛的巨大损失，没有人能够接替他留下的位置，产生像他那么大的影响。尽管人们对他私生活的指责不绝于耳，对他政治上的“无知”也颇有微词，但他以文学和哲学的卓著成就无可辩驳地证明：“二十世纪是萨特的世纪。”

萨特逝世六年后，波伏瓦也追随而去，她与萨特合葬在蒙巴纳斯公墓里，简朴的墓碑上，镌刻着他们的姓名和生卒年份。这对名义上没有结为夫妻的终身伴侣，死后永远融为一体了。

刊于《青海湖》2019 年第 7 期

澧河之醉

黎　筠

父亲每次从澧河对岸的树林里回来，脚步总是趔趔趄趄的，足底的声响时大时小；有时脚尖先着地，有时笃笃的声音则来自脚后跟，而有的时候，父亲的足下没有任何声息，他的双脚好像落在棉花垛而不是万丈深的大地上。这样，父亲走到家中，就在铺满鸡屎鸭屎的村道上划出许多零碎的弧线。父亲的后面是村里人嘲笑的目光，嘲笑中又夹带着几丝欢愉。流着鼻涕的娃儿们紧跟在父亲身后，嘻嘻哈哈地把他的醉态模仿得惟妙惟肖。

父亲回到家，习惯一个人坐在门槛上，静静地发呆。父亲的脸红红的，一直红到了耳根，红到了天边。

空气里荡漾着 50 度以上的酒气。

父亲的目光像一条射线，一直往前，穿过黄岗，穿过澧河，穿过一排排树木。

父亲面无表情地坐着，冬日几粒坚硬的鸟粪从他的脸上滚落，他一动不动，一尊雕塑似的，和长出炊烟的村庄，以及村庄数不清的柴垛融为一体。

父亲酒醒通常是在第二天上午。父亲用湿毛巾擦了几下脸，然后抄起水缸里的木瓢，舀起一勺甘洌的凉水，咕咕嘟嘟地咽了下去，接着打几个惊天动地的喷嚏，就开始了太阳下的劳作。

在家里，父亲有时会捏着一粒一粒的花生米，或者用大葱蘸酱就着喝酒。花生米也好，大葱蘸酱也好，毕竟父亲手中的酒杯发出了响声。

父亲言语寡少，只有春秋稼穑之事，才会和高邻们争论一番。无疑，父亲是寂寞的。父亲一个人在家喝酒，从没见他醉过。而他的身影一旦跳荡在渐渐暗淡的日光中，父亲就在酒花花中活跃起来。或许，家里那只寂静的酒杯只是一种铺垫，是一种引导；或者那只酒杯里面涌出了一条向前流动的河。父亲常常踏着这条河流，披着满身的晚霞，向几里外的奎叔家走去。

奎叔是父亲读私塾时的同窗，也是父亲的朋友。

四书五经里的每一个字，字与字的连接，句子与句子的韵律，父亲都烂熟于心。父亲背书时，声调里的那份轻盈自如，似燕子在春风中展翅。四书五经是父亲耕作的一块田地，他口含甘露脚踩云霞，在这块田地里俯首、弯腰、劳作、流汗。父亲的目光温良而执着，透过一个个方正的文字，他嗅到了里面令自己心跳的花香和风景，他的两片衣襟似乎也借着汉字的明光，开始舞动。

奎叔在父亲面对先生背书时，他的目光嗖地飞了出去，在澧河两岸的密林里寻找乐趣。而父亲最大的乐趣就是读书，他喜欢和笔画像头发丝一样的汉字打交道，他喜欢诗人哲人眼中的世界，他喜欢古人藏在文字里的一恨一爱，一颦一笑。

奎叔小时候书读得不好，但长大后是种树的行家，是村里的护林员。奎叔打了一辈子光棍，他把所有的柔情给了一片树林，整日和天上的飞鸟、地上的小虫做伴。澧河在奎叔的身边，静静地寂寞地流着，远处的山岗因着野兔的几声嘶鸣，更多了几分孤寂。

因家道败落，父亲不得不离开学堂。父亲13岁就俯伏在到处埋伏着荆棘和蒺藜的黄土地上，一生做了土地的囚徒。渐渐地父亲的心往下沉，沉得发出了闷闷的响声，父亲学会了沉默。

后来父亲又恋上了酒。

一滴滴的酒进到父亲肚里，在阳光下又化为金灿灿的汗水；汗水摔在地上，烘出了五谷，又化蝶般地成了一罐罐的酒。

酒也是有生命的。

酒的前身后世都带着生命的隐喻。酒参与了自然之物的轮回，春秋的轮回。我的父亲在酒花散香的黑夜里，感觉浑身闹嚷嚷的，他甚至怀疑，他的喉咙处和五脏六腑长出了一片片高粱。

或许高粱就是父亲的前世，父亲担负着普天下一棵棵高粱的使命，头撞着烈日，在澧河两岸行走。

正如几千年前，楚地的叶公在澧河两岸行走。

那天，父亲穿过澧河，穿过一大片树林，来到了奎叔家。天已经暗了大半，林子里的鸟们鸡们鸭们都有了倦容。

奎叔那里不是喧嚣的市廛，是鸡们鸟们鸭们用叫声勾画的父亲眼中的世外桃源。奎叔叼着烟背靠一棵修直的杨树，八字眉耸了耸，远远地就看到了提着酒瓶晃晃悠悠向他走来的父亲。这时，一只小鸡在奎叔的脚面上跳来跳去，而暮色正把一个树林合围。

不大一会儿，父亲和奎叔就在树林子里喝了起来，他们吧嗒吧嗒地嚼着只有盐味没有油腥味的青菜，有时也会有一盘炒鸡蛋，或者炸花生米佐酒。有没有鸡蛋、花生米，父亲和奎叔都会把一场酒喝得彻天透地，额头上的汗珠子扑嗒扑嗒往下掉，而脸上的红云亮如鸡冠。

一到奎叔这里，父亲的话便多了起来。有些口吃的父亲，断断续续的话像一群鸟似的飞得满地都是，前三皇后五帝的，父亲把古今中外一串串的人都硬生生地拉到了一场酒事里，他们规规矩矩地服从于父亲的赞扬抑或审判。在贫瘠的澧河两岸，只有父亲和奎叔读过“关关雎鸠”，读过“君子怀德，小人怀土”。

父亲也只喜欢和奎叔一起喝酒，两个人在一起时从不划拳，而是你一杯我一盏地喝。他们举杯时，衣袖上跳荡的风，吹拂着两张沧桑的脸。有时，父亲会留宿于树林，和奎叔以及天空的星月、林中的小鸟，共眠。

父亲的魂魄就这样，丢失在了澧河对岸的“桃花源”里。也许，只有奎叔喜欢听父亲醉酒时吟诵风雅，吟诵天地日月长河。

目视着脚步踉跄的父亲，仿佛被一滴滴的酒指认着，我看到了李白。可以这么说，就世界而论，李白为诗而来，杯中之物又为李白而来，酒是上苍赐给他的墨水。李白“斗酒诗百篇”，酒香墨香诗香于李白，从生命之初，溢到生命之终；从远古的洪荒，飘散到罗裙缠绕市井嘈杂的现代。有许多人赤着精神的脊梁要跋涉而过，李白是这条路上的向导，李白的诗是种植在这条路上的一颗跳荡的灵魂。

如果说高粱是父亲的前世，毋宁说酒是父亲的原乡。父亲刚刚离开学堂，像一棵歪扭的小草站立在土地上的时候，心酸酸的，眼泪也酸酸的。他稚嫩的手掌还握不牢一把锄头，一把铁锹。他握不住的时候，就蹲在土地上抽泣起来。

父亲牢牢地握住一件件农具，握住从土地上走过的风雨时，他已经是几个孩子的父亲了。而这时，土地也紧紧地握住了我的父亲，土地高耸的胸膛流出油，滋润了父亲的肢体和毛发。父亲吭哧吭哧地流完汗，就盖着一片阳光，伸展四肢躺在一片热土上，背诵着“人有不为也，而后可以有为……”父亲虽有口吃的毛病，但一背起书，仿佛天上的泉源为他裂开了，他的声音瀑布般往下流淌，没有任何拦阻，最后这挂瀑布汇入一条平静的河流，这条河流着流着，父亲就从一棵青涩的小草发育成坚实的高粱。这棵有着思想的高粱从酒榨前经过，恍惚间，父亲的指尖和发间已飞溅出醇香的酒花。

遗憾的是，父亲直到耄耋之年，也没有写出一篇文章，半行诗句。父亲在李白走过的那条路上羞愧了。李白的诗意在长安城恣肆飞扬，而父亲在澧河岸边只能用目光追逐《诗经》中的麋鹿，和《诗经》之外酒榨里迸射而出的高粱的魂灵。

父亲头上没有金冠，他只是大地上飘动的一粒微尘。然而，我的父亲就在黄昏的背景中，用一颗执着的心，震动了对面那只同样孤独着的酒杯。两只酒杯吟唱着，忽然间就得意忘形，父亲和奎叔喝着唱着，喝到最后，两个人竟软软地抱在了一起，他们说着含含糊糊的世上最隐秘的语言。

父亲紧缩的心舒展了，父亲的话随着李白酒醉凌乱的脚步洒落一地。

李白把天空中的月亮泡在酒杯里，父亲的情结在酒杯中溶化。

孤独难道是上天赠送的礼物？孤独不分贵贱，不分长幼，不分地域。而父亲和他的朋友用酒杯把它解决了。

大地留住了从天而降的雨水，留住了《诗经》里蹦蹦跳跳的麋鹿，也留住了出于尘土又归于尘土的世人。

谁能以风为使者，以火焰为仆役，将天倾覆在地？谁能有权掌管死期？

天边，一颗醉酒的小星星突然滑落，它用它滑行的轨迹，在瞬息之间完成了对生命的启示。

一个阴雨绵绵的傍晚，父亲的朋友奎叔没有任何挣扎，在床上双脚一收，安详地走了。尘土归于尘土，生命的灵上升于云间。

澧河边，父亲望了一眼对岸的那片树林，心口一痛，折身而回。

像出鞘的剑在空中长嚎一声，旋即入鞘。

一只鸟，在父亲的头顶飞来飞去，飞来飞去……

刊于 2019 年 6 月 10 日《文艺报》

与鸟为邻

刘亚荣

一

娘临终前那半个月，突然来了一大群灰鹊，从早到晚占据着我家周围的大榆树，还时不时地呀呀呀叫一阵儿，好烦人。娘瞅着那些隐在树上的灰鹊，说："这是接我来了。"那时候，娘已经站不起来了，想到屋外乘凉，就得我们抬进抬出的。我们姐弟视这些灰鹊为仇人，找来细长的木杆子，跑到门外的大树下，嘴里"嘟……嘟……"地吓唬它们，一边挥舞木杆轰赶。我惊惧，把心里的难过和苦痛，发泄到树枝上，那些无辜的榆树叶带着小枝子不断地跌下来。可是那些烦人的灰鹊，一会儿子又飞回来。娘阻止我们，别轰它们了，它们是报喜的。

办完娘的丧事，大树上再没有一只灰鹊。家里的山楂、杏、苹果、桃树无一例外都有一枝死去。这在我心里一直是一个痛，也是一个谜。灰鹊自哪里来，又去了哪里？难不成真的接娘去了西天？

我从小接受的是人死如灯灭的道理，但一些神话传说，还有姥姥一辈人对于神明的敬畏，让我无端地又有某种祈愿。就像埋葬娘的那天夜里，弟妹做的那个梦。弟妹对我们讲述的时候，仰着头，右手抬起来指着半空，说："娘穿着她的蓝花缎儿袍子，浮在那里。我明明知道娘没了。问娘，娘不是走了吗？娘说，我不放心，怕你们混不了（日子）。"

娘走了，那群灰鹊消失得无影无踪。这件怪事，发生在1993年7月份，农历六月二十八之前。

那时候，村子里有喜鹊。黑色的，或者说黑白相间的，也有灰色的，灰黑白相间，这都是和农民有生死之交的鸟，我认为这么说不为过。有人烟的地方，就有喜鹊，喜鹊的窝就在村子当中高高的大杨树上。上学路上，能看到喜鹊飞来飞去。冬季，万物凋零，大杨树只剩下向天的枝干，喜鹊的窝，是个大大的黑点，架在三根树枝上，在风里摇晃。小翠说，村里有个老人的水晶眼镜没了，后来在老鸹窝里发现了，老鸹窝里还有石头枕头呢。我因此喜欢上了一块椭圆形、略长的、光滑的石头，并固执地认为，是一只老鸹的枕头。我们村给喜鹊叫老鸹。也许是从山西洪洞县大槐树老鹳窝搬来，乡音未改。

洪洞县傍汾河，刘姓人家自山西搬来，数百年间，也是依河而居，这条河叫潴龙河。

数十年前，河岸是黑压压的杂树林，林子里住着数不清的鸟。

我记事的时候，潴龙河大堤上柳树居多，只在我们村村口处有一些大杨树。潴龙河两堤之间，空旷，满眼是望不断的黄土沙滩，只在废弃的老堤上，扭歪歪地长着三两棵柳树，柳树下汪着一坑水，幽深，泛着神秘的气息，有时候与流淌的潴龙河相连，有时候是孤立的。爹记忆中的一把抓不透的鸟粪，早跑到了爪哇国，那歪扭扭的柳树上，倒是常有浑身乌黑的乌鸦站着，有点瘆人。爹娘总嘱咐不要到老堤那边去，有淹死鬼。那地方也就成了我的禁区。按现在的审美，老堤上那几棵树是可以入画的，躯干弯曲，有隆起，树枝横陈在河面，有的树枝垂下来，却还不甘地朝上。远看，树的轮廓浓墨浸染的一样，三两只乌鸦站在树枝，有些沧桑的况味。这些浑身乌黑的乌鸦，乡亲们也叫老鸹。这是一种不受人待见的鸟，人们说它负责报丧。黑白相间和灰白黑相间的老鸹是报喜的鸟。

不管报喜与报丧，老鸹都让人敬、畏，人们吃麻雀，甚至有人吃过老鼠肉，但没人敢打老鸹的主意，也许大家都认为老鸹通灵。村里有个缺心眼的人逮老鸹吃，他说，老鸹都是红肉，是酸的。没有一个人证明傻子的话，任他在村头街尾说老鸹肉的好与歹。

乡亲们给灰鹊叫“麻野鹊（音 qiao）”，“麻野鹊，尾（音 yi）巴长，娶了媳妇忘了娘，把娘背到墙外边，把媳妇儿背到坑头上……”这大概是给喜鹊的黑锅。古书记载“羊羔跪乳，乌鸦反哺”，虽有教化的作用，但羊羔跪乳是事实。想来，乌鸦反哺一事儿也不虚。

母亲的忌日在七夕前，每次去上坟，先入目的，是那几棵枝叶繁茂的白杨树，白杨树上住着喜鹊。娘有喜鹊做伴。我来，喜鹊喳喳，我走，喜鹊喳喳。

二

那时候的麻雀，在大人眼里可真烦人。

草人日夜立在谷子地里也不管事，也许是草人的草帽太过破旧，也许草人手里的小旗帜在上风头没效果，反正谷子成熟的秘密一旦被麻雀侦破，这块地就成了麻雀们的餐厅。它们吃饱了，还站在谷穗上叽叽喳喳地示威。乡亲们喊它们“大老家”，既有愤恨，又有怜爱。在传统的农耕时代，麻雀是在人嘴里夺粮啊，那时候本就糠菜半年粮。麻雀也没少成为人们的菜。我小时候，姥爷家有一架梯子，仅有一人宽，登间跨度很大，但是搬运方便，我就指挥着妹妹弟弟抬着小梯子到东间屋，这间屋子没有门，放柴火，是麻雀的家。他俩扶着梯子，我上去掏麻雀蛋。这可都是男孩子干的事儿，大人总是训斥我们说，女孩子不能掏鸟窝，摸小鸟手心出汗，拿不住针，做不了针线活，找不到婆家。男同学们描述掏鸟窝太精彩了，尤其他们纸壳里托着的没长毛的小麻雀，黄黄的喙，圆圆的亮亮的眼睛，真可爱。可是他们掏来的小麻雀活不过一晚上。我打赌要自己养一只。我掏来了两枚麻雀蛋，偷偷煮着吃了，第二天又掏了一枚，第三天再也没有麻雀蛋，那对麻雀站在院子里的榆树枝上，不停地“骂人”。那个窝空了很久。

搬到新家的一个暑天，明朗的天突然像安上了黑棚子，黑主宰了这个午后，闪电和雷接踵而来，雨下得没天没地的。一家人不用去耪地，狂风暴雨，也停电了，屋子里很凉快，呼呼地在凉席上睡午觉。雨住了，弟弟的朋友蹚着水，大呼小叫地进了院子："快来帮我！拿筛子！快来帮我！"他提溜着鼓鼓囊囊的裤子，两条裤腿里似有东西在蠕动。原来是两裤腿的麻雀，一只只被雨水浇得净湿，翅膀沉重地耷拉着。它们平时宿在邻居家屋后的大杨树上，这场暴雨，把它们从树杈上拍下来，成为我家的盘中餐。娘他们收拾麻雀的时候，我借口走出了家门。天黑回来时，还没进家门就闻到了浓郁的肉香味。娘没舍得油炸，清炖的，家人和弟弟朋友都说闻着好闻，吃着不香，太瘦。我没吃，我想起了老院子那对失去蛋的麻雀。

麻雀内脏被狗扒拉着，我看着难受又恶心。

从读中学到在乡医院上班，在孤寂的上班路上，春夏秋冬，都有麻雀陪伴着我。

那个冬季，我穿着军绿大衣，围着大红的围巾，骑着自行车走在潴龙河千里堤上。北风善于删繁就简，大堤上的柳树就像一幅简笔画，疏朗，遒劲。有雾的清晨，大柳树垂下的枝条挂满白色的霜，就连堤上的小草，也镀着一层银霜，我们这里的人叫霜雪。我的眼睫毛和头发帘上，也结出了洁白的霜。四周空寂，抬头是弯弯曲曲的大堤，情景虽美，却仿佛没有尽头。是大树上的麻雀让我心有暖意，它们本来在枝头嬉戏，我在树下经过，它们纷纷叫着，飞离，到别的树上栖息，树上的霜雪一下落下来，像一层薄薄的月光，那棵树圆圆的形状，也印在堤上。

我眼里的麻雀是可爱的，它们也是一座村庄的灵魂，有麻雀、喜鹊的村庄还活着，乡村是庄稼人的领地，也是鸟们的家园。

最重要的是，我懂得了每一个生命都负有特殊的使命。

三

小时候看过电影《三凤求凰》，剧情现在看来不新鲜，但有情人终成眷属还是让年轻的我憧憬。并对凤、凰有了更为清晰的感知，凤凰从被褥布面上丰满起来。也让我知道凤为雄，凰为雌。此前，我一直以为凤凰和皇后嫔妃们一样是女性。庄子说凤凰“非梧桐不止，非练实不食，非醴泉不饮”。凤凰非凡间之物，百鸟之王也。

我们村的凤凰，不是鸟中王。

凤凰是个开理发店的女子，小时候和我们一起掏过麻雀蛋。凤凰是独生女，她爹是集上的剃头匠，她家的日子，比之平常的种田人家，要从容滋润一些，加上是老来得女，凤凰更为娇贵。凤凰娘看凤凰很紧，她跟着我们玩，她娘放心。

听人说凤凰是抱养的孩子。怪不得她长得不像她爹娘，她爹细眉细眼，戴一顶帽子，衣服上下都平展展的，说话不疾不徐，文弱弱一个人。她娘像20世纪的人，说话，做事，一副老派。或许是身体不太好，整天大门不出二门不迈的。我没去过凤凰家，我们和凤凰一起在她家后邻住过。几个花样年华的女孩子凑在一起，昏暗的煤油灯也有了异样的光辉。

凤凰是个早熟的孩子，我还是个瘦弱的黑女孩儿时，她就像一朵盛开的牡丹花，俏得很，粉白的脸庞，眼睛黑漆一样，她的高鼻梁也是我喜欢的，身材像精心雕琢的，多一分胖，少一分则瘦。哦，应该说她和我们在一起，就像叽叽喳喳的鸡群里站着一只美丽的凤凰。我们读初中时，收音机里整天整天广播，××烹饪学校，××理发学校，××缝纫学校招生。高考是条独木桥，走上这桥的，像成龙的鲤鱼。孟尝街上，没几个靠高考改变命运的，学习不好，家长也乐得家里少个吃闲饭、多个编簸箕的人。在这拨人里，我和凤凰是两个特例。

我读初中，偏科厉害，数理化几乎一窍不通，关在教室中的我，羡慕门外泡桐树上的小鸟，英语课，我像麻雀飞到蒸笼上。一到语文课，我就如鱼得水，尤其作文课，是我的最爱。只有这时，我觉得自己的脸才有色彩和荣光。

当然，我最喜欢课外的时光。大堤上歪歪扭扭的脚印，也是欢快的。

初中毕业，我和凤凰就走上了不同的方向。我进县城上卫生培训班，她进省城，学理发。其实她蛮可以跟着她父亲学的，但是，她被收音机和电视里五彩缤纷的世界所吸引，妈妈的眼泪已经留不住她。她的理由，也蛮充分的。爹的手艺虽好，但是只能给老年人理个板寸或者光头，给年轻人弄个三七分啥的。现在是女孩子们做头发，大波浪、玉米烫，这爹都干不来。要想在村子里立足，不学新手艺不行。况且，村里已经有从省城学回来的人，把家里的生意夺过去不少。

一切仿佛都顺理成章。

凤凰在省城的遭遇，我不知道。她身上的衣服，是我喜欢的。我记得那时候时兴乔其纱，凤凰丰满有致的身体被装在绿色乔其纱衣服里，灰色裤子裤线笔直，脚上蹬着红棕色皮鞋，乍看上去，十足的城里人回乡。她说话也洋气了，孟尝话的语音淡了。我看看自己，更觉得自己像个丑小鸭。凤凰的见识，是我没有的，这省城真是好地方，凤凰在那儿长上了美丽的翅膀。

我曾经很自卑，不仅因为学习不好，我的头发是自来卷，这让我吃够苦头。那时候，潴龙河畔的风沙太大了，每到春季，走在大堤上，本来还天蓝地阔万里无云的样子，眼看着北方的河道上乌云压过来，风裹着沙子呼啸而来，立刻让人找不到方向，我的头发也像别人一样钻满沙子。拳曲的头发，像疯子一样爹叉着。为这事儿，凤凰笑话过我好几次。从省城回来，凤凰对我头发的态度，来了个三百六十度大转弯，突然兴致盎然，她把我的发辫散开，用手拨弄，旋转，弄成披肩发，还在刘海上扎了红色的绸带，并在靠左挽起一个漂亮的蝴蝶结。她眼里满是喜欢，像欣赏什么。我成了她的试验品，直到我逃离。

不记得，从什么时候就疏远了。也许是村子里有了流言，也许是凤凰紧包臀部阔大裤脚的大喇叭裤，让我接受不了，她的眼神没有了以往的纯真和羞涩。

到她家理发的小伙子们排着队，老远就能听到凤凰放肆的大笑。半夜，凤凰的理发店门外经常有鸟叫，有几个好事者，用几把手电同时照过去，是一个惊慌的人影。风起于青蘋之末。

凤凰先是未婚先孕，孩子父亲不知道是谁。凤凰腆着大肚子到县里做了引产。凤凰的娘，突然过世了。人们说起凤凰，撇撇嘴，摇摇头。

众人都以为，凤凰自此会收敛一些。没想到，过了几年，她嫁了一个大她二十岁的老男人，而这个人此前有家室儿女。在乡里工作，经常到村里下乡，不会口技，却能学来惟妙惟肖的鸟叫。

来省城二十余年，我常常想，我站过的这个街头，也许凤凰曾经光鲜地矗立过。振三街的那片高层，就是某某理发学校的旧址。

思绪总是被穿越于悬铃木上的鸟的叫声打断，凤凰啊凤凰。

而我，两地分居多年，我羡慕鸳鸯鸟。

四

潴龙河有水的时候，有成对的野鸭子小船一样漾在水面。看到人靠前，不是一个猛子扎下去，就是游得远远的。有一种麻雀大小的鸟，腿长，叫声清脆，在沙滩上印下很多袖珍竹叶般的脚印。

我吃过一种鸟，鹤般大小，白色，黑腿，它的嘴很奇特，不是尖的，嘴前端上下形成一个合在一起的小铲子。早晨，姥爷去沙滩放羊抱它回来的时候，它已经站不起来，摸上去，浑身是烫的。姥爷说，这只鸟发烧呢。我张罗着让姥姥端水来，给这只病鸟喝水，让姥爷拿来小米，可是水顺着鸟的小铲子嘴流出来。我上学去的时候，嘱咐姥姥看好它。

我放学回来，它已经变成了一锅扑鼻香的丸子，白色的羽毛湿漉漉地堆在猪圈旁。表弟说，他给鸟吃羊粪蛋也不管事，我气得要打他。很多年后，我才知道，这鸟叫白琵鹭，黑琵鹭在南方，白琵鹭南北都有。我认为的铲子嘴，是高雅的琵琶形。突然就想起一个词，焚琴煮鹤。也许那时候，这只鸟就是一个暗示。

河水虽然断流，还有大雁光临。它的人字形阵孩子们都熟悉，但没有人再打大雁的主意，大雁很稀罕了，我们去揪麦苗，偶尔能看到麦子畦里冻得硬邦邦的大雁粪。爹小的时候，大雁还多，白洋淀的人在初冬来打大雁。两人推着只能乘两人的小船，泅渡在带冰碴的河水里，这些打大雁的人，也真不易。

我曾走进凤凰之城朝阳，这是世界上第一只鸟飞起的地方。

辽金时代，有一件著名的玉雕，叫“海东青啄大雁”。身体相对庞大的大雁，被个子不大的海东青控制着。这是游牧文明的一个象征。在边远的西南，侗族人至今还有饲养鹞鹰的习惯，捕来幼鸟，有的养着玩，有的驯化为斗鸟，伤重者用盐辣椒姜腌制为侗家特色菜腌鸟。

古人经过一个漫长的茹毛饮血的时代。

生长在平原，多年的城市生活，让我对鸟知之甚少，也有距离。燕子、麻雀、喜鹊、鹰、野鸭、戴胜、啄木鸟、鸬鹚、大雁，还有那只被我们吃掉的白琵鹭，是我脑海永不褪色的鸟图谱。

翻飞的燕子，梨树上欢叫的灰鹊，和黄荃互为成全，《写生珍禽图》是工笔花鸟的传世精品。古画中的鸟，因画家技法而异，各具神态，黄荃的“富贵”，徐熙的“野逸”，朱耷的《孤禽图》代表了他的心迹。马承源先生认为，“商代青铜器鸱鸮的图像，应看作是表示勇武的战神而赋予辟兵灾的魅力”。鸮形器因此成为商代青铜器和玉器的代表款式之一。上溯到新石器时代，河姆渡遗址有著名的双鸟朝阳纹象牙雕碟形器，《鹳鱼石斧图》是庙底沟彩陶缸的代表。宋张载云：“民吾同胞，物吾与也。”与万物同悲喜，是古人的境界，今人不如故人矣。

我至今没见过翠鸟，只是在小学课本领略过它的风采。至于白鹭，它随着水库泄洪来过我的家乡，成为让潴龙河两岸人爱不够的生灵。水一泻而过，美丽的白鹭也成了传说，它们证明着一条河的轮回。

家乡的鸟由多变少，河由桅杆风帆林立的航道，到干涸，成为高产作物麻山药的主产地。从爹记忆里的大树林子和数不清的鸟，到我眼前寥寥可数的几种鸟，新村旧村变迁，老堤新堤交替。庞大的鸟家族，在新农村里日渐稀疏。

我认识了爱鸟人田先生，他熟悉每一种鸟的叫声，鸟像他的孩子，鹌鸰、赤麻鸭、黑鹳、北极燕鸥……它们可爱的身姿，总在不经意间，被田先生捕捉到镜头里。这些都是在石家庄西北平山地界栖息的候鸟。平山处在太行深处，有冶河等河流流淌，河水润泽着两岸的土地，也用小鱼虾、水虱子以及各种水生小昆虫滋养着鸟们。黑鹳，可真美。红嘴，修长的红腿，黝黑的羽毛，在石头和浅水静立的姿态，淡定，像绅士，远山如黛，薄雾翻腾，有汽车甲壳虫般在山间公路上驶过。我也爱上了鸟，并与田先生约定，等春暖花开，一起去冶河看鸟。

刊于《山西文学》2019年第4期

流动的社区

徐枝扬

1

在社区办理入职后，可能是实习的缘故，分配给我的工作内容并不固定。事务是琐碎的，我常穿插在各个部门之中，在工会办公室值晚班，给慈善基金会办公室写文案，或者，在人手紧缺时，帮忙社工机构设计举办活动，以及应对各种突发事件。

比如此刻，我遇到一个棘手的难题，是一群突如其来的闯入者，他们兴师动众的架势，摆明了来者不善。在领头人的带领下，二楼的玻璃门被粗暴地甩开，弹起，发出哐当一声巨响。然后办公室的每个人便看到，一团快速移动的黑云，直奔我们而来。因为距离玻璃门最近，首当其冲的是我。领头人在我跟前停住，居高临下地冲我发问：你们这里是劳动调解室？我有些心慌，刚来社区，我还是第一次遇到这种情景。他那敌视的眼神让我的脸开始发烫，我能预料到，如果肯定他们的疑问，我将无法承受他们接下来的震怒。庆幸的是，负责调解的不是我，我相当艰难地伸出手，指向隔壁办公间。空气里凝聚的气势为之一滞，他们转身朝向另一个方向。脸上的灼热感这才得以减弱，我感到一阵如释重负。

隔壁的同事老陈专门负责劳动纠纷问题，与我不同，应付这种阵仗，他显得驾轻就熟。这群气势汹汹的闯入者还没上前，他就已经靠在桌前，环抱着双手，先声夺人：你们找谁？有什么事情？这完全出乎了闯入者的预料，他们面面相觑了一下，气势上反而输了半截。

他们原来是企业的劳工，在工作期间因操作机械意外负伤，赔偿后续上企业方草草了之，所以来这里讨个说法。老张打太极，表示自己做不了主，只能尽量让企业方和劳工双方座谈解决，时间和地点需要交涉协调。他的态度略显敷衍，劳工们似乎并不满意这个有推诿之嫌的解决方案。老张没有与他们过多纠缠，他说，那你们就走劳动诉讼程序，在法庭上解决吧。

在这个时候，我才注意到，闯入者当中，一个年轻小伙的胳膊和腰腹上，缠着一层又一层的绷带。他看起来很小，刚刚成年的年纪，紧抿着嘴唇，像一个被欺负过的小孩。这群闯入者从起初进来，就一直将他隐蔽地包围保护在中间，以至于让人忽视掉他的存在。他们看起来并不甘心，但也别无他法，于是集体沉默下来，垂头丧气的样子。争执了一会儿，事情依然没有谈拢，在离开的过程中，我守在一旁，目送他们离开。不经意间，领头人瞟了我一眼。我想我可能看错了，他仿佛换了个人，完全不是刚才我所见的那副故露凶狠、野蛮慑人的模样，摘掉伪装后，我从他的脸上读到的，是愤怒、委屈，甚至还有一丝苍凉。

我的这位同事，在社区算是老资历。在我初来乍到，抱怨实习工资太低时，他曾经拍胸脯打包票，要帮我向上级单位进行申诉。虽然事后证明那只是打趣的玩笑，当不得真。在之后的共事期间，我慢慢发现，他连自己都是泥菩萨自身难保，身份颠倒过来，他反而常向我们吐苦水，抱怨自己在夹缝中生存，左右为难——干的全都是吃力不讨好的活儿，不仅讨劳工的一方嫌，企业方有时候也根本不买他的账。此外，由于没有正式编制，对自己过低的薪酬待遇，他也大为不满。为此佐证的是，我看到他在多方打听其他单位的招聘信息。

对于事务庞杂的社区服务中心来说，这次事件并没有产生什么余波，社区隔三岔五举办活动，人来人往纷纷扬扬，这闹腾的事并不鲜见。岗位的同事也在流动，我前脚刚到没几天，负责带我的前辈就在办理离职手续，去亲戚开的矿场做工程师，那是份肥差。很不可思议的，在实习半个月后，我成了这个岗位上接收新实习生的老人。

月末的晚上，开完季度会议后，企业方的代表做东，宴请工会人员吃饭。作为实习生，我陪居末席。领导们与企业的工会代表相谈甚欢，圆润的场面话经推杯换盏在宴席上蔓延开来。有年轻女人在场的酒席，是男人的调味剂，而我的女同事们，通常也豁得下身段，即使被开一些露骨的玩笑，也只是露出半尴尬半礼貌的微笑，识趣一点的，仗着美貌撒撒娇套套关系。

领导们主导着话语权，话题一经铺开，心思灵泛的人见缝插针妙语连珠，同时还不忘教导游离在酒局之外的我，作为一个年轻人，要主动开放，不然很难混得开。紧随着指示，我跟着闷下职场第一口白酒，酒劲醇厚，辛辣味顿时钻进鼻子里，胃上下翻腾。接下来是轮番敬酒的第二三四五六杯。酒过三巡，场面渐入佳境，他们谈到接下来的活动，商讨更多的深入合作。我在一旁发呆，莫名其妙地，想到那群闯入者，那位负伤的年轻人，不知道他们如何，这原本不在我的事务之内，可我偏偏就想到了他。

没容我多想，我的主管领导提示我举起酒杯，酒杯稍稍倾斜，洒了点酒，不巧的还有溅落在桌上的油渍，以肉眼可见的速度，酒和油渍迅速混合，交融在一起。借助着绵绵的酒劲，那个如鲠在喉的年轻人就这样被不动声色地消融掉了。鲍翅海鲜堪称美味，一个前辈吧嗒着嘴对我说，赶紧吃，比起菜谱单调的食堂，这是难得饱餐一顿的好机会。我赔笑了起来，是啊，于饥肠辘辘的我而言，今天真是有福了。

2

慈善基金会的办公室坐落在社区服务中心二楼的最里边，外面摆放着宣传的 X 展架。基金会的会徽设计十分简洁，零零散散的小爱心，汇聚拼凑成一个完整的大爱心。我认识慈善基金会的阳理事，是给环卫工人夏日送凉茶的活动，他忙前忙后，维持秩序，忙得满头大汗。但实际上，与二楼其他业务繁忙的部门不同，基金会的办公室少有人问津。阳理事咧嘴笑称，这是好事，说明天下太平，没有人受难。

刚说这话没过几天，就有人敲基金会办公室的门，与上次不同，这次的来访者倒没有什么气势，她体形瘦弱，走路都有些摇摇晃晃，仿佛随时都可能栽倒在地。我赶忙上前扶她，第一感觉是很轻，轻如羽毛，在搀扶的过程中，小臂的骨头有些硌人。她银白的头发短垂到耳朵，脸上纹路堆垒成一道道沟沟壑壑，眉角始终是皱着的，成一个廾字，凸显出生活的坎坷。

婆婆挨着椅子坐下，脸上没有什么气色。但还没来得及歇息片刻，她就反握住我的手，像抓住救命稻草一般：领导，你们这里是做慈善的吧，帮帮我们吧。

这让我微微有些羞赧，我并不是她口中大权在握的领导，对她的要求，我并不能提供有效的保证，只能先请她坐下来，并叫来负责人阳理事。她是为自己出事故的儿子前来寻求救济的，从另一个区，坐地铁转公交四处问路，走了两小时，才找到这里。她打开布包，里面装满一大沓资料，有法院判决书、交警责任鉴定单，还有医学诊断书，上面写满了各种看不懂的专业术语。

然后她就开始在两个素昧平生的人面前详细地讲述自己的苦难：去年年初发生在她儿子身上的车祸，是一切悲剧的开始。近 200 万的赔偿金重压下，肇事者逃逸。车祸之后酿成的灾难大过车祸本身，她的儿子全身瘫痪，形同植物人，每天靠输液维持生命。她的儿媳妇，某一天终于承受不住这巨大的压力，带着孩子远走娘家，不告而别。讲到悲情处，我们忙给垂泪不止的她递纸巾。

我曾经无数次听到长辈叨唠平安健康的重要性和天灾人祸的可怕之处，这些在他们口中预演的悲剧，曾让我烦不胜烦。从时空上来说，这场发生在陌生人身上的车祸离我依然遥远，在此之前我不知情，它便不存在。可当它以富有冲击力的图片呈现，一条条罗列出来摆在我面前，从生理上，我感到不适。

为了巨额欠款，不仅是这个社区，她找遍了相邻范围内所有的NPO（非营利组织）碰运气，出于各种原因，等来的大多是失望。碍于漫长的申请流程，一些机构迟迟没有回复，她不死心，就一个个打电话追问。

这个故事让我的胸有些发闷，时不时有一股爆发的力量驱使我想跑出办公室。事情交代清楚，材料复印完毕后，老人走了，我大口呼出胸口积压的浊气，仿佛有一滴水从我后脑勺往下滑落，凉意从颈部开始，逐步泛滥到我的脊背，然后深入尾椎。虽然是盛夏，我的躯干在发冷。

我知道，即便这次申请成功，社区的慈善基金会最多只能拨款2000—5000元不等的专项基金，这远远填不满上百万的窟窿。或许她之后的出路，更多的，是等待网络众筹上有缘人的捐助。按阳理事的话说，我们只能帮到这了。

3

社区的管辖范围内有三个工业园区，大大小小上百家企业，流动人口众多，滋生的异于常人者，有些闻所未闻，像从电影情节里走出来的人，有神经兮兮地幻想世界是个监狱的受迫害妄想症、洗到手脱皮流血还要继续洗手的工厂员工、早恋到和男友私奔的深二代，还有需要定时吃药控制狂躁的精神病患者。他们从不同的园区来，背负着未待解决的过去。通过预约，由唐老师给他们提供健康治疗服务。

唐老师是社区的心理咨询老师，我参观过她的心理治疗室，里面摆布着诸多玩具，有卡通人物、飞机火车的模型、珊瑚贝壳鹅卵石等等。沙盘游戏，是心理咨询师创造出的新世界，玩具的挑选、摆放，都暗藏玄机，每一个主观行为，都可以通过“心象”来解释缘由。对于我这个外行来说，这当然非常玄奥。治疗时间内，拉紧窗帘，对外全封闭，几个小时过后，治疗效果显著的，从一开始的敌视、沉默，到逐步敞开心怀交流。有些患者，常上楼和她聊近况，谈自己的改变，熟络得像相交多年的老友。

异于常人者毕竟是少数，为了做好心理预防，社区定期邀请唐老师办讲座，多是“为爱情把关，给婚姻疗伤”“隔代教育对孩子的影响”“心理健康与婚恋观”等课程，分别针对社区的妇女、老年人和企业员工。这些课程，上级工会事先打好招呼，企业方派人配合工作。每到一处会议室，我拉开红色的长横幅，贴在高墙上。摆好造型，镜头对焦，照相机发出响亮的咔嚓一声。横幅底下，唐老师站在中心位置，周围围拥着笑容灿烂的厂房的员工。这些行为有些刻意做作，但是必备的步骤，是年终绩效考核不可缺少的证明材料。唐老师向我强调，不拍摄记录，没有人知道你做了多少实事。

我们到访过一家制作手机饰品的工厂，都是些年轻稚嫩的面孔，在车间的机床作业，上级主管进去吩咐，她们便排好队，一脸懵懂地走出车间。放下手中熟悉的模具和机械，面对陌生的人和抓拍她们的镜头，她们显得惊慌，多半是害羞地转过身，或用双手交叉着挡住正脸。会议室的讲课还没有开始，见她们在无所事事地发呆，我便上前攀谈，得知她们大多来自偏远地区，来深圳的理由也千奇百怪，有老乡介绍，家里供养不起辍学出来，甚至还有离家出走的。来到深圳后，她们迅速褪去乡土的气息，手染鲜艳的指甲，用最新款的 iPhone 手机，我问她们将来的打算，普遍的理想是留在深圳。一个女孩认真地说，我要交一个本地的有钱的男朋友，这引起了好一阵哄笑。填写签到表时，几个聊得很开心的小姑娘嬉笑着问我，可以写英文名吗？我把名单收集好一瞧，上面填满了歪歪扭扭的英文名，有 Lily、Lucy、Andy，还有拼写错误的 Lawence。

讲课期间穿插好几个视频，有马云、王健林的演讲，这些富豪功成名就后说着调侃的俏皮话；有励志人物的宣传片，激昂的背景音乐从音响传出，在每个人的耳边震荡。煽动性的旁白称，只要努力奋斗，你也能发家致富，每一个人都能创造出价值，实现人生梦想。视频的最后，在万众期待中，残障人士举起远超他体形的杠铃，他赢得比赛胜利，彩带飘落，欢呼声雷动。屋子里很暗，随着画面的切换，不同的色彩和光影在每个人的脸上流动，年轻人的眼睛发亮起来，照着他们手中的 iPhone 手机熠熠生辉。

4

六点钟下班，天将将黑，对于社区的大部分工人，这是一天的结束，对于深圳这个都市，夜生活才刚刚开始。我和一个同学合租在街道的另一个社区，往租房的方向需要搭乘两路班车。车厢里的人重叠交错，运气好一些，到七点，我会挤上一辆公交车。从寸步难移的中厢挤上车，人与人的距离只够弯曲伸展上肢，把一大把深圳通从车尾有序传递到车头刷卡。昏暗的车厢没有人说话，但每个人都具备足够的默契，陆陆续续地，一个接一个又给传回来。四十分钟的路途，我脑袋倚靠在扶手上，在每一个急刹车、启动的交替间，守住着自己脚下的方寸之地。站台愈发靠近，人们到达下车，属于我的那一站还有很久很久。偶尔我睁开眼睛，人们都低着头，屏幕的幽光下，照出一张张疲惫发黄的脸。

车窗外的夜景是单一的，尤其当你看过太多遍。在无数个时刻，我长久地凝视黑夜，黑夜只是漆黑一片，没有亮光，连星子都没有。我曾很有感触地和人说过，黑夜会勾起人心中见不得光的欲望，也同样掩饰了人内心的脆弱。当初说话的人，啃着包子、就着豆浆对我强调，不管有多难，她将在深圳继续奋斗下去。不知道这话，她是对我说的还是对自己说的，我看着城市上空，一大团一大团隐忍挣扎的野心藏在黑云里，无所归属地飘来飘去。

公车穿过不同的街道，万科第五园、华为基地、华为单身公寓、天安云谷，从静谧的住宅区到科技园区，在几条低凹不平的路段颠簸不止。有些地方的光暗了，婆娑的树影显得影影绰绰，阴影处更是张牙舞爪。途经的泛着粼光的高楼，对于大部分人来说，只是一个个无灵魂的表象，它可以轻易地唤起人的目光，却不足以让人长久地动情。城市的夜空，最明亮的不是星星，而是莹莹的灯火。灯火通明处，在黑暗里格外耀眼，像一个光标，吸引无数飞虫争先恐后飞过去。飞虫为什么对光情有独钟呢？冷冰冰的科学解释宛若真理：趋光性是长期自然选择的结果。

如果你在百科词条搜索社区的含义，里面有这样一句，社区是宏观社会的缩影。我实习的社区，位居深圳龙岗区，里面绝大部分的组成者，他们像水一样流动，普遍为更好的生活背井离乡，来深务工。下一个天亮，他们可能卷好铺盖，奔波在另一个社区，另一个工厂干活。眼前的生活不易，考虑更久远的成家立业是沉痛和艰巨的。劳动调节室的老唐，与劳工们交涉的那一幕仍历历在目，他仍在忙前忙后为自己的编制发愁，更心酸的是，已过三十岁还没有家室。慈善基金会的阳理事，租住在一栋将拆迁的楼房里，他们都是外地人，不是家境富裕、每天开着大奔来上班打卡的本地年轻人。阳理事的老婆分娩将近，是女儿。这件喜事同时也带来烦恼，他和我戏称，现在开销更大了，一块钱要掰成两半用，而婆婆要从广西来带孩子，自己租的房子只是一室一厅，准备给她在同层另租一个单间，这对于他的薪资水平是更大的负担。

在社区服务中心实习的三个月，我只服务过很小一部分人，更大一部分群体，他们是隐形的、无名的。只有在统计报表的数字中，才能察觉到他们的存在。而我接待过的服务对象们，那位佝偻着行路的婆婆、腰腹缠绕着层层绷带的年轻人，他们有没有在网上筹集募捐，有没有打官司，这些后续我都无权跟进。手机饰品工厂的 Lily、Lucy、Andy，还有让人印象深刻的 Lawence，听了那堂励志的讲座后，她们的人生会发生一丁点的改变吗？至少当天晚上，她们会抱着对未来的希望入眠吗？我不知道。

隔壁的室友传来响亮的鼾声，那鼾声甜美而悠长。夜深了。

刊于《广西文学·散文新观察》2019 年第 4 期

怎样握住一颗眼泪

李青松

我跟海子接触有四年时间。因之诗社和诗。

1983 年 9 月，我入政法时，海子也入政法。不过，我当时的身份是学生，海子的身份是教工。我说的政法，是指北京市海淀区学院路 41 号——中国政法大学（当时门口校牌子上的字是彭真的手书，现在改为邓小平手书了。入校时校长是刘复之，毕业时校长是邹瑜）。那一年，中国政法大学是在全国范围内首届招生（之前为北京政法学院），一下子就从内蒙古招来 50 人。我是其中之一。哐当哐当！哐当哐当！我是坐了一夜的草原列车进京的。当我背着行李，拎着网袋（里面装着洗脸盆和牙具），步履兴奋地被人流裹挟着，走出布满煤尘、异味弥漫的西直门火车站出站口的时候，天就亮了。

我知道，草原和沙地离我远去，新的一页已经掀开。

政法大学南校门之外就是小月河。河里蛙鸣喧嚣，河岸荒草连天。我当时想，若是把老家的羊赶来，一定会个个吃得膘肥体壮。城里的草，就那么白白长着，派不上用场，真是可惜了。

我本来第一志愿报的是北京广播学院，偏偏没被录取，却被第二志愿的中国政法大学录取了。当时，政法大学还没有分系分专业，可见当时办学之仓促（好像入学半年后才分系分专业）。

入校后给校刊投稿，就认识了校刊编辑吴霖和海子。吴霖有两个笔名，也叫江南，也叫陈默，毕业于华东政法学院。海子原名查海生，毕业于北京大学。

吴霖和海子在一个办公室，面对面办公。我当时在校刊发表的第一首诗是《老教授的书屋》，责任编辑是吴霖。虽说中国政法大学是以培养法官、检察官和律师为主的政法高等院校，但法律课堂上的许多大学生仍然做着文学梦。这是一种悖谬——法律的功能是使每个人都成为理性的人；而文学的功能是使每个人成为感性的人。

法律是收敛和约束情感，使看不见的东西不被看见。而文学则是张扬和放大情感，使看不见的东西被看见——而且不光是使自己看见，更是通过自己的表达使别人看见。

从本质上说，每个人都渴望看见——看见青春的美，看见生活的美，看见世界的美。

那个年代，正是校园诗歌盛行时期。那个年代，正是校园文学气象万千的时代。今天，当我转过身去，向着那个时代遥望的时候，腾的一下，浑身有一股热流在澎湃涌动。——我们应该向那个时代致敬！

在吴霖的鼓动之下，经校团委和校学生会批准，我便不知天高地厚地发起成立了中国政法大学诗社。海报刚刚贴出去，就有上百人报名参加。我们还是从严掌握的——最后通过审核作品和面试，录取了55名同学为诗社成员。我被任命为首任社长。副社长是王彦、张国森。骨干有曹洪波、李艳丽、王淑敏、郁红祥、齐晓天、王光、孔平、贾梅、李成林、孟朝来、荀红艳、武彦彬、商磊、庞琼珍、付洪伟等。同时，我们还创办了一本诗刊《星尘》，我任主编。刊名是吴霖起的，“星尘”二字是我们班的同学朱宏霞手书的。那家伙来自内蒙古乌兰察布市，从来不去上课，整天躺在宿舍床上读《红楼梦》。是个烟鬼，床底下全是烟屁股。面黄肌瘦的，就像旧社会受苦受难的人。

当时，校领导江平、宋振国、解战原、张晋藩及老师高潮、宁致远、张效文、王洁、隋彭生、于波、马宏俊、唐师曾、丁元力等都很支持诗社的工作。校记者团团长、学长毛磊也给予热情的帮助。

在我的建议下，吴霖被聘为诗社名誉社长，海子被诗社聘为顾问。也就是从那时起，海子发表诗歌开始用“海子”这个笔名了。海子生就一张娃娃脸，那时没有多少人注意他。海子生活上过于邋遢，不修边幅，胡子乱蓬蓬的。吴霖是上海人，戴一副眼镜，风流倜傥，满腹经纶，我们都称他吴老师。但对海子从没唤过老师，就叫小查。他的额头和鼻尖总是汗津津的，一副羞涩的样子。当时的海子“一穷二白”，没有底气没有自信。

唐师曾（当时是教国际政治课的老师，后来成了新华社著名记者）为讨诗社漂亮女生欢心，哐当哐当躺在地上拍照片，拿给海子要求在校刊上发表，却每每都被海子说“不”。于是，“唐老鸭”给海子起了个绰号“扎卡”。——大概是因为海子的面相长得有点像印度电影《流浪者》里的坏蛋扎卡吧。不过，海子反过来也给唐师曾起了个绰号——“糖包子”。一个“扎卡”，一个“糖包子”，都无恶意，算是一对一抵消了。他们教工之间的事，我们不便多嘴。毕竟，我们是学生。

诗社活动搞得轰轰烈烈——办刊物，举办诗歌朗诵会（朗诵会多半是由查卫民和张卫宁主持。朗诵会上，曹洪波每每都会登台，以咬牙切齿的表情朗诵一首自己的诗作——啊！风！——啊！雨！——啊！闪电！——常会引来满堂笑声），搞诗歌讲座……政法大学成为当时高校诗歌重镇。我曾带人专门去臧克家先生的家里拜访，请教老先生一些诗歌问题。我们请邹荻帆、梁晓声、刘湛秋、徐刚、顾城等作家和诗人来学校跟诗社成员座谈。北大、北师大、人大、邮电等诗社的人常过来交流。北大的西川（刘军）来政法次数最多。当然，他来的次数稠密，除诗歌之外，还另有原因。什么原因？别问我，问我我也不会说。

诗社没有办公场所，实际上，我的宿舍就是诗社办公室。当时，全国几十所高校的诗社负责人跟我有过联系，我每天都能接到六七封，甚至十几封信件。当然，不光都是投稿，也有探讨诗歌创作方面的信，也有油印的刊物，油印的诗集，也有——也有朦朦胧胧表白那个意思的信。读信，是我每天最快乐的事。

回想当年，我们的青春和梦想都是与诗相伴的。诗，让我们沉浸在幸福中。

有一次，我们请某诗人来校讲座，结果，那个诗人因故没来，我就跑到校刊编辑部找吴霖救场，偏巧吴霖不在，就跟海子说："小查，你来救场吧，你讲。"海子说："讲什么啊？"我说："你就讲朦胧诗吧，对付一个多小时就行。"

海子说："不行，临时抱佛脚，我哪有那本事啊！"

我说："今天听讲座的可全是漂亮女生，你不去讲会后悔的。"海子的眼里放出欢喜的光芒。海子是鱼，女生是鱼钩。漂亮女生，是钓海子这条鱼的鱼钩。于是，海子就跟我来到那间教室。

不过，确实有点难为海子了。那次讲座由我主持，海子都讲了什么，我一句都记不得了。只记得他的额头和鼻尖上沁满了汗珠，讲话的逻辑有些凌乱。然而，我万万没想到的是，就是在那次讲座的现场，他的目光与坐在头排认真听讲的一位女生的目光，倏地碰撞在一起——海子的初恋开始了。

那位女生叫……我还是不说她的名字了吧。——替别人保守秘密是一种修养。但可以透露的是，那个女生有一双忽闪忽闪的大眼睛，个子不是很高，走路时双肩有点向上一拱一拱的。看得出，海子陷得很深。寂寞时，海子经常用手指在桌面上一遍一遍写她的名字。后来，我才知晓，那时海子写的许多诗，其实都是写给她的。

我在中国政法大学读书时，除了担任诗社社长兼《星尘》主编，还是刊物《法官的摇篮》(也发表一定数量的文艺作品)主编。两个刊物需要大量稿件。我当时的宿舍跟校刊编辑部只有一墙之隔(准确地说，是一板之隔——同一座楼，楼道用纤维板隔开，一边是教工办公区，一边是学生宿舍区。——应该是七号楼吧。好久未回学校了，不知现在什么情形)，海子为了投稿方便，就把纤维板隔离墙抠开一个洞。我们约定暗号——他在洞那边嘭嘭嘭敲三下，我在这边把稿子接过来。

海子当时写作用蘸水钢笔，字体是斜的，有点像雷锋的字体。刊物大样从打字社(那时用四通打字机打字排版)取回来，往往有的版面就会出现五六行或者七八行的空白。我就拿着大样去找海子，让他补白。海子经常是先翻翻外国诗选，找找灵感，就能很快提起蘸水钢笔唰唰把白补上。

1985年3月，第二期《星尘》第53页至55页发过海子一组情诗——《夏天的太阳》，小标题分别是:《主人》《你的手》《窗户》《渔人》《行路人》《日落》。海子对《主人》中开头几行扬扬得意——

你在鱼市上
寻找下弦月
我在月光下
经过小河流

你在婚礼上
使用红筷子
我在向阳坡
栽下两行竹

我当然知道，这一组情诗，他是写给谁的。一个字没动，原稿照发了。我还特意叮嘱编辑，每个小标题上下加横线处理，以示醒目。诗尾有两行作者简介：海子，男，安徽人，校刊编辑。曾在《滇池》等刊物发表过诗作。

当时四通打字机打不出“滇”字，我便用圆珠笔手写到蜡纸上，刻出了一个“滇”字。现在拿出那期刊物看看，有点不好意思——那个“滇”字写得太丑了。

实际上，海子当时仅在《草原》《十月》《滇池》发过几首诗，大部分诗作还是发在我们诗社的《星尘》上。海子后来的成名和巨大的影响，让我着实深感意外。

在我担任法律系团委宣传部部长期间，团委刊物《共青团员》要出一期文学专刊，由诗社组稿（实际上就是由我来组稿主编）。我说，既然是文学专刊，那就起个专刊刊名吧——于是，就起了《蓝天与宝剑》。我当时好像正读一本苏联方面的小说，受捷尔任斯基说过的一句话影响很深——那句话大意是“法律就是蓝天下出鞘的宝剑”。校党委副书记宋振国说：“这名字好！既有正义感，又有艺术性。”

我当时激情澎湃，亲自撰写了刊首寄语。吴霖写了一组诗《在远方》，海子写了《我是太阳的儿子》等五首诗。还有郁红祥、张国森、葛庆学、王旗等同学的作品。由于海子这五首诗各自都是独立的主题，不能按组诗编发，只能每首单独发——这就带来一个问题：海子的名字就要在同一期刊物上出现五次。这样似乎不妥。我跟海子商量，能不能用不同的笔名，把这五首诗一次发出来。海子说，行啊！能发出来就行。

打字室那边催大样了，刊物出版流程不能再耽搁了。我便自行决定，除了查海生和海子，又给他起了另外三个笔名——“海生”“阿米子”“小楂”。

“海生”——这个简单，查海生三个字去掉一个字。“阿米子”——因为海子喜欢凡·高，在诗中常称其瘦哥哥，我随手就给他起了这个外国名字。“小楂”——也没什么特别的寓意，只是当时我由查字联想到山楂树，就在查字前面加了木字旁。

事后，海子对这几个笔名也都很认可。

在那期《蓝天与宝剑》文学专号上——海子《我是太阳的儿子》，阿米子《雕塑》，查海生《渡神》，小楂《阿尔的太阳》，海生《新娘》等，其实都是海子一个人的作品。至于，“阿米子”“小楂”“海生”等笔名，海子在别处用没用过，我就不得而知了。

海子似乎没有什么爱好，唯一的爱好可能就是逛书店。他多半逛的是西四书店或者三联书店。

一个周末，海子在那边猛砸纤维板墙——嘭嘭嘭！——嘭嘭嘭！我以为他又要投稿，可这次却不是。原来，他逛书店刚刚回来，却忘记带钥匙了，门打不开，进不了办公室。叫我过去，看看有什么办法。

我过去一看——好家伙！一捆书戳在门口，足有二十几本。有哲学书，有文学书。文学书好像有梭罗的《瓦尔登湖》、惠特曼的《草叶集》和泰戈尔的《飞鸟集》等，——其他一概想不起来了。

那蔚蓝色的门紧锁着，海子用硬纸片和铁丝折腾半天了，也没有弄开。我问他，上面的天窗能打开吗？他说不知道。我说，我个子高，肩着你，你爬上去试试看，如果能打开，就从天窗翻进去，从里面把门锁打开。如此这般，这般如此，他照做了。果然，哗啦一下，门打开了。

满脸通红，汗水淋漓的海子，孩子一般乐了。他从桌子底下掏出一桶橙汁，为我倒上一杯，为自己倒上一杯。

我赶紧帮他把那捆书提进屋里，说，够读一年了吧！他说，有的书也可能压根儿就不看，但必须得买回来，否则心里闹得慌。他解开捆书的绳子，一本一本摆上书架。然后，坐到椅子上，举起那杯橙汁，一仰脖儿，咕嘟咕嘟！——干了。用手擦了擦嘴角，心满意足。

我也端起海子为我倒上的那杯橙汁，却没有喝。

你还好吗？我问。

不好。他说。

怎么啦？我有些诧异。

但我从来没有这么好过。他说。我愣了一下，笑了。咕嘟咕嘟！也喝掉了那杯橙汁。——海子经常这样，说一些逻辑悖谬、出人意料的话。

1987 年，我大学毕业后，就跟海子很少见面了。必须承认，我对海子的内心世界，还了解不多。我们的交往也仅局限于诗社活动及诗歌创作。毕竟，我的主要心思还是用在功课上。

海子在《我是太阳的儿子》里写道：“人，应该知道自己是什么，应该知道自己的河流和历史是浑浊而不是透明的，应该知道自己血管里流的是血。”也是在这篇文章中，海子继续写道：“成熟是不知不觉来到的。当我们似乎寂寞地过着日子，没有了任何依靠的心理，歪歪斜斜地上路的时候，我们突然沉默起来。”——海子，为什么要沉默？是看穿了生活的真相吗？

可是，生活的真相就是看起来如此，其实并非如此。

在世俗的眼里，海子至多是一枚青涩的果子，可能永远都不会成熟。然而，他对这个世界的认识，对人生的思考可能超越了许多人。

我们会不会在历史的细纹里消失呢？一定的。人生，是短暂的。其实，诗不在喧嚣中，而在寂寞里。寂寞，是我们熟悉的面孔。寂寞，众声喧嚣的尽头还是寂寞。青春更是如此。然而，诗并不是我们生活的全部。我们究竟需要怎样的生活？

海子说：“寂寞，可能就是我们渴望燃烧。寂寞，也就是因为我们还没有充分燃烧。让土地知道它是土地，让种子知道它是种子。”爱情也需要燃烧吗？当然。

可惜，海子的爱情注定是一场悲剧。海子的内心是相当孤独的。正因为孤独，所以他选择了诗歌。在我看来，与其说海子是有诗歌信仰的人，不如说他是选择了诗歌的方式来表达和倾诉的人。

时间，磨尽了悲伤和孤独之后，生命的光彩，便在他的诗中喷涌而出，而且是那么干净美好。

有的人生来伟大，有的人追求伟大，有的人被人硬说成了伟大。没有不朽的伟大，伟大是可以被颠覆的，所有的伟大到最后都化作了尘埃。当然，海子跟任何伟大都没有关系，但是，海子的诗——《面朝大海，春暖花开》《五月麦地》《日记》却传奇般地流传下来。诗歌，需要一个神。旧的神过气了，需要新的神取代。于是，信徒们便把海子推上了神的宝座。顶礼膜拜，欢呼不已。

然而，这一切跟海子还有关系吗？

我忽然想起卡夫卡说过的一段话：

> 你没有必要离开屋子，待在桌边听着就行。甚至听也不必去听，等着就行。甚至等也不必去等，只要保持着沉默和孤独就行。大千世界会主动走来，由你揭去面具。

可是，海子再也不可能揭去这个世界的面具了。

跟海子见的最后一面，应该是 1988 年秋天了。当时，我回学校去昌平校区看望一位老师。我记得，是在去昌平校区的班车上见到了海子。他当时很疲惫，眼神迷离，好像刚从西藏回来。我们坐在最后一排座位。他告诉我，他已不在校刊编辑部当编辑，而到哲学教研室教自然辩证法课了。

奇怪，我们当时的话题并没有聊到诗，而是别的什么（海子似乎谈到练气功的一些事情）。聊着聊着，话就寡淡了，渐渐就稀疏了，渐渐就没话了。我能感觉到，诗已经离我们远去。海子的心，已经被一种魔力占据了。诗，在那个时代，曾经是我们的梦。人生的痛苦在于——梦醒了，就无路可走了。

1989 年春天的某日，从母校中国政法大学传来令人震惊的消息——海子在山海关卧轨自杀了。

我，半晌无语。泪流满面。

想起海子的两句诗：

草原尽头我两手空空

悲痛时握不住一颗眼泪

刊于《北京文学》2018 年第 10 期

编后记

鉴于出版发行的考虑，我们将选取作品的时间截止到了每年的 10 月份。对于 10 月之后所发作品，也会在下一年选编时选用。

每年长篇幅的散文都会有一定的数量，而且大多都是不错的散文，但是由于选本总体字数的要求，为能有更多的作者入列，只能对单篇作品字数进行限定。有的就此割舍，有的进行了删减。这样长短结合，阅读也会轻松些。

高兴的是，每年都会发现不少新面孔，而所写也见出新意。

我们的年度选本，着实在意那些浸润着生命色光及本真个性的佳品。

王剑冰

2019 年岁末

2019年选系列封面绘图画家介绍

杨锋 1960年出生于浙江嵊州。1984年毕业于西安美术学院版画系。中国美协版画艺术委员会委员，陕西美协版画艺术委员会主任。现任西安美术学院版画系主任、教授、博士研究生导师。

2000年，荣获授予20世纪80—90年代优秀版画家的“鲁迅版画奖”；在国内外多次举办个人画展；作品被中国美术馆、上海美术馆、江苏美术馆、大英图书馆等收藏。

出版有《综合材料版画技法》《杨锋作品集》等。

《感受大汉》综合版　杨锋　84cm×57cm　2009年

杨锋版画短评

对于杨锋来说，胶砂、木板、实物印痕等物质材料，在他的作品中就像是油彩、水墨一样的存在，他不断驯服材料，不断探索版画表现的边界。那些工业化的物料，经过版画的印痕，便优雅地符合了绘画的规范秩序，体现出绘画性的存在。他的版画，非常恰切地使材料的特性发挥到了极致，其语言以一种中国画笔墨风格般的个性特质归属于杨锋，使他的追随者成为他个人版画成就的注脚。他的木刻版画同样也具有这种尽显个性特征的视觉风范，语言也具有浓烈的、从属于个人化的性格特质。杨锋的版画在复数性的版画特质下，总是具有“亲笔书写”的特质。他的版画以物质印痕的不确定性、绘画的思想性、语言的个性化使产生绘画的原境得以在作品中留存，为机械复制时代的版画拓展了新的边界。

——刘坚《原境、模仿、物性、符号、语词——论杨锋的版画》